职务犯罪侦查实务丛书

职务犯罪初查
标准化体系

ZHIWU FANZUI CHUCHA BIAOZHUNHUA TIXI

尹立栋◎著
By Yinlidong

中国检察出版社

图书在版编目（CIP）数据

职务犯罪初查标准化体系／尹立栋著. —北京：中国检察出版社，2014.12
ISBN 978 - 7 - 5102 - 1314 - 4

Ⅰ.①职… Ⅱ.①尹… Ⅲ.①职务犯罪 - 刑事侦查 - 标准体系 - 中国
Ⅳ.①D924.3 - 65

中国版本图书馆 CIP 数据核字（2014）第 259146 号

职务犯罪初查标准化体系

尹立栋　著

出版发行：中国检察出版社
社　　址：北京市石景山区香山南路 111 号 （100144）
网　　址：中国检察出版社（www.zgjccbs.com）
编辑电话：(010)68658769
发行电话：(010)68650015　68650016　68650029
经　　销：新华书店
印　　刷：三河市西华印务有限公司
开　　本：720 mm ×960 mm　16 开
印　　张：16.25 印张
字　　数：296 千字
版　　次：2014 年 12 月第一版　　2014 年 12 月第一次印刷
书　　号：ISBN 978 - 7 - 5102 - 1314 - 4
定　　价：38.00 元

前　言

初查是指人民检察院在立案前采取非限制人身权利、财产权利等措施对职务犯罪线索材料进行全面调查，以期查明犯罪事实，追究刑事责任的初步侦查活动，是立案侦查的前延，是侦查的有机部分。检察机关实行初查制度既是查办职务犯罪的历史选择，也是现实需要。实现由人到事的"以供求证"模式向由事到人的"以证求供"模式的转变，必须要强化初查工作，以证据认定犯罪。初查是为侦查服务的基础性工作，初查的工作结果既是现实的，也是面向未来的。

新修改的《刑事诉讼法》直接涉及职务犯罪侦查权行使的条款有 20 条，革新了传统的侦查模式，强调了侦查重心的前移。但不容回避的一个现实问题就是《刑事诉讼法》并没有明确规定初查的概念，只有 2013 年实施的《人民检察院刑事诉讼规则（试行）》在第八章第一节用了 15 个条文规定了初查的程序和要求，强化了初查结果的回复、报备制度等监督制约内容。

初查在职务犯罪侦查工作中究竟处于何种地位？初查究竟包括哪些方面的内容和程序？初查的重要性如何体现？这些问题在司法界和理论界也认识不一。

《职务犯罪初查标准化体系》一书立足于市、县两级检察机关的办案实践，梳理了职务犯罪线索的发现与管理、初查的基本内容、初查的步骤、初查的方法、线索的长期经营、线索的突破等内容，具有很强的针对性和实用性。本书结合司法实践强调树立证据观念，尤其是客观、全面地收集初查线索材料，做好初查中的这些基础性工作有助于反映案件本来面目，防止冤假错案的发生，维护犯罪嫌疑人的合法权益。

党的十八大以来，我国反腐力度超过以往，党的十八届四中全会又作出了《中共中央关于全面推进依法治国若干重大问题的决定》，习近平总书记明确指出，"要善于运用法治思维和法治方式反对腐败，加强反腐败国家立法"，这些都要求检察机关在职务犯罪侦查工作中必须坚持以事实为依据，以法律为准绳，牢牢把握现阶段反腐败的基本任务，坚决打好反腐败的攻坚战。本书着重于从初查规律出发，详细阐述了初查的规范做法，以期对我国的反贪污贿赂工作贡献一份智慧。

目　录

第一章　初查概述

初查在职务犯罪侦查的司法实践中具有重要的地位。它既是立案的准备、侦查的前延，更是案件能否取得突破的关键，对于保障人权、依法侦查具有制度上的约束力。但是由于对初查的法律来源、司法实践认识尚未明确，在初查的概念、地位等问题上存在诸多分歧，这也是本章所要重点探讨的内容。

第一节　初查的概念

一、初查的沿革

我国现行职务犯罪初查制度是检察机关基于我国政治法律制度特征和反腐败政策选择，针对职务犯罪变化趋势和职务犯罪侦查规律所做出的制度回应。初查制度的形成与发展是我国特定的政治经济社会环境的结果。

在计划经济体制下，包括机关、企业、事业等各单位，尤其是规模稍大的企业，除设置纪检部门外，还普遍设置有内部保卫部门，有的还设有自己的公安机构。在当时的这种政治体制和社会结构下，由于控告、检举单位在向检察机关移送案件之前，大都由自己的纪检或保卫部门进行调查并获取了一定的证据材料，检察机关初始受理案件的方式基本上是发案单位和相关职能部门移送，对立案前的审查主要是对移送案件材料的审查。这种审查方式鲜明地反映在人民检察院有关自行侦查案件办案程序的司法解释性文件中。最高人民检察院 1983 年 3 月 1 日颁发的《人民检察院直接受理自行侦查刑事案件的办案程序（暂行规定）》第 6 条第 3 项规定："经审查认为犯罪事实不清、需要补充材料才能确定立案和不立案的，可以通知控告、检举单位补充材料，也可以自己派人进行调查，或者配合有关部门联合调查。调查后，对够立案条件的立案侦查，不够立案条件的，移送有关部门处理。"但随着党和国家实施了一系列"一手抓改革开放，一手抓打击经济犯罪"的重大决策，一方面随着打击经济犯罪的深化，人民群众直接向检察机关控告举报经济犯罪案件线索，检察机关受理线索的方式由主要是发案单位移送变为大量直接受理群众举报，且受理的线索成倍增长。全国检察机关 1985 年共受理案件线索 3.2 万多件，是 1981 年 1.6 万多件的两倍。① 另一方面随着改革开放所带动的经济社会的动态变化，单位自身调查案件的职能逐渐淡化。这都对原有的立案审查方式带来巨大冲击，司法实践中检察机关不得不转变传统的被动审查移送材料为对一些案件线索主动展开立案前的初步调查。初查一词最早出现在 1985 年 1 月召开的第二次全国检察机关信访工作会议文件中，该文件指出："信访部门比较适合承办部分控告、申诉案件立案之前的初查，它能够为自侦部门提供准确性高一些的案件线索。"这是由于当时检察机关的信访部门承担着控告申诉检察职能，受理并分流控告、举报、报案材料及线索，由于线索所反映案件事实的模糊性和不确定性，仅凭静态的书面审查对有的线索不能作出判断，于是信访部门使用初步调查的方法进行甄别，再将准确性高一些的案件线索移送侦查部门。在最高人民检察院、国家档案局于 1985 年 8 月 2 日印发的《人民检察院诉讼档案管理办法》规定"受理后经初查不立案的案件"材料为"短期"保管诉讼档案。至此，"初查"一词正式进入最高人民检察院规范性文件之中。

1989 年 7 月 28 日中共中央、国务院作出的《关于近期做几件群众关心的事的决定》强调："要严肃认真地查处贪污、受贿、投机倒把等犯罪案件，特别要抓紧查处大案要案。"同年 8 月 15 日，最高人民法院、最高人民检察院发布《关于贪污受贿、投机倒把犯罪分子必须在期限内自首坦白的公告》。全国检察机关受理举报贪污贿赂犯罪线索 1988 年为 6.7 万件，1989 年为 15.8 万件，1990 年为 15.9 万件②，反贪污贿赂工作迅速发展。1989 年 9 月最高人民检察院召开的全国检察机关第一次反贪污贿赂侦查工作会议中提出要"建立反贪污贿赂侦查工作体制，实行受理—初查—侦查一条龙，形成完整的机构体制和指挥机制"，初查成为反贪污贿赂侦查工作重要的机制性环节。会议同时强调要突出秘密调查手段，公开调查也应尽量在一定范围内进行，尽量保密，使用秘密调查手段应该严格依法并使用文明方式进行，如向知情人调查，向有关人员、领导询问了解情况、秘密查账，检验、勘验物证、审查证人等手段都要充分运用。

在惩治贪污贿赂大背景下，检察机关反贪污贿赂侦查工作取得巨大成效，1989 年全国检察机关立案侦查贪污贿赂案件 58926 件。③ 就侦破贿赂案件而

---

① 分别参见《最高人民检察院工作报告》1986 年 4 月，《最高人民检察院工作报告》1981 年 12 月。

② 参见《最高人民检察院工作报告》，1991 年 4 月。

③ 参见《最高人民检察院工作报告》，1990 年 3 月。

言，1989 年和 1990 年侦破的贿赂案件数相当于过去十年的总和。[①] 与此同时，受多种因素的影响，各地检察机关的办案工作也暴露出诸如内设机构都可以初查、侦查贪污贿赂案件和贪污贿赂案件的撤案率、免予起诉率过高等一些倾向性的问题。[②] 在 1990 年 10 月召开的第二次全国反贪污贿赂侦查工作会议上，初查成为了会议的核心议题被予以专题讨论。最高人民检察院 10 月 24 日下发的《关于加强贪污、贿赂侦查工作的意见》指出"有的把初查工作仅仅理解为公开的核查，缺乏保密意识，致使突破案件的整个工作'夹生'；有的初查方法简单，不是通过艰苦、细致的调查工作获取证据，仅靠突审嫌疑人破案；有的缺乏组织指挥意识，顾此失彼、贻误战机；有的在立案前的调查中采取了强制措施，违法限制嫌疑人的自由"。同时认为"初查工作是对贪污贿赂案件线索立案前的审查"，强调"我们不应当把审查仅仅理解为对举报材料的书面核实，或者理解为直接向被举报人及有关人员公开核实"。该意见还明确规定，"初查主要是针对案件线索特征，采取不同对策，依法开展的多种形式的调查。初查工作的主要任务，一方面是对举报线索进行消化和筛选；另一方面，则是通过初查获取贪污、贿赂分子犯罪的证据，发现、扩大线索，为进一步的侦查工作提供依据，奠定基础"，"初查阶段应以秘密调查方法为主要工作方法"，"秘密调查要解决好两个问题：一是善于控制当事人，使之不了解我们的真实调查意图，以获取证据；二是善于隐蔽自己，使检察人员不过早地公开暴露身份。秘密调查必须坚持专门工作与群众路线相结合的方针，要运用多种形式紧密依靠人民群众，取得有关部门的大力支持和配合，使调查工作得以顺利进行"。并提出"当前加强贪污、贿赂的初查工作，已成为提高侦查水平，深入开展反贪污、贿赂斗争的一个重要环节"。随着检察工作重点的调整，初查已经从最初的处理信访工作的方法上升为办理贪污贿赂等职务犯罪案件的工作机制。

1993 年最高人民检察院提出了"严格执法、狠抓办案"的工作方针，在继续深化举报工作的同时，集中精力查办大要案，突出查办"三机关"和经济管理部门的职务犯罪案件。1993 年 11 月 4 日，最高人民检察院下发了《关于进一步加强大案要案查处工作的通知》，特别重申对涉及县处级以上干部要案线索的初查要放开，按照分工经院党组决定即可进行初查，初查结果向同级

---

① 参见赵登举：《强化侦查意识，提高对策水平，深入持久地开展反贪污贿赂斗争》1990 年。

② 根据 1992 年 3 月 28 日第七届全国人民代表大会第五次会议上《最高人民检察院工作报告》提供的数据，1991 年全国检察机关贪污贿赂案件的免予起诉占 37.6%，比上年下降 14.4%，由此推断 1990 年贪污贿赂案件免予起诉为 51%，超过一半；同一报告反映的 1991 年撤案率为 10.1%，未提下降或上升比例，依此推算，1990 年免予起诉率和撤案率之和达 60% 以上。

党委和上级检察机关备案；首次明确实行初查分级管辖，地市级院、省级院、高检院分别负责初查县处级、厅局级、省部级及中央国家机关司局级干部的案件线索；首次明确初查的重点是"三机关"和经济管理部门的县处级以上干部贪污受贿等经济犯罪线索，司法机关、行政执法机关工作人员构成犯罪、情节严重、群众反映强烈的案件线索和贪污受贿 50 万元以上、挪用公款 100 万元以上的案件线索；明确将初查作为人民检察院查处大案要案的一个重要程序，对要案线索的初查作了规定。

1992 年和 1994 年先后召开的全国检察机关第三次、第四次反贪污贿赂侦查工作会议，就实践中的初查经验进行了总结。第四次侦查工作会议重点围绕大要案件侦查工作的初查环节进行了研究，强调在认识初查的方法和初查的线索上，要改变"把立案前的审查仅仅理解为书面审、接谈审，只限于举报的范围内"的片面观念，在初查方法上，根据不同线索的特征，遵循"放开、秘密、放长"的原则实施初查。1995 年 7 月 21 日最高人民检察院检察委员会讨论通过了《关于要案线索备案、初查的规定》，对初查的概念作了规定：初查是指人民检察院在立案前对要案线索材料进行审查的司法活动。

1997 年《刑事诉讼法》的实施带来了诉讼制度的重大改革，尤其是对侦查阶段一次性传讯犯罪嫌疑人持续时间不得超过 12 小时和律师提前介入的规定，使得原有的封闭式侦查模式受到挑战，在新的《刑事诉讼法》实施的前夕，最高人民检察院于 1996 年 12 月 31 日发布《关于检察机关侦查工作贯彻刑诉法若干问题的意见》指出"立案前初查同立案后的侦查是紧密相联而又相对独立的。立案后侦查的任务是要查明全部犯罪事实，刑事诉讼法规定可以使用各种强制措施和手段。立案前初查的结果，一部分线索经过初查认为有犯罪事实需要追究刑事责任，进入立案程序；一部分线索经过初查，反映的犯罪嫌疑事实被否定或证据不足以认定有犯罪嫌疑事实，需要追究刑事责任。因此，立案前初查阶段只能适用刑事诉讼法和其他法律、法规规定的调查、询问、查询、勘验、检查、鉴定、调取等不涉及限制犯罪嫌疑人人身权利、财产权利的手段和措施，而不能使用限制犯罪嫌疑人人身权利的强制措施。已获取部分证据，能够判定有重大犯罪嫌疑存在，需要使用拘留等强制措施的，应当迅速立案"。1999 年 1 月《人民检察院刑事诉讼规则》在第 6 章第 2 节中规定了初查的主体、手段、程序性措施、监督的做法，使初查体系得以形成，赋予初查一定的非限制人身、财产权利的侦查性措施，进而使初查成为具有一定侦查性质的初步调查，实现了初查内涵和外延的质的飞跃。1999 年 11 月最高人民检察院印发的《关于检察机关反贪污贿赂工作若干问题的决定》认为："初查是检察机关对案件线索在立案前依法进行的审查，包括必要的调查。初查可以审查报案、控告、举报、自首材料，接谈举报人或者其他知情人，进行必要的调查和收集涉案信息等。"

2011 年 12 月 29 日最高人民检察院印发的《人民检察院直接受理侦查案件初查工作规定（试行）》第 2 条规定："初查是指人民检察院在必要时，对直接受理的犯罪线索依法进行的立案前调查活动。"2013 年 1 月 1 日施行的《人民检察院刑事诉讼规则（试行）》（以下简称《诉讼规则》）在第 8 章 "初查和立案" 中的第 1 节 "初查"，从 168 条到 182 条共 15 个条文对初查进行规范。此时，刑事初查制度已基本成形。应当说，初查制度的形成发展存在一个动态的过程，同时也是检察机关在职务犯罪侦查实践中不断探索的过程。初查先是作为贪污、贿赂案件立案前的调查活动后逐步扩大到所有的职务犯罪案件。但由于在《刑事诉讼法》中并无初查的概念规定，从初查的沿革中也不难发现，即使在最高人民检察院的不同文件中界定也不一，有 "审查" 和 "调查" 之分，有 "初步调查" 与 "书面审查" 之别。

浙江省人民检察院为规范和加强初查工作而制定的内部工作规则也相应界定了初查的性质和内容。2000 年全省检察机关第五次反贪污贿赂侦查工作会议上提出了 "在侦查重心上从过去偏重于正面接触犯罪嫌疑人获取口供转变到正面接触前的秘密调查上来" 的侦查对策。2002 年 1 月浙江省人民检察院印发的《关于规范要案线索管理和初查工作的有关规定（试行）》第 1 条就明确规定："要案线索的管理和初查是侦查工作的一项重要制度。"2005 年浙江省人民检察院反贪污贿赂局印发的《贪污贿赂案件制作初查、侦查预案的若干规定（试行）》第 4 条规定："初查、侦查预案实行分级审核制，由主侦检察官或者主要承办人员报反贪局长审核、分管检察长批准后实施。"2013 年 9 月浙江省人民检察院反贪污贿赂局又印发了《关于加强和改进反贪初查工作的指导意见》，全面阐述了初查的重要意义。应当充分肯定的是，这些规范性文件及时关注了检察实践中不断变化的初查现象，但由于初查的法律概念的模糊性，导致了包括最高人民检察院在内的检察机关规范性文件中有关初查的规定还没有全面反映实践中的初查现象，也没有完整地揭示初查的本质。

二、初查的概念

法律概念是人们在不断地认识和实践过程中，对具有法律意义的现象和事实进行理性概括和抽象表达而形成的一些权威性范畴。初查概念的界定有赖于两个方面：一是要以初查的实践为基础；二是要正确反映初查权的法律性质。初查既然是检察实践中逐步形成发展的一种法律现象，那么对初查概念内涵的科学界定也应回到检察实践当中，全面认识初查产生的背景渊源，并进而探究初查制度的法律概念。初查的概念应当反映其在法律方面的本质特征，应包括初查的主体、目的、内容、性质四个要素。

第一，初查的主体，应当是人民检察院。初查的发展脉络起始于针对贪污贿赂线索、职务犯罪要案线索的初查，当时检察机关还管辖偷税、抗税等经济罪案，但没有纳入初查对象范围；止于《刑事诉讼法》将检察机关的职能管辖调整为全部的职务犯罪案件。《刑事诉讼法》将职务犯罪案件的侦查权授予检察机关，而非某个检察机关某个部门，如果限定自侦部门是初查的唯一主体，不利于特殊情况下，由监所检察部门或检察机关其他部门承担办案职责。据此，《诉讼规则》第 169 条第 1 款规定："初查由侦查部门负责，在刑罚执行和监管活动中发现的应当由人民检察院直接立案侦查的案件线索，由监所检察部门负责初查。"因此，初查的权限应当由检察机关行使，至于检察机关内部何部门行使这项权力以及制约机制等，则是检察机关内部管理模式的问题，不能混为一谈。

第二，初查的目的，就是广泛收集情报信息和必要的证据材料，确定是否有犯罪事实需要追究刑事责任，或者为审讯提供前瞻性基础材料。初查既是立案的前提又是立案后的侦查工作甚至是整个诉讼活动的基础，关系到查办职务犯罪案件侦查工作的成败。《诉讼规则》第 176 条第 1 款规定："侦查部门对举报线索初查后，认为有犯罪事实需要追究刑事责任的，应当制作审查报告，提请批准立案侦查，报检察长决定。"同时，修改后的《刑事诉讼法》的任务除了惩罚犯罪外，还有尊重和保障人权，因此，初查的功能除了确认线索是否具有《刑事诉讼法》规定的立案条件外，还有保障当事人合法权益的职能。

初查的最终目的是证明犯罪事实的客观存在，追究刑事责任，从而达到立案的标准。初查的直接目的则是揭露犯罪，获取证明犯罪事实的证据材料。因此，初查具有双重目的：一是获取部分犯罪事实的证据；二是获取情报信息资料。这里的情报信息资料也包括两部分内容：一是获取可能存在职务犯罪行为的情报信息，达到侦查人员内心确认有犯罪事实存在的要求；二是获取推动线索转化成案的辅助类情报信息。应当说，获取情报信息资料是初查的现实目的。

第三，初查的内容，是按照《诉讼规则》第 173 条规定，采取询问、查询、勘验、检查、鉴定、调取证据材料等不限制初查对象人身、财产权利的措施。同时不得对初查对象采取强制措施，不得查封、扣押、冻结初查对象的财产，不得采取技术侦查措施。

第四，初查的性质，是初查概念中最本质的要素，也是一个争论较多的问题。

首先，我们认为从诉讼原理上看，侦查有狭义和广义之分。广义上讲，侦查可解释为包括任意侦查和强制侦查在内的一切侦查行为。狭义上的侦查只指强制侦查行为，任意性侦查强调对有关人员意志的尊重，不具有强制性，不对公民的重要生活权益造成损害，体现了对自由价值的尊重。《刑事诉讼法》第82条规定，"侦查"是指公安机关、人民检察院在办理案件过程中，依照法律进行的专门调查工作和有关的强制性措施。不难发现《刑事诉讼法》中的侦查具有特定内涵，它包括两种侦查行为：强制性措施和专门调查工作。所谓强制措施，具体就是指拘传、取保候审、监视居住、拘留和逮捕这五种人身强制措施。而专门调查工作，是指讯问犯罪嫌疑人、询问证人、勘验、检查、搜查、鉴定、扣押物证、书证等侦查手段。按照侦查行为的理论分类，《刑事诉讼法》中关于侦查的这两种行为其实都是强制侦查行为。因为，一方面，这两类侦查行为的实施，均可能干预相对人的重要生活权益；另一方面，这两类侦查行为的实施，均不以被追诉人同意为前提，带有强制性。因此，《刑事诉讼法》所规定的侦查属于强制性的侦查，是狭义上的侦查。根据《诉讼规则》规定，初查"不得对初查对象采取强制措施，不得查封、扣押、冻结初查对象的财产，不得采取技术侦查措施"，初查只能"采取询问、查询、勘验、检查、鉴定、调取证据材料等不限制初查对象人身、财产权利的措施"。《诉讼规则》规定的初查是以任意调查为限，并不包括强制性措施，其调查手段也没有侦查手段所含的强制性，所以，初查的根本属性是任意性，属于任意性的侦查。由于强制侦查行为涉及强制性干预公民的重要权益，为防止侦查机关滥用权力侵犯公民基本人权，必须通过法定程序来对其类型、要件、程序等进行限制，法律没有明文授权的强制侦查行为，侦查机关不得采用，此即"强制侦查法定原则"。另外，由于强制侦查行为对公民权利造成侵犯，应当允许司法机关对强制侦查行为的合法性和有效性加以审查，侦查机关采用强制侦查行为，应当持有司法机关的"令状"，即实行"司法令状主义"或"司法审查原则"。但任意侦查与此不同，它或以相对人的自愿配合为前提而进行，或以不给相对人的重要生活权益造成强制性干预的方式进行，对公民重要权益的威胁甚小，因此，原则上并不需要法定化，比较考察各国刑事诉讼立法，会发现任意侦查行为的"非法定化"是通例。如日本的《刑事诉讼法》第179条第1款规定，"为了达到侦查目的，可以进行必要的调查。但是，如本法无特别规定时，不得实行强制侦查"，仅对任意侦查作了一项概括性授权，而并没有进一步列举任意侦查措施的类型、程序要件等。所以，初查作为一种任意侦查行为，初查措施的类型、要件与程序等没有必要由法律明确予以规定，其合法性并不取决于其程序是否法定化。

其次，从域外的侦查模式中我们也会发现初查其实就是侦查。

从大陆法系国家的立法来看，法国和意大利是在刑事诉讼程序中明确区分初步调查（或称初步侦查）和正式侦查的典型国家。法国的初步调查可以在没有任何现行犯罪的情况下自动开展行动，或者在发生现行重罪或现行轻罪的情况下，按照预审法官的命令开展行动。初步调查的目的是：在预审法官受理案件之前，甚至在提起公诉之前，也可能有必要收集某些情况。《意大利刑事诉讼法典》也将侦查职能从预审中分离出来，增设了"初期侦查"阶段。司法警察在发现犯罪发生或接到发生犯罪的报告后，应当在 48 小时之内进行初步侦查，包括勘验现场、讯问嫌疑人、询问证人、进行搜查、扣押和临时羁押等，而且必须在 48 小时之内向检察官提出报告，并且将初步侦查所收集的材料移送检察官。检察官要在犯罪消息登记簿中予以记载，随即开始正式侦查。德国刑事诉讼程序分为三个阶段：准备程序、中间程序和审判程序。准备程序又称为侦查程序，检察官在准备程序中处于主导地位，但其没有自己的侦查力量，具体的侦查任务由警察局完成。德国侦查部门实行主动性的预防犯罪抗制手段的调查方法，包括电子监控、计算机数据库检索、卧底等秘密侦查手段逐步推广，从而出现了"前嫌疑调查"阶段，这一阶段的功能就是主动收集能启动侦查的简单初期的怀疑的信息，这种调查工作很类似于我国职务犯罪立案前的初查。

从英美法系来看，刑事诉讼的法定程序一般意义上分为三个阶段：审前程序、审理程序和审后程序。在审前程序中，都没有初步侦查的明确规定，侦查程序则是审前程序中的一个阶段，而侦查程序本身又有不同的阶段组成。以美国的重罪案件为例，审前程序一般包括以下内容：逮捕前的调查；逮捕；登记；逮捕后的侦查；决定指控；初次到庭；预审；大陪审团审查起诉；罪状认否程序；审前动议和其他准备等。在英美法系国家，无论是刑事诉讼理论还是立法，刑事诉讼通常从逮捕或传讯嫌疑人开始。一般情况下，逮捕后正式进入刑事诉讼程序，但在逮捕前警察要做大量的调查工作，如警察在接到公民、被害人提供线索，或者自己在执行公务中发现的情况后就开始侦查。逮捕前调查阶段的主要功能是收集可以引发对犯罪嫌疑人采取强制手段的具备"合理根据"或"合理怀疑"的材料。当警察手中掌握一定数量的证据材料后，认为有必要提起公诉时，就对犯罪嫌疑人实行正面接触，包括逮捕、拘留犯罪嫌疑人。此后，才开始正式进入刑事诉讼程序。其实，英美法系国家警察在逮捕前做的调查工作就相当于我们的初查，但英美法系的刑事诉讼程序中却没有初查的规定，这并不能得出英美法系国家放任警察的任何侦查行为。法院在审查警察的执法程序是否合法有效时，奉行的是"正当程序"的精神，正是这种"正当程序"规范着警察的初查行为，保护着公民的合法权益，如果警察在这一阶段的程序不合法，就会遭到"指控不成立"的处理结果。所以其对初查的要求是蕴含在"正当程序"和对证据的要求之中的。尤其在美国职务犯罪的查处过程中，确有类似初查的"临时调查"做法。譬如在美国的独立检察官制度中，其司法部长在获得高层官员可能有相关犯罪事实的情报后，要先从情报的可信度等方面加以考虑，如果认为情报可靠，则可以展开"临时调查"，根据"临时调查"的结果，司法部长可以作出"进一步调查"的决定，并向联邦法庭提出任命独立检察官的申请，获准后，即由独立检察官开展正式的调查。因此，尽管在英美法上并没有初步侦查的概念，但实际上在审前程序中隐含了初步侦查阶段，它是侦查机关根据报案、控告或者其他途径掌握的材料而启动的法定活动，其主要的职能是审查是否存在犯罪事实或犯罪嫌疑人，并收集对犯罪嫌疑人采取强制措施的信息和材料。无论是大陆法系还是英美法系，都将侦查区分为正式侦查和初步侦查，在正式侦查启动之前，往往需要通过初步侦查（初查）来核实程序启动条件是否具备，这已是法治国家的普遍性做法。

最后，由于我国特有的刑事诉讼启动程序决定了对初查的性质产生了争议。我国《刑事诉讼法》承继苏联，将立案作为刑事诉讼程序启动的标志，这种启动模式对于普通刑事犯罪案件的侦查来讲是可行的，但是职务犯罪案件侦查的特殊性决定了这种启动方式的不足之处，更重要的是无论是大陆法系还是英美法系都是以获取犯罪信息作为侦查的启动程序的，并没有设立专门的立案阶段和程序，初步侦查和正式侦查是连贯的，侦查是随机发动的，因此，初步侦查的属性并不存在任何问题。而我国的立案程序则将初查（初步侦查）与侦查（正式侦查）分隔开来，初查的侦查属性就变得模糊起来。初查是为了解决是否立案、何时立案的问题，而立案后的侦查则是解决是否传唤犯罪嫌疑人、何时传唤犯罪嫌疑人的问题，两者在证据上具有相互关联性，但侧重点还是有所不同。但作为侦查工作重心的前移，初查是侦查工作的前瞻性工作，也是职务犯罪侦查的必经程序。

综上，根据我国初查制度的现实基础，借鉴诉讼学原理，我们认为初查的概念应定义为：初查是指人民检察院在立案前采取非限制人身权利、财产权利等措施对职务犯罪线索材料进行全面调查，以期查明犯罪事实，追究刑事责任的初步侦查活动。

第二节 初查的地位

一、我国职务犯罪侦查的现状

党的十八大报告指出，"反腐倡廉必须常抓不懈，拒腐防变必须警钟长鸣……要始终保持惩治腐败高压态势，坚决查处大案要案，着力解决发生在群众身边的腐败问题"。职务犯罪侦查工作是反腐败的拳头，是有效遏制腐败现象的关键，当前，我国职务犯罪侦查工作面临的问题主要包括以下方面：

（一）近年来举报线索出现持续下降的趋势，检察机关如何自行发现线索，《刑事诉讼法》、《刑诉规则》等法律并未明确规定

举报线索少、成案率低的现实决定了侦查人员必须要主动发现线索、想方设法扩大线索的来源、滚动深挖线索，这些做法不能仅仅停留在经验总结上，更要上升成为法律规范，成为指导办案实践具有可操作性的规定。

（二）办案实践中过多依赖纪检监察机关的"两规"、"两指"

《中国共产党纪律检查机关案件检查工作条例》第 28 条第 3 项规定的"要求有关人员在规定的时间、地点就案件所涉及的问题作出说明"（即"两规"）；《中华人民共和国行政监察法》第 20 条第 3 项规定的"责令有违反行政纪律嫌疑的人员在指定的时间、地点就调查事项涉及的问题作出解释和说明，但是不得对其实行拘禁或者变相拘禁"（即"两指"）。"两规"和"两指"是党的组织和行政监察机关在确属必要的情况下，对一些重要或复杂的案件所涉及的有重大嫌疑的党员、干部和有关人员进行内部审查的一种措施。[①] 作为一种并非普遍的现象，1997 年之前，检察院和纪委联合办案在实践中即有出现，但在基本态势上完全依赖纪委、手段上依赖"两规"则出现在1997 年。1996 年《刑事诉讼法》实施后，由于职务犯罪案件侦查手段始终狭窄，完全无法匹配职务犯罪查处的实际。在政治决策对反腐的重视以及民意声浪下，既要办案，又不得触犯强行性的禁止规定，检察院职务犯罪案件因此寻求新的出路，全面转向与纪委合作，依靠"两规"作为案件突破的保障性手

---

① 尉健行：《论党风廉政建设和反腐败斗争》，中央文献出版社、中国方正出版社 2009 年版，第426 页。

段。这就在工作方式上，表现为：第一，纪委、检察院联合办案。检察院发现了犯罪线索，主动请纪委介入，以纪委名义将嫌疑人"两规"，待证据收集齐全后，再正式转为检察院名义的立案侦查。第二，纪委办理的案件，在案件突破后，单起犯罪事实金额 5000 元以上，认为需要移送司法机关处理的，移交检察院进行立案、刑拘、批捕。在合法的羁押期限内，检察院深挖事实、扩大战果，发现更多犯罪事实，全案移送起诉审判。第三，相当多重大案件中，纪委在封闭的"两规"期间，在较长时段内，待查清全部可能的犯罪嫌疑，再移交检察院，由反贪局将纪委阶段的取证转化为符合刑事证据规范所要求证据能力的证据。最显著的就是十八大以来，全国查处的 32 起省部级高官腐败案件，无一例外都是依靠纪委的"两规"。对于完全依赖纪检监察办案的现状，原最高人民检察院分管副检察长王振川曾感慨道："近年来，检察机关加强同纪委的协调配合，涉及县处级以上领导干部的不少案件都是先由纪委审查，再移送检察机关进入司法程序的。长期下来，一些地方因此形成了过于依赖纪委的现象，检察机关的侦查主要变成了审查转换证据，侦查职能未有效发挥，侦查权趋于弱化"。① 检察机关依法独立办案受到很大影响，侦查工作往往要求不高，初查粗糙，检察机关应有的职能很难得到充分发挥。过于依赖纪检监察机关办案，使得检察机关依法独立办理职务犯罪案件的风险提高且难以实现有效的管控。

（三）滥用监视居住现象较为突出

部分检察机关对监视居住的适用有过度依赖的心理，认为不适用监视居住案件就无从下手，侦查活动就无法推进，适用监视居住时则可以在相当长的时间内将嫌疑人控制在手中，将犯罪嫌疑人孤立、隔绝起来，再加上灵活度较高的讯问时间，犯罪嫌疑人供述的可能性大，用延长审讯时间的方式来弥补初查的不足，缺乏对初查工作应有的重视，这实际上是口供至上的错误观念在作祟，客观上导致了对犯罪嫌疑人的变相羁押。以监代侦的模式除了带来违法办案问题外，还带来一系列办案安全问题。在监视居住的执行过程中，由于看管不严，导致犯罪嫌疑人逃跑、自杀等办案事故，近几年并不鲜见。随着《刑事诉讼法》的修订，指定居所监视居住适用有了更规范、更严格的适用条件，对于市、县级检察院来讲，指定居所监视居住不具有可操作性，如果职务犯罪嫌疑人涉案数额超过 50 万元早就已经报批逮捕了。

---

① 王振川：《在全国检察机关反贪案件技能研讨会上的讲话》，载最高人民检察院反贪总局：《反贪工作指导》（2004 年第 2 辑），中国检察出版社 2004 年版。

（四）先拘后侦、以拘代侦的办案模式还有一定的市场

侦查人员还习惯于旧的办案模式，盲目的风险决策，热衷于车轮战、疲劳战、反复审讯，将重心放在审讯环节，通过延长审讯时间来获得口供，然后再反过来取证，将本应在初查阶段就应完成的情报信息收集工作放到了侦查阶段，用拘留手段解决初查中未解决的问题，通过强制措施使得初查对象交代问题。一言以蔽之，就是"重破轻查"。"轻"表现在对于接触初查对象之前的初查，依然存在"炒冷饭"、"拍脑袋"、"撒网捞鱼"的情况。"重"表现在接触初查对象上，只要初查对象开口，就说明初查成功了，为了让对象开口，不惜"拉抽屉"、"借时间"、"打擦边球"，只要案子"拷"出来，初查就是成功的。这种粗放、随意的初查方式很难保证审讯时的有的放矢。

（五）技术侦查能力不足

由于职务犯罪案件和普通刑事案件在自然属性上存在重大差异，导致两类案件侦查难度迥异。在公安侦查的普通刑事案件中，除监听、专案耳目、特情等手段之外，监视、密取证据、卧底侦查、秘密搜查等手段是从战争年代到《刑事诉讼法》规范细密建立以来，经年使用的基本手段。但检察机关并不具有独立实施行动的技术权力，这些基本手段的实施具有严格的内审措施、实施条件和双向制约形态。

（六）初查定位缺失

由于初查不具有法律概念上的意义，导致了初查的定位仍然是书面材料的审查和必要的调查，没有意识到初查是真正意义上的侦查，是初步侦查，是侦查的前延。当前职务犯罪形态的不断变化决定了检察机关要将侦查重心前移，更加注重初查工作。

（七）侦查人员能力水平不高

职务犯罪侦查工作不同于其他检察业务工作，往往具有很强的可操作性，侦查人员仅仅具有理论知识无异于"纸上谈兵"。目前的客观现实是从事职务犯罪侦查工作的年轻检察干警居多，往往缺乏初查意识，缺少侦查手段，对职务犯罪侦查的特殊性、复杂性认识不到位，往往只凭一股热情，缺乏职务犯罪侦查规律性认识。侦查人员能力水平不高在很大程度上与不重视初查有很大关联性。

二、初查的必要性

初查概念的提出是刑事诉讼理论和检察实践的产物，也是职务犯罪案件侦查规律的必然反映，作为不断发现线索的过程，初查的重要性尤为突出。

（一）职务犯罪案件的特殊属性决定了初查的必要性

由事到人是公安机关管辖刑事案件的一般侦查模式，而检察机关办理的职务犯罪案件侦查模式常是由人到事。一般刑事案件的侦查过程多为先发案然后进入立案程序，然后收集相关证据确定犯罪嫌疑人进行审讯。职务犯罪案件的侦查都是先初查收集材料然后进行传唤再予以立案。应当说，一般刑事案件在进行传唤审讯前对于证据的掌握情况要远远优于职务犯罪启动传唤前的证据掌握情况。虽然二者相反而行，但目标一致。职务犯罪具有智能性和复杂性，且举报线索很少能直接反映经济犯罪问题，常伴有举报人的主观臆测，实践中难以查证举报线索反映的问题也在所难免。因而，通过借助初查程序，遴选举报材料，从中找出有价值的线索，集中力量深入查处犯罪，做到有的放矢，避免浪费司法资源。尤其是对于贪污、渎职类犯罪案件的查处，法律关系和因果关系变得越来越复杂，必须借助于对法律法规的全面把握和运用相关的专门知识鉴定才能作出判断，这些工作都需要借助初查来完成。

（二）职务犯罪案件犯罪主体的特殊性决定了初查必要性

国家工作人员职务犯罪案件由检察机关负责查办，此类案件的犯罪主体一般都享有一定的职务身份，具有一定的职务地位。若单凭一份来路不清、尚处于怀疑阶段未能确认的匿名举报线索，而仓促决定对被举报人进行立案查处，则很有可能会因检察机关一次不当的决定和不妥的行为，导致一个企业解散、一个无辜的被举报人受牵连。从检察职能和保障人权的角度出发，检察机关既要对案件事实负责，也要保护举报人和被举报人。一定意义上说，初查制度对稳定大局，发展经济，维护国家工作人员清廉为民的形象具有正面作用。同时由于职务犯罪主体往往结成利益共同体，隐形犯罪、窝案串案的复杂性、关联性决定了只有开展深入的初查才能确保立案后的侦查方向。

（三）职务犯罪案件的质量决定了初查的必要性

职务犯罪的犯罪嫌疑人社会阅历较多、抗审能力较强。若单是依据《刑事诉讼法》规定的立案标准，而不通过初查程序，难以在法律规定的期限内攻克讯问对象，更何况是在未掌握任何证据材料的情形下，极易滋生刑讯逼供等违法行为。司法实践证明，错误拘留、逮捕，采取查封等措施，源自错误立案，而错误立案又几乎源自初查过于马虎。立案在检察系统的工作评价考核中占有绝对比重，一旦撤案就意味着立案出现问题，就意味着对检察机关的案件办理质量、工作绩效做出否定评价，并进而追究相关人员的责任。因此，一旦立案就必须成案、成铁案，就极易造成先破后立、不破不立的尴尬局面。若在立案前不设置初查制度，则难以保证自侦案件的成案率和采取措施的正确率，即难以保证案件质量，难以达到法律效果和社会效果的统一。初查的目的就是解决能否立案的问题。围绕这样一个目的，根据《刑事诉讼法》的规定，其具体任务就是查明有无犯罪事实，是否需要追究刑事责任。关于有犯罪事实，是指客观上存在某种危害社会的犯罪行为，这是立案的前提条件，如果没有犯罪事实存在，也就谈不到立案的问题。

（四）职务犯罪案件查办的现状决定了初查的必要性

当前市、县两级检察机关查办的职务犯罪案件数量占了全国的绝对数。以东部某省为例，2012 年全省共立案查办贪污贿赂案件 1170 件 1401 人，省院查办 5 件 5 人；2013 年全省共立案查办贪污贿赂案件 1046 件 1341 人，省院查办 7 件 7 人。具体到基层院而言，每年的案件数均在 11 件 14 人左右，而自侦部门的人员配备力量不足，反贪局多为 7 人至 8 人，反渎局 2 人至 3 人。而立案数又是各级检察机关在人大工作报告、年度工作总结中作为工作实绩的重要内容，初查的效果直接决定了侦查工作的法律效果、社会效果和政治效果。

（五）科技强检的不足决定了初查的必要性

检察科技工作在检察工作中的战略性、基础性地位越加突出。对于市、县级检察机关来讲，信息化建设更多的要符合服务的目标。对于发挥职务犯罪侦查职能的角度来讲，科技含量和信息化建设的不足导致了"信息孤岛"情况的普遍存在，信息共享、数据库及时查询等领域并没有根本性的突破。只有通过初查才能摸清相关行业动态、广泛收集各方面信息，预测侦查方向。

（六）侦查模式的转变决定了初查的必要性

新《刑事诉讼法》赋予了律师在侦查阶段的辩护人地位，不得自证其罪的原则决定了职务犯罪侦查模式必须将传统的"由供到证"向"由证到供"转变。新《刑事诉讼法》虽然将讯问的时间延长至 24 小时，但还是解决不了侦查工作根本性的问题。无论是 12 小时还是 24 小时，如果初查不到位，就无法确定侦查方向，受时限的制约，刑讯逼供等非法取证行为就难以杜绝，更重要的是即使突破口供，其客观性、真实性也无从证实，无论是后期的审查起诉还是审判环节必将陷入被动局面。实践经验一再证明：只有全面的初查才能实现对职务犯罪案件的控制力，也才能更有效地打击职务犯罪。

（七）职务犯罪侦查人权保障的基本要求决定了初查的必要性

职务犯罪常滋生于复杂的社会环境下，但自身又天然存在犯罪主体身份特殊、犯罪行为隐蔽性强、反侦查能力强、犯罪复杂性等特点，使得此类案件的办理往往具有一定的风险性。根据规定初查一般以秘密调查为主，如果调查中发现报案、控告、检举失实的，则依法不予立案，就充分保障了无罪人不受刑事追究，同时秘密初查的过程一般不会对被举报人产生负面影响，从而避免一般刑事案件侦查过程中阐述的犯罪现场和案件危害后果公开化的特点。否则如果仅仅根据举报材料立案，可能出现偏差，甚至侵犯初查对象的合法权益，有损司法公正。因此，我国职务犯罪侦查的现状凸显了加强人权保障的现实性，检察机关作为职务犯罪侦查程序中尊重和保障人权的主要责任主体，很重要的一个途径就是通过增强发现犯罪的能力，以实现发现犯罪和保障人权的平衡。

综上，初查具有特殊的法律价值和现实意义，应当说初查是真正意义上的初步侦查，是后期侦查更是立案的基础，初查和立案后的侦查是前后连贯，共同构成了整个职务犯罪侦查的全过程。从初查的目的不难发现，初查有助于解决信息不对称的问题，进而全面控制侦查进程。职务犯罪侦查工作的思路重点是侦查取证的思路，如果将侦查工作的希望寄托在讯问突破上往往会造成刑讯逼供等不文明的办案现象发生，而通过初查获取关键性证据，通过侦查方案的控制完全可以保障依法文明办案。《刑事诉讼法》的再次修改给职务犯罪侦查工作带来机遇和挑战，侦查阶段辩护人的地位确立凸显了职务犯罪侦查过程中的权力（利）对抗、权力制约理念，而初查对于保障法治的控权功能来讲，必不可缺。

第三节　初查的原则

原则是指统率和处理事务所依据的原理和准则。从此要义出发，初查原则是指贯穿于整个初查全过程，体现初查目的，揭示初查基本特征，并对初查立法和初查实践具有普遍指导意义的基本行为准则。初查原则应当反映初查的客观规律，体现初查的价值取向，揭示初查程序设计与发展的本源性、基础性原理。

一、依法原则

职务犯罪初查必须坚持宪法和法律精神，必须遵循《刑事诉讼法》的基本原则，严格依法进行。

（一）对于初查的决定权要严格遵循程序

《诉讼规则》第 168 条规定："侦查部门对举报中心移交的举报线索进行审查后，认为有犯罪事实需要初查的，应当报检察长或检委会决定。"司法实践中应严格遵循逐级上报制度，对于线索的交办，应由侦查部门负责人指定承办人专门负责并对承办人的审查意见进行判断，提出请示报告并经检察长决定后开展初查。对于重大、复杂案件，也可提请检委会讨论决定是否开展初查。

（二）严格遵守回避规定

《诉讼规则》第182条规定，检察人员与初查对象、其他当事人或其近亲属或者与线索有利害关系的，或者与线索当事人有其他关系可能影响案件公正处理的，应当自行回避。

（三）严格依法实施初查措施

初查可以进行询问、查询、勘验、鉴定、调取证据材料等不限制被查对象人身、财产权利的措施，严禁对证人、关系人、被查对象采取人身强制措施，不得查封、扣押、冻结财产，尤其是不得采取技术侦查措施。初查措施都不同程度地关联被查对象的合法权利，有些还是宪法规定的基本权利，需要在宪法的背景下关注初查的规范使用。

二、保密原则

职务犯罪属于权力型、智能型的犯罪，犯罪主体往往信息灵敏，反侦查能力强，关系网密，一有风吹草动，就可能会进行串供、销毁、匿赃、逃跑、调动社会关系网进行一系列反侦查活动。虽然有时反侦查活动可以为我所用，但如果这种反侦查活动未能有效掌握和控制，必将带来初查的被动，甚至整个初查的失败。因此初查一般应当秘密进行，不得擅自接触初查对象，如果公开进行初查或接触初查对象，应当经检察长批准。

当然，秘密是相对的，其核心在于对被查对象保密，对初查意图保密，尽最大可能缩小外界对相对人被查的知情面，防范给初查工作和对被查人带来的负面影响。一般来讲，初查的方向、意图、目标、途径、方式和时间必须高度保密，对内对外均要严格控制知情面。相对于大城市的人员流动性强的特点，中小城市仍然未脱离熟人社会的影响，因此，对于基层院来讲，初查的途径、方式和时间很难做到保密，那么就要采用手段和方法确保初查的意图和方向不被泄露。对于初查工作来讲，在外围调查过程中，初查的方向也有泄密的风险，则就需要确保初查的意图和目标不被暴露。

三、协同原则

原则上，初查工作应当由一个侦查部门来负责，但对于跨区域的初查工作由当地的检察机关协作调查可能效果会更好。还有些初查工作不仅需要上下级检察机关、跨地区检察机关之间的协同与协作，更需要社会相关方面的配合与支持。

　　具体来说，初查工作要在党委的统一领导、纪委的组织协调之下，构建检察机关与社会相关方面的相应运行机制。一是信息共享、信息交流和信息提供机制。比如对公安机关的户籍信息、工商部门的工商登记信息、金融机构的存款信息、通信公司的通信信息、组织人事部门的档案信息等，建立与检察机关之间或共享或交流或提供的机制。二是线索移送机制。包括检察机关与公安、法院、司法、行政、纪检、监察、工商、税务、审计、海关等职能部门之间的线索移送。

四、精细化原则

　　精细化初查是深入分析研究案件线索、准确把握初查的方向、重点、步骤和时机，综合运用多种手段调查取证，及时收集、固定和保全证据，为立案侦查打下坚实基础的先期活动。初查的成败直接关系到案件的成败，侦查重心前移就需要重视初查的质量和效率，尽量通过秘密的外围调查充分收集可靠证据和涉案信息，力争将关键证据固定在立案前。对案件线索所涉及的有关情况或事实，特别是关键细节要查清查细，要围绕犯罪构成要件研究线索成案的可能性，要在保证初查质量的前提下，提高初查效率，全面、客观收集、固定和运用证据，构建完整、稳固、多层次的证据体系，实现由传统粗放式向精细化初查转变。

　　（一）初查的度要深

　　一条线索有可能不仅仅涉及一个方面，初查时要注意问题的不同方面和联系，要查深查透，尽可能收集和储存对分析案情、侦查讯问有用的相关资料，细化分解每一条情况信息的决策、目标、任务、计划安排、指令，使之落实到人。

　　（二）初查的面要广

　　初查要重视线索，但又不能完全受线索的限制，要避免证据材料的形式单一，要将检察人员的视线后移，保证证据的质量，为下一步工作打下良好的基础。当前信息引导办案的作用越加明显，情况信息多源头、多角度、多层面有助于提高初查的准确度。

　　（三）要善于经营

　　根据关联、系统的原理，从以线索查线索、以案论案的单向侦查，向以案谋案、滚动深挖的扩张式办案转变，在初查的过程中要注重滚动深挖，发挥线索的最大潜力，以点带线，以线带面，循环发展，从而扩大办案效果。

第二章　线索的发现与管理

第一节　线索发现的途径与方法

职务犯罪线索贯穿于整个职务犯罪侦查的全过程，是启动初查、立案乃至后续侦查的基础和依据。我国传统意义上的线索来源主要包括：群众举报、单位控告或移送、犯罪嫌疑人自首、有关部门移送、犯罪嫌疑人检举揭发、上级检察机关交办等。但随着职务犯罪越来越智能化、隐蔽化、多样化、复杂化，传统方式获取线索的难度越来越大。以嘉兴市检察机关为例，近年来控申部门受理的职务犯罪线索出现持续下降的趋势，尤其是基层院从 20 世纪 90 年代每年 150 件至 200 件的线索量直降到现在每年 20 件左右的线索量，而且多数呈现出匿名举报、质量不高、可查性不强的特点。传统线索的受理方式在当前反腐败斗争的严峻形势面前已明显滞后，如何破解线索发现难的问题，是本节要重点探讨的问题。

一、走群众路线，广泛发现线索

党的群众路线一直是我们从事司法实践的良方妙药，是解决问题的"法宝"。实践证明只有充分深入群众、发动群众、依靠群众，才能掌握我们所需要的第一手情报信息资料。

（一）加大法制宣传力度，充分发动群众

宣传法律，教育群众，是法律赋予检察机关的职责。特别是通过举办宣传，可以极大地调动人民群众举报职务犯罪的积极性。宣传的途径是多方面的：第一，可以通过电视、报纸、网络等新闻媒体进行广泛宣传；第二，通过上课、讲座等形式针对特定人群进行宣传；第三，通过举办举报宣传周，法律咨询，印制宣传资料，上街服务等形式开展专门的举报宣传活动等。宣传的内容可以包括：法律基础知识，职务犯罪的构成，检察机关自侦案件管辖范围，举报的方法途径，职务犯罪大案要案的查处，反腐败形势等。我们在开展举报宣传的同时，要加大对举报人权利的保护，特别是人身安全等权利的保护，兑

现举报奖励，充分扩大宣传影响，广泛发动群众，力争获取最大的社会效益。通过加大宣传力度，一方面可以将情报信息收集的触角延伸到社会各个层次、每个角落，广泛收集各类情报信息，这不仅能够增加举报的数量，而且能够不断提升举报的质量。另一方面也可以起到教育干部、预防职务犯罪的巨大作用。

（二）走出去，主动发现线索

走群众路线不是一句空话。当前，由于群众举报线索在数量和质量方面均呈下降趋势，坐在办公室，线索不会自动送上门来。侦查人员必须克服"等、靠、要"等消极被动心态，改变坐在办公室消极等待线索的传统做法，要走出去，充分发挥其主观能动性，主动出击，多了解社会，熟悉人情世故，多与群众打交道，从闲聊中捕捉有用的信息。有些检察院从严明工作纪律的角度出发，对干警实行考勤制度，这是必要的，但对于侦查人员来讲，完全可以通过向侦查部门负责人报备等方式来予以解决。当然，走出去要正确处理好广交朋友与慎独、慎交的关系，要明确交朋友的范围、目的，不能借公济私，更不能丧失原则、立场。同时，侦查工作又是一项自觉性很强的工作，侦查人员走出去要确保有走出去的成效，要定期向侦查部门负责人汇报工作成效和情报信息收集工作。

（三）深入群众，调查研究

当前，随着对干部的管理从8小时以内到8小时以外的延伸管理的不断加强，在职的党员干部都要到街道、社区报到注册，参与服务。作为检察机关来讲，应当抓住这有利的时机，深入街道、社区，建立起最广泛的情报信息网络。到群众中去深入调查，可以发现某些国家工作人员的反常现象，有效地收集到初查对象：个人及其家庭情况和主要经济收入情况；住房及其装修、搬迁情况；工作变动，职务升迁，职权业务范围；在职期间的主要职务和业务活动情况；在其单位或职务、业务活动中的特殊人际关系；有无赌博等违法乱纪情况；群众的反映及所掌握或了解的犯罪事实。收集这些情报信息，不仅能为我们拓宽情报信息的来源渠道，而且也为今后侦查工作的顺利启动奠定基础。

（四）留心群众议论，做"包打听"

群众生活在社会的各个层面，他们也是最关心身边事态的一组人群。对于看到、听到、感受到的事情，无论是赞赏或不满都会在茶前饭后闲聊的过程中加以发泄或议论。作为一名优秀的侦查人员，不能自负清高，应当融入到群众中去，做个"有心人"，注意留心周围群众的议论，哪怕只言片语，都可能发现隐藏在背后的涉案信息。

（五）树立反腐威信，取信于民

人民群众有参与举报的能力，但由于世俗的偏见和现实的压力，存在观望的心态，表现出犹豫不决，举步维艰。通过加大反腐败力度，确实查处一批有影响、有震动的职务犯罪大要案，树立检察机关或者侦查人员在本地区的权威性，有助于取信于民，促进人民群众的举报热情。并且这类举报会提升举报具名率，经常是亲自上门举报，从而提高了举报质量，提高了举报犯罪事实的真实性，提高了举报线索的可靠性和可查性。

二、转变观念，提高自主发现线索的能力

依靠传统的接受举报、自首、单位移送职务犯罪线索的方法已经完全不能符合现阶段反腐败的要求和实际情况。转变观念，变传统消极的等待线索为主动出击、主动进攻的收集、获取情报信息是职务犯罪侦查工作的当务之急。一个侦查部门主动发现线索，自行查办案件的能力决定着该侦查部门和侦查人员的整体实力。侦查人员主动发现线索的能力，我们应当从几个方面着力培养。

（一）从新闻媒体、网络传播系统中捕捉情报信息

随着时代的进步，信息化时代的到来，许多原本不为人知的事件、传闻都会通过网络、新闻传播开来。"情人反腐"、"小偷反腐"等新名词不绝于耳，"表哥"、"房叔"等反腐实例也给了侦查人员很好的启示。侦查人员应当顺应时代发展的形势，与时俱进，增强职业敏感性和敏锐性，善于通过报刊、电视、网络等媒体收集、整理各种涉案信息和社会信息，以职业的眼光洞察和分析各种情报信息，从中发现线索。例如广为留传的"天价烟局长"案。2008年12月14日，网友发帖称：南京市江宁区房产局局长周某某抽一条烟抵下岗工人2个至3个月的低保，并配发照片注："九五至尊"，一条1500元。12月15日，网友又发帖指认周某某所戴手表是"江斯丹顿"，价值约10万元。12月17日，网友再发帖称周某某弟弟是房地产开发商，其儿子是建材商。据此，检察机关从中发现线索，周某某受贿案得以查处。

同时，对于从新闻媒体中发现的线索，还应当及时与新闻单位取得联系，争取支持，并将调查处理情况及时向新闻单位或媒体记者反馈，增强查案的透明度，以形成良性互动的合作态势。

（二）关注热点高危行业，从中筛选线索

经济发展的热点部门和职务犯罪易发多发的高危行业一直是职务犯罪侦查的主战场，加强对这些部门行业的调查研究，易于侦查部门发现线索。

1. "一幢大楼建起来，一批干部倒下去"充分说明了建筑行业中职务犯

罪的多发、易发，其发案率多年来居高不下，也是当前检察机关发现和查办职务犯罪案件线索的途径。

2."穷村富书记"。村一级组织是联系人民群众最贴近、最深入的基层组织，虽然是村民自治组织，但毕竟也行使着协助行政的部分职能，发现和查处一批村级"贪官"，有助于提高党和政府在人民群众中的威信，维护广大农民的切身利益。

3.关注涉及民生利益的行业，从中发现线索。比如教育系统、医疗系统、卫生系统等。医疗卫生关系到广大人民群众利益的基本保障，从药品进出渠道、药品数量多寡、药品成本价与销售价之间的巨额差价中收集和获取涉案的情报信息，是发现医疗卫生系统职务犯罪线索的基本方法。

4.结合本地经济发展趋势的实际，发现线索。任何一个侦查部门的侦查工作都不应当脱离当地经济社会发展的特点。有些地方经济高速发展，或房地产业蒸蒸日上；或高楼大厦拔地而起；或交通运输蓬勃发展；或新兴产业迅速形成。有些地方则阶段性治理：水利建设大量投入；土地平整大面积进行；房屋拆迁大力推进；环境治理力度空前；旅游行业欣欣发展；等等。侦查部门都应当紧扣当地经济发展的趋势和阶段性发展的规律等客观实际情况，围绕经济发展服务大局，从中发现线索，查处一批职务犯罪大要案，为当地经济社会发展提供法治保障。

（三）结合专项活动，提升发现线索能力

查处职务犯罪的专项活动是上级检察机关根据形势和政策的需要，结合侦查工作的实际在一定时期内，针对特定范围的职务犯罪现状而开展的专项整治活动，有利于营造氛围，扩大社会影响力，收获更大的办案成效。侦查部门结合专项活动，借助"东风"，有利于发现线索，锻炼和提高侦查能力。

（四）挖掘线索内在含量，从中发现线索

每一条已有的线索，均有其各自内在的价值取向。发现线索内在的价值取向，关键在于侦查人员对线索的认知和预测能力。一是通过对该线索的仔细分析研判，发现该线索是否涉及其他共同犯罪的价值取向；二是将该线索放置到涉案对象所在单位或部门之内，考量该线索有否深挖窝串案的价值取向；三是将该线索防止到涉案对象所处行业或系统之内，从中发现是否存在同类型其他案件线索的价值取向；四是将该线索防止到涉案对象所在区域的范围之内，全面衡量可能存在的职务犯罪价值取向。预测是主动发现线索的前提保障，也为初查工作的顺利开展指明了合适的方法和前进的方向。

三、分析各类职务犯罪特点，从中发现线索

从办案经验出发，分析研判各类职务犯罪不同特点，以及实际生活中发现的反常情况，凭借侦查人员敏锐的嗅觉，从中发现职务犯罪线索是侦查实践中行之有效的方法。下面试从贪污贿赂、滥用职权等案件存在的一些特点入手，分析收集和获取相关线索的途径。

（一）从"权钱交易"的特点入手，发现贿赂类职务犯罪线索

贿赂类线索总的特征就是"权钱交易"。在实际情况中，"权钱交易"都是以隐蔽的形式存在，不可能赤裸裸地表现出来。但是事物都具有两面性，即使是最狡猾的犯罪行为、犯罪事实都会以各种不同的形式或者反常现象展示出来，只不过是披了张画皮而已。侦查人员必须透过现象看实质，从中发现线索：

1. 滥用职权行为是"权钱交易"中权力滥用的表现形式，往往伴随着钱的交易，从发现滥用职权行为的情报信息中进一步发现线索，十有八九会收到较好的效果。

2. 从财产明显不符合国家工作人员合法收入的现象入手，发现职务犯罪线索。超过国家工作人员合法收入的财产极有可能是赃款所得，这正是"权钱交易"结果的表现形式。

3. "生活腐化"是滋生腐败的根本原因之一，许多案例已确切地予以佐证。从国家工作人员"生活腐化"，包养"二奶"、情人关系众多等表面现象入手，发现涉案情报信息是获取线索的又一途径。

4. 行业"明规则"、"潜规则"已广为人知，只要有"明规则"、"潜规则"存在的行业、系统往往是职务犯罪存在的重灾区。只要明白这一道理，就为侦查人员收集和获取线索指明了方向。

5. "不正当竞争"往往与"权钱交易"是孪生兄弟，他们相互依托，相伴相存。比如招投标活动中存在的串标、围标行为；又比如垄断经营的中介企业。许多中介企业原先都是从行政事业单位中剥离出来，它们的经营范围原先均是行政事业权限的组成部分，即使剥离出来后仍需严重依托行政事业职能开展业务。例如：会计、审计、评估、税务等事务所；各类职称的培训、评审机构；某些产品专营专销（如烟花爆竹）企业等。这类中介企业如在当地形成垄断经营的情况就极有可能伴生着职务犯罪。

（二）从"贪财手法"特征入手，发现贪污类职务犯罪线索

贪污案件的查处较之贿赂型案件的查处应当较为简便明了，我们应当着重

关注以下现象：

1. 是否存在"小金库"现象。"小金库"预示着国有资产的相对失控，往往是滋生贪污行为的"温床"。

2. 财务制度缺乏体现为监督的缺失，容易使嫌疑人产生贪财的欲念。

3. 财务账册管理混乱是反常现象，但实际生活中确实存在。东部沿海发达地区某县建设局主办会计 10 多年来故意不做账、乱做账，单位领导严重不负责任，疏于管理。检察机关偶然了解到这一线索后，从中查处了该主办会计贪污数十万元的犯罪事实。

（三）从犯罪后果入手，发现滥用职权、玩忽职守类职务犯罪线索

滥用职权、玩忽职守均是结果犯罪。侦查人员应当保持高度的警惕性，善于从捕捉到的造成严重后果这类情报信息中，去发现和获取渎职、侵权类职务犯罪线索。2013 年两会期间，上海黄浦江死猪事件成为热点新闻。某市检察院反渎部门据此对生猪规模化养殖项目补贴中可能涉及的渎职犯罪问题进行了专项调查，共查处渎职案件 8 件 10 人。2014 年继续通过滚动深挖，又查处了在生猪检验检疫过程中存在的徇私舞弊渎职案件 23 件 23 人。

四、搭建线索移送平台，巩固内部制度建设

检察机关是由各个部门组成的有机整体，其共同目标和任务都是一致的，不应有刑事检察、自侦部门之分，也不应有业务部门与后勤保障之别。加强检察机关内部相互协调机制建设，为加大查处职务犯罪案件力度奠定了必要的基础条件。

（一）反贪、反渎融为一体

反贪、反渎两个侦查部门同时行使着法律赋予检察机关的职务犯罪侦查权，是检察机关打击职务犯罪的两只同等重要的铁拳，是一对孪生兄弟。只是根据法律的规定，把查处贪污贿赂类职务犯罪案件和查处渎职侵权类职务犯罪案件人为地做了分隔，将相应的侦查权分别划归了反贪污贿赂局和反渎职侵权局。然而实践证明两类职务犯罪案件通常相伴相生，相互交织；侦查工作你中有我，我中有你，难以取舍。加强两大侦查部门之间的通力协作，促进侦查力量融合一体已势在必行。反贪、反渎加强信息交流，筛选线索移送，不仅能极大地扩展线索来源渠道，而且能增强侦查合力，加大打击职务犯罪的力度，取得更大的成效。例如浙江省衢州市某区院反贪局从该院反渎局移送的一份环境污染处理决定这一信息入手，发现和查处了环保系统贪污贿赂案件 6 件 6 人。

（二）刑检、民行检察协调互动，获取线索

1. 侦查部门与刑检部门在承办职务犯罪案件过程中，分别承担着刑事诉讼活动前后阶段的诉讼任务。刑检部门不仅能在职务犯罪案件后续诉讼活动中发现一些其他国家工作人员职务犯罪线索，而且在查办其他刑事案件过程中，也能够发现一些职务犯罪线索。例如：

（1）在办理刑事案件过程中，犯罪嫌疑人检举揭发国家工作人员贪污、贿赂、刑讯逼供等线索；

（2）在立案监督过程中，发现公安人员贪污、贿赂和刑讯逼供、私放罪犯等涉案线索；

（3）在审判监督过程中，发现审判机关有关人员贪赃枉法、徇私舞弊等涉案线索。

2. 民事行政检察主要是通过办理民事、行政申诉案件，对人民法院的民事和行政诉讼活动进行法律监督，维护国家利益和社会公共利益，维护司法公正和司法权威，保障国家法律的统一正确实施。民事行政检察部门在办理民事、行政案件过程和进行法律监督活动中也能发现国家工作人员或审判人员的涉案线索。

3. 监所检察是检察机关依法对刑罚执行活动，以及对监狱、看守所实行检察监督。监所检察部门通过监督活动同样也能发现国家工作人员，以及公安、审判和监管场所工作人员的职务犯罪涉案线索。2010 年某检察院驻看守所检察人员在与在押人员进行日常谈话期间，了解到同监室人员收到小纸条的信息，马上会同侦查部门开展调查，发现原来是一名在押涉嫌受贿犯罪嫌疑人的家属通过看守所民警向其传递小纸条统一口供意图逃避制裁，后监所部门将线索移送侦查部门，该名民警被法院判处包庇犯罪分子逃避处罚罪受到刑事处罚。

人都有惰性，一般来说，除了对自身职责范围内的工作比较负责重视以外，对其他附加的工作表现得就比较随意。关键在于建立发现线索与移送线索的激励机制，从而努力提高其他部门和人员发现线索、移送线索的主动性、积极性，为侦查部门拓展案源，畅通渠道。例如浙南某市检察机关通过建立线索移送与考核奖惩机制挂钩，该地区所办的渎职类案件的线索来源有三分之一是来自于刑检部门的移送。

（三）结合职务犯罪预防工作的开展，广泛收集情报信息

职务犯罪预防工程是一项深得党委重视、群众欢迎的重大工程。职务犯罪预防工作在不断深入地发展，在国家机关、企事业单位聘请职务犯罪预防检察

联络员，将使预防队伍不断扩大，预防触角不断延伸。职务犯罪情报信息收集网络应当借鉴职务犯罪预防工作发展的成功经验，在当前腐败现象还没有得到根本遏制的时期，适当借用职务犯罪预防网络的优势力量，赋予职务犯罪预防检察联络员协助检察机关收集情报信息的职责，最广泛地收集和获取职务犯罪涉案情报信息，最终实现预防、查案、再预防的有效结合。

1. 通过与国家机关、国有企事业单位共同开展职务犯罪预防工作，聘请相关人员担任检察联络员，可以详细了解各部门、各单位的基本情况，在发现制度缺乏、管理有漏洞的情况下，可以及时帮助建章立制。并且可以根据需要，在聘任的检察联络员中择优选聘情报信息收集人员，帮助我们尽可能地掌握第一手的情报信息，发现和收集涉案线索。

2. 通过与国家机关、国有企事业单位共同开展职务犯罪预防工作，可以就隐蔽性、潜在性、规律性职务犯罪苗头，向该部门、该单位发出预防预警；也可以帮助分析筛选职务犯罪重点风险防控点，从源头上治理和遏制职务犯罪。

3. 根据侦查工作需要，针对性地在一些重点国家机关、国有企事业单位开展职务犯罪预防工作，能够使我们多渠道、多视野、多层次、全方面地收集和获取职务犯罪涉案情报信息，从中发现更有价值的案件线索。

（四）依托派驻检察室，广泛开展情报信息收集工作

设置派驻检察室，延伸法律监督触角，是新形势下社会法治的迫切需要，是中国特色社会主义检察体制的新探索。派驻检察室是检察机关的内设部门，理所当然履行着检察机关部分职责。

1. 收集和获取职务犯罪涉案情报信息，发现职务犯罪线索，不仅是侦查部门和侦查人员的专业工作，也是每个检察人员理当承担的责任和任务。赋予派驻检察室广泛收集辖区内涉案情报信息应当是派驻检察室重要的工作职责之一。根据派驻检察室具体配置检力的实际情况，也应当赋予侦查力量较强的一些派驻检察室线索初查的职责甚至是职务犯罪侦查权，从而提高本院整体发现和获取案件线索的能力。

2. 根据最高人民检察院"重心下移，检力下沉"的指示精神，派驻检察室一般设置在乡镇和一些经济开发区内。其主要工作职责应当是围绕辖区内乡镇、村二级组织开展法律监督工作，从中发现职务犯罪线索。

3. 派驻检察室是检察机关接地气、扎深根、聚民心、树正气的前沿阵地。根据需要，可以在辖区内各村委会、居委会、企事业单位、商业网点等单位部门设立工作联系站、点，实现检察工作网络全覆盖。通过与这些联系站、点加强工作联系，才能真正深入了解广大人民群众的所急所需，从中广泛收集涉案

情报信息。

（五）整合检察机关上下级之间、跨单位之间力量，形成反腐合力

首先，检察机关实行双重领导，检察机关内部则实行垂直领导。上级人民检察院应当加强对下级人民检察院的业务指导，及时传递各地办案信息，积累办案经验，采取各种实用有效的方法提高下级人民检察院发现线索和收集情报信息的能力水平。

其次，同级人民检察院之间，特别是相邻检察院之间应当加强工作联系，及时传递办案经验，相互移送情报信息和涉案线索。

省级以下人民检察院实行人、财、物统一领导的检察体制改革已迫在眉睫，上海市检察机关已在先行试点工作之中。这将预示着职务犯罪侦查机制全面革新的新阶段的到来。省级以下检察院实行垂直领导，有利于检察机关办案力量的整合，有利于提升侦查人员发现线索的能力，拓宽案源，有利于职务犯罪侦查工作的顺利开展。

五、完善工作机制，妥善处理与外部职能部门的关系，广泛收集涉案情报信息

检察机关和有关执法执纪部门在各自履行职责的过程中，往往都会发现和掌握大量的涉案信息情况。由于这些情报信息涉及和分布的点多、面广、线长，因此，检察机关应当充分认识到此类情报信息的重要性，密切与各职能部门的关系，完善工作机制，建立起联席会议，备案审查，情报信息通报等制度，最终实现相互间的信息共享，利益共享。

（一）密切与纪委的关系

反腐败工作是纪委、监察部门的重要任务，也是法律赋予检察机关的神圣职责。其根本目标是一致的。

由于纪委与检察机关各自职能性质不同，肩负的反腐败具体任务也有所不同。纪委作为党的纪律检查部门，查处的不仅仅是党员干部的经济问题，还包含查处其他违法乱纪问题。而一般的生活作风等问题在内的违法乱纪问题又恰恰是职务犯罪产生的"温床"。一般来说，纪委掌握的群众举报和情报信息的范围和数量要比检察机关多得多。另外，根据纪委工作与组织的特点，在国家机关、国有企事业单位中都有派驻机构和工作人员。纪检部门同志长期工作生活在第一线，对本部门、本单位情况较为熟悉，他们掌握的情报信息更具前瞻性。

因此，密切与纪委的关系，不仅能拓宽线索来源渠道，获取更多的情报信

息，而且通过与纪委的通力合作，发挥各自的职能作用，为初查工作的顺利进展和案件的查办起到推波助澜的作用。如某基层检察院反贪局与某市城市建设规划局纪委长期保持传统友谊和协作关系，通过该纪委提供的线索，2000年至2001年两年间在该系统查处了职务犯罪案件13件13人。

（二）规范与公安、法院的相互协作

检察机关查处国家工作人员的职务犯罪，往往涉及公司、企业的违法犯罪行为。反之，公安机关在查处公司、企业人员违法犯罪时，也经常涉及国家工作人员的职务犯罪。回顾1997年"两法"修订以前的历史，检察机关有相当一部分的管辖案件，比如涉税、假冒商标类犯罪，又比如商业贿赂、职务侵占中的部分犯罪，都划归了公安机关管辖。这类犯罪与国家工作人员职务犯罪有着千丝万缕、盘根错节的关系，也是发现职务犯罪线索的重要来源渠道。由于公安、检察自成体系，并无隶属关系，极易导致有关国家工作人员职务犯罪的情报信息，传输渠道不畅，甚至不被传递。有鉴于此，检察机关应当加强与公安机关的联系，制定情报交流制度，建立一条与公安侦查部门直接联络、正常运行的情报交换线，设立双方的情报信息联络员，以便准确、及时、完整地从公安机关获取其在侦查一般经济犯罪案件过程中发现的国家工作人员职务犯罪的情报信息。必要时，检察机关还可以通过行使侦查监督职权，派员介入个案，从中发现线索。

检察机关在密切与公安机关相互协作的同时，也应当加强与法院职能部门的相互配合，法院在审理经济、民事以及行政案件的过程中，也有可能发现国家工作人员的职务犯罪的相关信息。因此，及时地掌握这类情报信息，有助于我们更广泛地拓宽线索来源。

（三）加强与工商、税务、审计等行政执法机关的联系

工商、税务、审计等行政执法机关在各自履行行政执法的正常工作中，极易发现贪污贿赂等职务犯罪情报信息，是检察机关收集和发现涉案线索的又一重要渠道。与这些部门建立数条行之有效的情报线，不仅可能，而且十分重要。同时，由于他们的职责所在，又是渎职、侵权等犯罪线索的重要来源。

审计机关是依照国家规定设立的，代表国家行使审计监督职权的国家机关，他们承担着对国家机关、国有企事业单位、国有参股企业的常规审计、离任审计和延伸审计。了解和掌握着大量的基础信息和基本情况，加强与审计机关的联系，为我们发现线索，收集和获取相关情报信息创造了良好的基础条件。实践证明，审计机关不仅提供的材料真实性相当可靠，而且提供的线索案件成案率普遍较高。

工商、税务等行政执法机关在行使行政权的同时，还承担着部门案件的稽查任务，与它们保持联系，为侦查人员发现线索提供了快捷的输送渠道。同时，我们也应当关注：个别机关部门的工作人员或出于渎职、侵权案件中罪与非罪界限把握不准；或出于部门利益的驱动；或出于其他原因，往往将渎职侵权犯罪当作一般违法行为，以行政处罚代替刑事处罚。侦查人员可以分析具体情况，从中发现职务犯罪线索。

检察机关应当加强与行政部门的联系，建立工作联系制度。有条件的可以从这些部门中选聘合适人员，组建起畅通、有序的情报网，保持经常性的联系，收集有价值的情报信息。同时，检察机关还可以针对性地派员参加他们的工作，使行政执法人员的专业知识和侦查人员敏锐嗅觉有机结合，从中发现有价值的职务犯罪情报信息。

六、滚动深挖，拓宽线索来源渠道

侦查部门侦办职务犯罪案件，注重滚动深挖，通过办理此案而带出彼案，时有出现"拔出萝卜带出泥"的情况。但不可否认，大多数情况下带有很大偶然因素，也包含着运气的成分。而从现实的办案环境讲，在侦查力量普遍不足的情况下，越来越难以适应当前的办案任务。因此，要减少机遇成分，变偶然为经常，变运气为必然，就必须增强主动性，改变以往办理一起案件被动地"带出其他案件"为主动地、有目的性地、有方向性地"深挖案件线索"。

（一）坚持双重深挖理念

双重深挖是指在线索初查时注重以线索深挖线索，在线索突破阶段时则注重通过办案深挖窝串案的线索。

首先，要加大初查力度，必须在初查阶段就牢固树立"滚动深挖"的理念。在初查方面上尽可能地扩大初查范围，在初查重点上要做到深挖细查，从一条线索、一个初查对象开始，通过延伸发展，发现两个、三个甚至四个、五个初查对象、初查重点，从而形成多条线索汇集而成的大型线索。努力做到当行贿人交代向多人行贿时，我们早已心中有数，早已掌握了多个对象的相关背景资料，有利于我们及时、主动地采取进一步措施。

其次，在案件突破启动阶段，在询问有关证人、行贿人或接触受贿人时，更要具备主动挖掘窝串案的意识。根据初查所掌握的翔实材料，充分运用审讯技巧，尽可能地挖掘出行、受贿嫌疑人身上潜在的其他行贿或受贿问题，甚至是对目前案件拓展没有直接帮助，但作为情报资料积累，为以后开展新的初查活动作铺垫所需的情报信息，如此就会使案件、线索的拓展成为实际可能，形成行贿人→受贿人→新的行贿人→新的受贿人的良性循环发展，真正促成初查和办案的滚雪球效应。

（二）坚持多方位深挖理念

1. 纵向深挖。就是要以涉案对象的工作职责、职权等级为主线，向下深挖其下属有否涉案的可能；向上深挖其主管领导有否存在涉案的可能。

2. 横向拓展。就是根据涉案对象的工作职责和流程，横向发现涉案单位其他牵连部门的人员有无存在涉案的可能。

3. 以一反三，多向发展。从涉案对象出发，分析考量其工作的特点，从中发现与其工作有联系，有前后衔接的其他单位、部门的人员有否存在涉案的可能，从而进一步延伸发现职务犯罪线索。

七、联想"共性特征"，挖掘行业型、系统型线索

1999 年下半年，原嘉兴市秀城区检察院依法查处了浙江某集团董事长张某某涉嫌贪污 23 万元的特大案件。与此同时，浙江省永嘉市检察院也来该集团调查"行贿"事宜，通过查获的"返利款"情况，该院一举侦破了多起受贿案件。温州市鹿城区检察院在得知这一情况后，在没有任何线索举报的情况下，来电与秀城区检察院联系，秀城区检察院给予大力支持并协助。在查获了该集团"返利款"小账后，鹿城区检察院又一举侦破了 4 起受贿案件。

从以上案例可以看出，"共性案件"就是指带有共同行业特征或有共同行贿方，在侦破案件时，不仅侦破本案，且能带来连锁效应的案件或线索，俗称"窝案"或者"串案"。

"共性案件"的查处与个案一个个的查处相比，它具有省时、省力的特点。因此，我们应当努力提高挖掘"共性案件"的能力，从中发现集约型线索。其主要途径与方法有以下三个方面：

（一）从行业特点分析，寻找"共性特征"

1. 各行各业都有其自身特点，从职务犯罪侦查的实际需要出发，主要是瞄准各行业、各系统中自身存在的廉政风险点和滋生腐败关键环节，以及共同的关联性。在没有任何线索的状况下，通过主动分析研究某行业、某单位内在的"共性特征"，从而发现线索是一项难度较大的工作，但观其办案成效则可以逆向而行。主要是取决于侦查人员对该行业、该系统专业知识的熟悉程度和潜规则的掌握了解程度。

2. 从个案出发，分析研判"共性特征"。首先，从一个典型案例出发，将其放置到本行业、本系统中加以衡量，推测其"共性特征"是否有存在的可能；其次，两个以上的个案加以分析比较，总结、汇总出"共性特征"，从中

发现行业型、系统型线索。

（二）从兄弟单位办案经验中，借鉴"共性特征"

相邻地区、相邻县市之间往往存在许多相似之处，经济发展规模相似，部门设置职责相似，因此，查办职务犯罪的方法也有可以借鉴之处。如 2010 年浙江省海盐县检察院在乡镇自来水供应站查处职务犯罪案件 6 件 6 人之后，邻县检察院借鉴其办案经验也在乡镇自来水供应站查处了职务犯罪案件 11 件 11 人。借鉴兄弟单位办案经验，从"共性特征"出发，发现本地区同行业职务犯罪线索是查处职务犯罪案件的一条捷径。

（三）联想上级院信息通报，发现"共性特征"

2000 年 3 月，原嘉兴市秀城区检察院在赴海盐县检察院调查取证时，偶然得知该院在县殡仪馆查处了 3 起涉案总金额达 70 万至 80 万元的贪污贿赂案件，并联想到省院《情况反映》中介绍的金华、义乌等地检察机关分别都查处了 3 起至 4 起殡仪馆工作人员贪污贿赂案件的情况，就派员到这批案件的同一行贿单位——浙江民政礼仪用品公司调查取证，结果不仅查获了有关"返利"嘉兴市殡仪馆的情况，还发现了其"返利款"不仅涉及嘉兴市五县两区殡葬业，更涉及全省的殡葬行业。在向上级检察机关逐级汇报后，浙江省院作出统一部署，在全省殡葬系统掀起了反腐高潮，查处了 40 余件职务犯罪案件。

八、发挥想象，主动创造线索

犯罪事实是客观存在的，不可能主动创造，创造犯罪事实本身就是犯罪。所以创造线索初听起来也是玄虚之事。然而在实践中，由于客观环境影响，或人们对于某些事物认知程度不够，尤其是侦查人员能力水平的限制，造成侦查的死角或犯罪黑数的客观存在。因此，发挥想象，主动创造线索，是消除犯罪黑数，挖掘隐蔽颇深的职务犯罪线索的最有效方法。

（一）清除"盲点"、"盲区"，创造线索

生理上的"盲点"是指眼球后部视网膜上视神经进入眼珠处的一个凹陷点，此点无感光细胞，不能感受光的刺激，物体的影像落在此点上不能引起视觉反应。围棋上也有"盲点"的术语，是指轻易不会被引起注意的着子点，而此点往往是正解或妙手。联想到我们的办案实际，这样的"盲点"是否存在呢？是否还会存在更大的"盲区"呢？答案显然是明确的。在实际办案过程中，我们经常会产生对某些事情搞不清楚，会产生"走投无路"的感觉。由于对某些事物熟视无睹或根本没有看到、想到而轻易放弃了对重要情报信息的获取，这就是我们在办案中存在的"盲点"或称"盲区"。

主要以下列形式存在：

1. 不引人注目的部门、单位。比如某些事业单位既承担着政府某种重要行政职能，又有大量的规费收入。它们从名称上看很不起眼，平时很难进入侦查视线，容易成为侦查工作死角。

2. 无行政隶属关系的部门、单位。如国有企业派驻当地的分支机构、联络处；本辖区派驻外地的办事处等。他们既与当地党委、政府没有隶属的直接关系，又易造成上级部门的疏于管理，俗称"三不管地带"，是腐败现象极易发生的区域。比如最近中纪委在中石油系统掀起的反腐高潮，中石油派遣到国外的经营代表和省分公司高层管理人员成为职务犯罪重灾区。

3. 由于初查中保密原则的需要或者侦查人员能力水平的限制，在初查或侦查的全过程中，也会产生侦查工作死角，有些线索和案件或将永远地灭失。

（二）假定初查目标，制造线索

有些检察院经常会为没有线索而烦恼，没有线索的状况与现阶段腐败现象存在的严峻形势不相符合，其原因有二：一是举报的线索确已全部查结，没有现存的线索可查；二是由于侦查人员主动发现线索的能力不足造成的。侦查能力强的侦查人员经常讲"没有举报信，那么我们自己写一封举报信不就有线索了吗"。在没有举报线索时，应当更加关注当地实际，假设初查方向和初查目标，开展广泛的信息收集工作，从而发现线索，这一过程就是制造线索的过程。

（三）汇总信息，营造区域型线索

在制造线索的过程中，我们可以更进一步地发挥想象，集中精力，集中力量广泛收集和经营某一特定区域内的情报信息，从中发现数条涉案线索，从而营造出区域型线索，最大限度地创造线索。

发现线索是一个连贯的过程，始终贯穿于整个侦查工作的始末。侦查初始阶段，尚无线索或线索尚未成形之际，提高发现线索的能力，有助于发现线索，促进线索快速成形；线索初查过程中，提高发现线索的能力，有助于进一步拓展延伸，接二连三地发现新的线索；在立案侦查过程中，提高发现线索的能力，有助于线索的滚动深挖，循环发展。

综上所述，一封举报信通常只是明确地针对某人的个案举报，而主动发现线索则往往会发现窝串案线索，甚至发现行业型、系统型、区域型的系列案件线索。随着社会经济的不断发展、民主法治意识的不断加强，职务犯罪更加呈现出隐蔽性、反侦查能力强的特点。如何主动发现线索，怎么提高主动发现线索的能力将是职务犯罪侦查工作发展的永恒主题。

侦查实践中不能仅仅根据举报信查案，即使根据举报信查案也要将其摆到"放大镜"里去放大，从举报内容所涉及的行业、系统、单位的大范围、大环境来考量其价值。笔者多年来所办案件虽然称不上辉煌，但也算可圈可点，均是自行主动发现线索所取得的成果。

自行发现线索、主动发现线索，较之举报信而言，其优势明显：一是现有举报信往往内容空洞，可查性差，且匿名举报多。而自行主动发现的线索，是自己所闻、所思、所想，真实感较强，可查性强。二是举报信的内容需要分析、辨别，思路不够清晰。而自行主动发现的线索，是各种情报信息的汇总，在侦查人员心中经过深思熟虑之后才形成为线索，故思路清晰、目标明确，初查起来轻车熟路。三是自行主动发现的线索能够给侦查人员带来成就感，初查的积极性高，成案的概率大。

侦查实践中，自行主动发现线索涵盖于日常工作的每一天，它既是线索初查的起启，又是初查工作的方法。开展初查活动就是为了广泛地收集和获取各类涉案情报信息，从而汇总发现更多的职务犯罪涉案线索，依次往复，循环发展，推动初查活动向纵深发展。

第二节　线索评估管理

举报线索质量参差不齐，能否对所获得的线索进行认真分析和准确评估，是减少初查随意性、提高初查质量和效率的关键。当前，各地检察机关对线索评估主要有以下几种做法：一是举报中心评估型，即以举报中心为核心对线索进行筛选、评估；二是举报线索协调小组评估型，根据最高人民检察院《举报线索协调工作规定》，成立由主管侦查部门的副检察长、反贪污贿赂局、反渎职侵权局、举报中心部门负责人等组成的协调小组，平均1个月开一次会议对线索进行逐条审查；三是线索评估和初查预案混合型，即反贪局在收到线索后，内部成立评估小组，对成案可能性进行评估，对决定初查的案件形成初查预案交侦查人员执行初查。

一、线索常规性管理

（一）统一归口举报中心评估

从完善举报线索管理入手，力求探索举报线索的有效管理模式。

1. 在受理登记环节，由举报中心统一受理群众举报，指定专人负责线索的编号登记，做到举报线索的归口管理。

2. 在初步审查环节，在不涉及具体案情的情况下，从形式上对举报材料以及举报内容进行审查，如举报单位或者人员是否存在，举报内容是否发生在本辖区，是否属于检察机关管辖等。把不属于本院管辖的、举报内容明显不实的举报线索挡在了下一道程序之外，提高效率，节约司法资源。

3. 在审查评估环节，审查评估小组由检察长、分管侦查部门工作的副检察长、分管控告举报工作的副检察长和控申科负责人组成，审查评估会议实行定期召开和临时召开相结合的形式，做到对线索的及时审查处理，保证评估工作的常态性。

4. 在跟踪监督环节，针对存在的线索离开举报中心以后就处于半失控状态，缺乏有效的跟踪监督机制的问题，应严格执行线索查办情况按照规定时限向举报中心反馈的制度。逾期未反馈的，要求侦查部门向审查评估小组说明理由，评估小组认为理由不充分或不成立的，可以重新进行评估或者直接将线索移交其他部门或人员处理。

（二）建立畅通有序的线索移送分流机制

《诉讼规则》和《最高人民检察院关于要案线索备案、初查的规定》分别对线索的地域管辖和级别管辖进行了规定，从而明确了线索分流的方向。但在办案实践中，有些检察院没有遵守法定管辖原则，导致线索管辖较为混乱，并存在多头查办的隐忧。只有严格遵守法定管辖原则，才能保障线索分流的规范和有序。地域管辖方面，应坚持由犯罪嫌疑人工作单位所在地人民检察院管辖的原则；对于管辖有争议的线索，上级检察机关应当加强协调，指定其中一个检察院负责初查。级别管辖方面，应坚持省级检察院查办厅局级领导干部职务犯罪案件、地市级检察院查办县处级领导干部职务犯罪案件、县（市、区）级检察院查办科级以下领导干部的职务犯罪案件的原则。各级检察院在对本级管辖的职务犯罪要案进行初查时，应当报告上一级人民检察院备案。根据需要，上级人民检察院也可将本级管辖的要案线索指定下一级某个检察院负责初查，并派员具体指导。

（三）建立以市级检察机关为核心的线索网络管理机制和规范的指定管辖机制

针对线索数量不平衡的问题，同时为提高线索的整体利用率，适应侦查一体化机制的需要，结合同区域经济社会发展较为紧密的特点，有必要建立以市级检察机关为核心的线索网络管理机制，线索网络系统主要包括线索管理、案件处理、线索督办、线索查询、决策分析、数据交换、纸质扫描处理、法律法规查询、系统设置等功能，实现线索相关信息的完全电子化和信息横向、纵向共享，上下联动、综合利用、决策分析。实践中，有的下级检察机关直到立案之际甚至立案之后才报请指定管辖，上级检察机关也仅进行形式审查予以批准，指定管辖存在不规范和走过场的现象。为适应查办职务犯罪案件的总体需要，必须在地域、级别管辖原则之外，充分发挥指定管辖机制的作用。要实现指定管辖的规范化，必须明确指定管辖的条件、时间和程序。下级检察院发现有不属于自己管辖的职务犯罪线索时，原则上应当将此线索移送有管辖权的检察院负责初查。确有必要仍旧需要由原发现线索的检察院负责初查的，应当报请有管辖权的上级人民检察院批准，指定其管辖后才能开展初查工作。

二、线索动态性管理

（一）举报中心动态管理

有效整合资源建立举报中心动态管理。一是改变以往侦查人员单独对职务犯罪线索的分析评估机制，促进线索的再生利用。由举报中心统一管理、分析管辖内的所有职务犯罪线索，重点强化分析涉案人员个人情况、家庭影响、职权性质、监督制约机制健全有效等方面的因素，综合考虑办理自身案件的能力和力量、证据调取的难易程度、办案时机等因素，对是否能够立案侦查，顺利追究犯罪嫌疑人刑事责任提出意见。同时对案件线索进行法律效果和社会效果评估，向本院自侦部门提供常规性或有特殊性要求（某个行业系统）的线索情况报告，以及线索如何有效利用的对策意见。二是建立职务犯罪案件线索"备案三核"制度。对举报、自行收集、其他单位转来、案中发现以及上级机关交办的案件线索实行专人审核、职务犯罪线索研讨会议审核、归口自侦部门复核制度。合力推测可能存在的职务犯罪事实，提高线索利用价值、防止线索被长期积留导致难以发挥实际功效的情况，避免或减少原分散化管理模式多停留于形式、监督效果不明显的弊端，真正做到案案有结果，件件有处理。三是加强职务犯罪信息资源的积累与信息库的建立。职务犯罪线索研讨会议定期分析研究新形势下职务犯罪的新特点、新规律，全方位地更新线索信息。依托层次分明的情报信息，把深化举报、专项调研、案中发现、部门移送、媒体搜索等途径获得的线索及侦查信息进行归纳、整理，变零碎信息为完整信息，变单一信息为多元信息，变点状信息为块状信息，清理缓查和存查的职务犯罪线索，提高线索再次利用价值，把信息引导侦查的理念真正用于检察实务。

（二）自侦部门动态管理

首先，应当建立侦查人员主动发现线索的奖惩机制，鼓励侦查人员自主发现线索。对侦查人员收集到的职务犯罪信息经筛选后转化成线索并在侦查中发挥作用的，根据其作用大小予以相应奖励。

其次，应当建立线索的动态管理机制。通过制定统一的线索管理规定，增强情报信息的有效性，规范情报信息的动态管理。一是根据情报信息的内在含量，将情报信息分为有价值信息、待完善信息和无价值信息，并根据实际需要按照线索待查、线索补充、存档管理进行分类处置。对可转化为线索的情报信息，则进一步细化为长期跟踪、近期排查、成熟三个等级，并根据三级保密级别，分别交由检察长、部门负责人和侦查人员具体管理。二是在初查阶段必须做到"三个清楚"，确保流向合理。"人员关系、事实背景、证据方向"是检察机关评价线索是否可查的重要参考依据。具体管理工作中，要求每条线索都必须达到"三个清楚"的标准，即在初查时，涉案人员的社会关系以及与其他涉案人的关系清楚，涉案的事实背景清楚，证据索取的方向清楚，否则就不启动线索突破程序。从而转变观念，在侦查方式上要从过去由人到事转变到由事到人上来，侦查重心从过去偏重于正面接触犯罪嫌疑人获取口供转变到接触前的秘密初查上来。即实现由案后收集证据向案前收集证据的转变，由以供取证向以证取供的转变。三是对于启动初查程序后的线索，经过初查程序却没有立案的，侦查人员要说明理由，接受有关问询。理由不成立的，应当调整人员，重新进行初查。而在整个初查过程中，侦查部门负责人都要扮演好"把关者"的角色，严格把好线索评估关、初查启动关、初查程序转变关、初查终结的主要事实和证据关。这些做法有效地保证了线索的初查质量，提高了成案率。

实践中，无论是举报中心还是侦查部门，绝大多数的做法只是由内勤对线索作简单的登记备查处理，很少对线索进行科学的动态管理。20世纪八九十年代，内勤多由部门副职兼任，经验较为丰富的副职能够承担起对线索的分析、分流。而现阶段，内勤工作往往被忽视，且大多由新进人员承担，或者仅仅承担各类报表的汇总、上报工作和线索的简单登记备查工作，使线索的管理流于形式，无法发挥线索的最大功效。因此，物色专人对线索进行科学的动态管理是现实和形势的需要。

最后，对于地市、县（市、区）检察院管辖的要案线索和案情特别重大的线索应当在初查前报上级检察院备案，一方面有利于上级检察院及时了解情况，提出针对性的指导性意见；另一方面一旦办案中遇到阻力，可以及时商请上级检察院的全力支持，同时也可促进上下级检察院之间的线索管理互动。

（三）举报中心与自侦部门加强有效科技衔接

加强动态衔接管理就是要大力推进科技强侦，提高发现和收集线索的能力。职务犯罪的智能化和反侦查能力的增强，迫使检察机关与之斗争的手段需要不断升级和强化，而技侦手段因其在对付反侦查活动方面的功效而很快被借用。司法实践中，很多地方在运用技侦手段方面进行了有益的尝试并成功地侦破了案件。随着《刑事诉讼法》的逐步完善，适时适当地借助科技手段，开展初查工作，对顺利查处职务犯罪案件，深入开展反腐斗争是十分必要而又现实的，它的效能作用是其他侦查手段所无法比拟的。江苏省某基层检察院自行开发的"反贪线索评估系统"，对线索涉及的某些反贪热点行业、重要职位、关键岗位等，提供大量关联信息，通过比对分析，提示职务犯罪的要点，进入反贪线索评估系统首页后，界面上部有"添加线索"、"线索评估"、"拜访查询"、"案情搜索"、"用户管理"、"系统设置"等7个子目录。在相关空当里输入关键字，屏幕上就能显示出这类犯罪全部相关信息。该检察院运用反贪线索评估系统对市勤工俭学与装备管理办公室有关工作人员涉嫌受贿窝串案件进行评估时，借助评估系统对以往成功查处同类案件的核心提示，具体分析了涉案对象利用职权在学校教辅图书、教学设备采购中收受贿赂的可能，从其办公室往来业务情况入手，经过细致调查，成功查处了该办公室主任、副主任等受贿窝串案5件5人。自2008年3月开始评估系统运行1年间，已成功查处17起职务犯罪案件，初查成案率高达100%。

总之，对于线索的管理和处置，举报中心与侦查部门既要各负其责，又要相互协调、相互配合。促进线索始终在存查、缓查、初查、终结、再查等各个环节相互转化，使原先对线索的静态管理转化成动态的科学管理，最终实现线索转化成案件的目的。

（四）长期经营线索的特殊处理

决定开展长期经营的线索是线索库最为重要的组成部分。之所以将线索确定为长期经营，并不是根据此线索涉案国家工作人员职级比较高、涉案金额比较大的单一考量。而是主要根据线索的复杂性，预测该线索内涵的包容性可能通过长期经营形成集约型、系统型线索作为考量标准。

接受线索伊始，从表面看，此线索与其他线索并无二致。其指向可能是单一的，其内容也可能是简单的。但对此线索进行仔细分析研判后认为，此线索有极大的拓展余地，故确定长期经营。随着初查活动的深入，不仅能深挖出本单位、本系统、本行业的其他线索，有时还能牵涉到其他单位、行业、系统的大量涉案线索。根据长期经营线索的这些特点，对长期经营线索的管理应当有别于对普通线索的管理方法，作适当调整。

1. 决定对某条线索作长期经营以前，此线索的管理应当与其他线索一起，由举报中心和侦查部门按照线索的正常管理程序登记造册，以免产生管理漏洞，导致线索的遗失。

2. 决定作长期经营以后，侦查部门应当指定专人具体负责对该线索开展长期的初查工作，在绝对保密的情况下进行，保密范围仅局限于侦查部门负责人和具体负责初查的侦查人员，不应告知其他侦查人员知晓。

3. 随着初查活动的深入，在初查内容不断拓展，新的涉案线索不断发现的前提下，如专人负责初查不能满足庞大的初查工作量时，应当成立初查小组，由初查小组组成人员分别按线、分块承担起初查任务。初查小组组长应当具体负责起各项初查内容和每条涉案线索的汇总分析工作。在长期经营中新发现的涉案线索和初查内容应当严格保密，不宜交由侦查部门内勤登记造册，更不宜报给举报中心登记备案。

4. 侦查部门负责人应当随时跟踪线索经营的进展情况，经常性地帮助分析、指导。分管副检察长、检察长要阶段性地了解线索经营情况，关注线索进度，有利于及时组织力量，突破案件。

5. 长期经营的线索转化成案的，应当回归正常的线索管理体系，在立案后 10 天内报举报中心登记备案，成案一条，登记备案一条，不应遗漏。

三、线索处理

（一）举报中心对线索的初步处置

举报中心是线索受理的第一责任部门，也是线索的归口管理部门，无论是线索的受理还是线索的最后处置都应坚持"一个口子进出"的原则。即所有的线索受理都必须由举报中心统一受理登记；线索初查终结后，如需对外宣布结果的都必须由举报中心统一对外宣布。举报中心对于线索受理后的操作流程一般应当按照下列方法处置：

1. 初步审核

举报中心对于每一条受理的举报线索都应当进行认真的审查和核对，根据线索内容和性质的不同，采取不同的处置方法：

（1）认为此线索不属于本院管辖的，或者不属于检察机关管辖的，应当将线索及材料移交有管辖权的机关、部门处理；

（2）对于举报内容严重失实，不需要进一步初查的，可以作不予初查，归档处理；

（3）对于举报内容比较空洞、含糊的，可以作备查处理；

（4）对于举报内容比较清晰、详细的，有初查必要的，应当及时移送侦查部门开展初查工作；

（5）对于犯罪事实清楚、证据比较确凿充分的，属于自首、单位移送的线索应当立即移送侦查部门立案侦查。

2. 必要的初查

现实情况下，各院举报中心往往与控告申诉检察部门合为一体，配备的人员力量各有不同，各有侧重。有的侧重于接待信访，善于处理各种矛盾；而有的举报中心则配备的侦查人员较多。各院举报中心应当根据自身侦查力量的强弱适当做好对某些线索相应的初查工作。

（1）对备查线索开展必要的初查工作。举报中心对于举报内容比较空洞、含糊的备查线索应当密切关注，不轻易放弃。一方面应作长期经营的打算；另一方面在必要时开展初查活动，收集和获取与此线索有关的情报信息，丰富线索内容，理顺含糊的事实，促进备查线索的可查性，并及时移交侦查部门作进一步初查。在举报中心有能力的情况下，也可以进一步初查到底，促成线索成案后再移交侦查部门立案侦查，甚至在检察长批准下，"一竿子"负责到底。

（2）有足够强的侦查力量配备时，或者本院侦查部门侦查工作比较忙、侦查力量暂时不足时，举报中心在经检察长同意后，应当主动地承担起理应移送侦查部门初查的某些线索的初查任务，待线索完全成形可以突破时再移送侦查部门，充分体现侦查的团队精神、协助精神。

（3）对于本院侦查部门已经中止初查的线索或者已经作出不立案决定的线索，举报中心认为有必要继续初查的，就不宜轻易作永久归档处理，应当将线索继续留置于动态管理。必要时，经检察长批准，可以由举报中心重新启动对该线索的初查活动。如某基层院反贪局由于人员较少，侦查力量配备不强，对某线索组织两次初查都未果后作存查处理。该院举报中心则认为该线索事实并未查清，遂作动态管理，时隔两年后重新启动初查，从中查处职务犯罪案件3件3人，极大地促动了侦查部门的办案热情，推动了全院侦查水平的积极提高。

（二）侦查部门对线索的处置

侦查部门受理的线索主要来源于两个方面：一是举报中心移送；二是侦查部门自行发现。由于感性认识较深，侦查部门更加愿意优先考虑对自行发现的线索开展初查活动。

对于自行发现的线索，侦查部门应当及时组织力量开展初查活动，尽量缩短初查时间。如果认为情况复杂或有很大深挖拓展潜力的，也可以作长期经营打算。对于在初查中滚动发现的线索则不宜件件都告知举报中心登记备案。

对于举报中心移送的线索，侦查部门应当高度引起重视，原则上应当对所有举报中心移送的线索都要及时开展初查工作，并且按照线索管理规定及时将初查内容告知举报中心。

线索初查终结后，侦查部门认为没有发现犯罪事实或者犯罪情节显著轻微，不需要追究刑事责任的，应当不予立案。

线索初查终结后，侦查部门内心确认有犯罪事实存在，应当对线索进行突破。突破后认为构成犯罪的，应当立案；突破程序进行后仍不构成犯罪的，或者犯罪情节显著轻微，不需要追究刑事责任的，应当不予立案。

立案后，侦查部门应当在 10 日内将立案情况告知举报中心。对于线索初查中相关材料，一并归入侦查内卷。

决定不予立案的，侦查部门应当在 10 日内告知举报中心，并将初查材料立卷备查，归档保存。

（三）线索的最终处理

线索初查终结后，无论是决定立案或者不立案，都应当根据线索的性质和内容做好最后的处置工作。

1. 对于决定立案的线索，如果是署名举报的，应当由举报中心在线索立案后统一答复举报人。侦查部门一般不宜直接给予答复，确有必要时，应当会同举报中心一起共同给予答复。

2. 对于署名举报、控告的线索经初查后不予立案的，应当由侦查部门制作不予立案通知书，写明案由和案件来源、决定不立案的理由和法律依据。由举报中心送达举报、控告人，妥善做好解释、安抚工作，并积极做好维护举报人合法权益的工作，如遇到打击报复举报人等情况的，坚决做到发现一起、查处一起。

3. 对于纪检监察机关、公安、法院、行政执法机关或其他单位移送的线索经初查不予立案的，应当由侦查部门制作不予立案通知书，并由本院举报中心统一送达移送相关移送线索的单位或部门。

4. 对于提请不予立案的案件线索，检察长或者分管检察长应当认真进行审查，认为仍有继续初查必要的，可以指令侦查部门或举报中心另行组织人员重新初查。

5. 属于错告、检举失实的，如果对被查对象造成不良影响的，应当将初查情况和结果向被查对象所在单位通报，并做好说明、善后工作。属于诬告、陷害的，应当依法追究有关人员的责任。

第三节 初查信息化建设

一、什么是初查信息化

什么是初查信息化？当前理论研讨中尚无权威定义，大家对此各有各的理解。笔者认为，要理解什么是初查信息化，必须把初查的基本任务和"信息引导侦查"这两者有机结合起来。

（一）初查采集和利用信息的重要性

职务犯罪侦查中的情报信息，是检察机关经过各种手段和方法搜集、整理、研究和加工后，进行传递和利用的与犯罪或与犯罪人相关的资料，它能够提供侦查线索从而启动侦查程序，推进侦查进程，并通过情报信息寻找能够反映案件真实情况的证据。

初查是立案的基础，初查的基本任务是收集和获取涉案的情报信息和相关的证明性材料，判明是否有犯罪事实需要追究刑事责任，从而决定是否立案。如果能通过初查获得涉嫌犯罪的直接、间接证据，那是初查成果的最理想状态，也是侦查人员的奢望追求。而绝大多数情况下，初查只能获取与涉案对象或者犯罪事实相关或可能相关的情报信息。通过对这些非证据情报信息的分析利用，对于扩大线索来源、开展线索研判、确定初查方向、选择案件突破口、收集巩固证据等方面都发挥了非常重要的作用。

比如在线索研判上，情报信息可以帮助我们实现对线索的真实性、可查性和成案可能性进行研判，以判明其价值。

1. 真实性研判。一是从来源的确定性分析，如实名举报、办案中顺藤摸瓜、被调查人检举揭发、敦促自首的，线索相对靠谱。二是从内容的关联性分析，看反映的问题和被反映人的履职有无关联，若无关联则真实性存疑。三是从线索提供人的身份和动机分析，线索提供人的身份角色决定了对问题的知晓程度，内部知情人反映的相对真实；线索提供人的动机或目的是什么，和被举报人是否存在利害冲突等。

2. 可查性研判。一是从管辖权分析，是否属于管辖内线索，非管辖内线索不具有可查性。二是从线索内容的翔实程度分析，反映问题的完整、确切和详细程度决定可查程度。三是从线索反映内容和违纪违法规律性结合上分析，如存在"潜规则"则可查程度高；实施犯罪的手段和方法符合一般违法犯罪作案手法的可查程度高；贿赂线索中帮助对方谋取利益或者行贿方取得利益的大小也决定着可查性程度。

3. 成案可能性研判。一是形成内心确信。真实性和可查性的研判是成案可能性研判的基础，前期研判让侦查人员达到内心确信——被反映人肯定存在违法犯罪问题。二是问题性质和严重性程度。问题是什么性质问题，法律是否明文规定为罪；被反映人的问题有多大，是否达到追诉程度。三是能否取得证据。无法取得证据的线索不会成案。四是线索有无拓展可能。通过延伸分析，如对象权限梳理等，判断被反映人有无存在其他违法问题。

可见，能否全面掌握大量涉案或可能涉案的情报信息，能否迅速关联、整合和分析相关情报信息，决定了检察机关能否在职务犯罪初查中确保情报信息优势，主导办案走势，成功查处案件。

（二）初查信息化的概念和内涵

当前，职务犯罪更加隐蔽、智能和复杂，犯罪分子对抗调查的能力越来越强，同时新《刑事诉讼法》和新《律师法》的出台实施，使职务犯罪侦查工作面临着巨大的影响和挑战。为适应新形势下查办案件的需要，最高人民检察院提出"信息引导侦查"的工作思路，要求各地检察机关转变办案理念，创新侦查模式，加大信息化建设，利用情报信息引导职务犯罪侦查。

信息引导侦查模式区别传统侦查模式的核心在于情报信息在侦查活动中的主动和导向作用，它通过加强各类案件情报信息的收集整理，建立门类齐全、内容准确、检索方便的职务犯罪侦查情报信息数据平台，运用情报信息手段和技术对涉案情报信息审查评估和综合分析研判，为突破案件、拓宽案源、判断发案部位和领域、选择侦查方向、作出侦查决策等提供情报信息和服务，从中分析职务犯罪的动态、规律、趋势和特点，进而提高职务犯罪侦查工作的整体能力和水平。

笔者认为，初查信息化概念应借鉴"信息引导侦查"理念，是从"信息引导侦查"理念中提炼而来。侦查是大概念，职务犯罪侦查的实质在于初查之中，因此，"信息引导侦查"在很大范围和意义上来讲，就是信息引导初查。初查信息化属于科技强检的范畴，是指全面收集、利用情报信息资源，借助信息化手段和信息化平台，快速、高效地整合分析各类有效情报信息，从而服务于初查活动及后续侦查活动全过程的新型调查活动。

初查信息化的内涵如何界定？应包含以下三方面内容：

1. 全面占有情报信息是基础

初查信息化的基础和原点是海量情报信息的采集和占有，这些情报信息可能直接和涉案对象或者犯罪事实相关，也可能暂时看上去无关。作为侦查人员要予以全面采集和占有，不能仅凭主观臆断随意取舍。"巧妇难为无米之炊"，情报信息就是"米"，只有以全面占有情报信息作为支撑，才能利用情报信息资源开展信息化初查。

2. 分析利用情报信息是核心

单纯采集占有情报信息并不能在揭露犯罪中自动实现由已知到未知、由不确定到确定，还需要对占有的情报信息进行分析利用。我们的传统初查以经验为主导，在使用相关情报信息时比较粗放，如不注重对获取的零散情报信息进行整合分析，又如在突破行贿对象时往往把焦点集中在对象的口供上，而把之前获取的情报信息忽略在一边，即让我们耿耿于怀的情报信息与突破存在脱节的问题，所以情报信息的价值没有得到充分挖掘。

情报信息分析可以分为简单的情报信息分析和复杂的情报信息分析。简单的情报信息分析不需要专业知识和业务经验，对获取的情报信息进行直观反映即可；复杂的情报信息分析需要通过专业知识和业务经验，对获取的情报信息进行综合分析加工。职务犯罪初查信息化要求以情报信息的分析利用为核心，初查活动始终围绕各种情报信息资源展开，对情报信息的利用呈现动态、主动、全程、共享的特点。

所谓动态，是指依靠计算机网络技术将所有情报信息资源数据化，通过数据化信息分析，对初查对象及其涉嫌的问题进行定性、定量和证据到位等情况分析，并对不断出现的各类情报信息及时录入，便捷地反映情报信息的动态变化。

所谓主动，是指对情报信息分析的需求不是被动地源自某个线索，而是主动分析情报信息，在大量情报信息中发现蛛丝马迹，包括对可能出现的新案件、同类案件和窝串案积极进行分析研究。

所谓全程，是指对情报信息的分析利用贯穿初查工作的始终，从线索的发现到线索的研判评估，再到确定方向，选择突破口，最后到线索的外围突破，都体现着对情报信息的全面分析使用。

所谓共享，是指把情报信息资源放置在检察机关侦查系统内共享，将各种已知情报信息进行碰撞，利用情报信息串并案件，提高打击犯罪的效率。

3. 创建网络平台是载体

传统职务犯罪初查中，对情报信息的储存、检索和利用主要依靠人工分类并以纸质材料为主。当情报信息量急速增长后，基于人工方式建立起来的传统情报信息体系就远远落后于案件初查的需要。有效管理激增的情报信息资源并使之有序排列，必须依赖于情报信息网络平台。而当前网络信息技术的飞速发展，也为初查信息化网络平台建设提供了现实基础。

从全面性上讲，初查信息化应该包括初查手段的信息化和初查流程管理的网络化。但对于侦查一线来说，初查流程的网络管理仅是形式需要，最核心也最有价值的是初查手段的信息化，即把初查工作用信息化手段来完成，通过"全面、秘密、快速"地采集和分析情报信息，借助于信息网络平台，达到"坐在办公室里实现初查工作的初步完成"。

二、初查信息化的现状

目前，检察机关对初查信息化的价值和意义有了一定的认识，但实践中由于种种原因，总体表现难遂人意，形式大于内容，信息化"利器"的"锋芒"尚未"毕露"。这与当前反腐败的要求和科技强检的发展不相符，与同样担负侦查职能的公安机关相比，在信息化程度和水平上更是相去甚远。当前检察机关初查信息化工作的现状主要存在以下缺陷：

（一）理念未实现根本转变

工作要推进，理念要先行，理念不到位，工作就无法推进。有的基层检察院对初查工作不够重视，就更不会重视用信息引导初查，习惯于初查靠偶然，成案靠运气。有的知道信息化的好处，但没有起步开展建设，有的正在探索尝试，但进展缓慢，有的已初具雏形，但程度不够，各自为政现象突出，信息化动态、主动、全程、共享等特点尚未体现和成型。有的采集情报信息仍使用调查询问、人工拉网式查询的传统方式进行。有的只重视线索类情报信息，而不重视线索类情报信息之外的其他情报信息。有的没有建立专门的情报信息管理分析团队，也没有专门的情报信息管理人员。等等。

造成理念缺失的主要原因：一是对初查情报信息化的意义认识不到位，未把"信息引导初查"提升到统揽初查工作全局的高度，安于现状。二是上级检察机关对初查信息化没有强制性要求，也没有统一组织进行，缺少动力。三是情报信息采集和科学利用的难度大，情报信息化人才匮乏，存在畏难情绪。四是缺乏主动创新精神，等待观望周边检察院和上级检察院有什么具体举措，到时"依葫芦画瓢"。

（二）信息采集不力，数据库建设滞后

情报信息散存于互联网、社会生活和有关部门，必须去采集才能得来。有的基层检察院未建立情报信息采集机制，缺乏情报信息采集的总体规划。有的习惯于"用时再说"的情报信息观，采集情报信息数据比较随意。有的情报信息采集效率低下。有的对情报信息采集的困难没有充分认识，在情报信息采集受到挫折而放弃，未主动去解决。有的未对采集的情报信息建立数据库进行管理。有的已建立情报信息数据库，但量小、零散。有的对情报信息数据管理使用不规范，等等。

造成情报信息采集不力，数据库建设滞后的主要原因是：

1. 有的基层检察院自身缺乏紧迫感，满足于目前采集和存储情报信息的方式方法，缺乏强烈的主动争取情报信息意愿。

2. 情报信息采集的渠道少。检察机关一般只有互联网搜索、询问打听、登门查询等少数主动采集情报信息渠道，情报信息所有者主动向检察机关提供情报信息的情况基本没有，甚至还存在情报信息所有者以情报信息安全或者部门利益驱动等理由不愿共享情报信息，而法律又没有强制性规定特别是法律后果不明确，以至于检察机关束手无策。由于情报信息采集机制未完全确立，与有关情报信息所有方也未建立有效的外联，检察机关面临着获取情报信息渠道少的现状。

3. 情报信息采集的确耗时耗力。如情报信息采集时各方手续烦琐，且有的情报信息内容设置有级别控制，最基层没有权限，必须到地市一级，甚至省一级才能实现采集；情报信息分散于各部门，须多头多地采集，且各个部门提供情报信息的效率、流程不一；情报信息所有方各分支机构情报信息兼容性差，可能一项情报信息须多地采集，无法实现就近查询。

4. 采集到的情报信息有限。如部分银行存款和交易信息、部分行踪信息、部分通话记录、部分房产信息、部分工程项目信息、部分权力职责信息，还有工商信息、户籍信息等。这些采集到的情报信息数量少而零散，并且存在明显的地域局限性，情报信息之间很难进行联系，所以只能形成情报信息"点"，无法形成情报信息"线"，更无法形成情报信息"面"和情报信息"网"。

5. 数据库建设工程复杂，没有现成文章好做，而且还要考虑数据库的完善升级、和有关单位及上级检察机关情报信息共享，情报信息安全、经济成本等都是必须考虑的事项。

（三）信息分析利用缺乏科学化、系统化、专业化

情报信息采集只解决了情报信息来源问题，情报信息数据库只解决了情报信息分类存储问题，而对采集情报信息的科学分析，才能将采集和存储的情报信息很好地转化为办案生产力。目前，检察机关及其侦查人员在情报信息分析中还缺少科学化、系统化、专业化，更多的是就事论事的分析情报信息，还没有实现对情报信息的有效利用，制约了情报信息转化为侦查力的能力，使情报信息的最大价值未得到实现。

造成情报信息分析利用缺少科学化、系统化、专业化的主要原因：一是情报信息采集不力和情报信息平台尚未建立或未完全建立，情报信息数据仓库的载体和内容均欠缺，使得情报信息分析利用缺乏前置基础。二是缺乏专业化的情报信息技术分析平台，无法借助电脑系统将采集到的情报信息进行系统化关联、整合和分析等处理。三是缺少专业部门和专业人员的专业化分析，一般侦查人员也因学识经验等不足无法满足对所采集的情报信息进行专业分析的要求。

三、初查信息化的实现途径

初查信息化的实现可以从软硬件建设两方面着手，硬件方面包括信息数据

库的建立和情报信息网络平台的建立，软件方面包括情报信息和平台管理使用制度规范的制定和人才的培养。

（一）创建内容全面的情报信息数据仓库

要拓展情报信息采集渠道和采集面，采取公开采集与秘密采集相结合、主动采集与被动采集相结合、全面采集与重点采集相结合的方式，将从不同渠道采集的情报信息按检察机关信息化建设的总体规划，进行分类与集成、统一与综合后存入情报信息"数据仓库"，并及时更新充实。从初查的实践看，笔者认为应将采集下列情报信息存入情报信息数据仓库。

1. 线索类情报信息

包括主动搜集和被动受理的线索。主动搜集的线索主要是办案中深挖中自主发现的线索，全媒体情报信息监测中发现的线索，日常生活中自主发现的线索等；被动受理的线索主要是群众举报的线索，纪委、审计等有关单位移送的线索，系统内交办移送的线索，检举揭发和自首的线索等。

2. 单位、人员的基础情报信息

要实时掌握管辖范围内的国家机关和国家工作人员有哪些，以及这些单位和人员的基本情况。采集的情报信息主要是党员、民主党派情报信息，公务员、事业单位人员情报信息，辖区内国有企业（或有国资背景）人员情报信息，"两代表一委员"情报信息，相关单位机构信息。其中涉及个人信息的项目比较多，具体应包括：身份证号码，姓名，户籍，婚姻状况，主要社会关系，从业或任职经历，工作职责，经手资金、项目或工程，房产、车辆、存款，投资，股票证券，工商登记，通讯联络，出行住宿，出入境，社保，缴税，卫生健康状况等情报信息。涉及单位的应包括：机构代码、机构职能、领导班子、内设机构及各自职能，企业工商登记等情报信息。

3. 已办案件情报信息

要对历年所办案件建立电子档案，对案件涉及的行贿人及行贿事实（行贿惯性问题，行贿人多次行贿和再次行贿的概率比较高，要注意搜集行贿人的个人基本情报信息、家庭情况、联系方式、投资情况、企业情报信息、企业股权及股东情况、行贿历史以及行贿环节、行贿手段、行贿金额、处罚情况等），案件总结报告，案件剖析报告，办案中掌握的内知情报信息（即指不公开的或者除参与办案的侦查人员以外其他人难以获知的一些情况或细节。如办理行受贿案件中了解到的某些国家工作人员的脾气性格、交际圈子、生活作风、本人或其亲属与企业老板之间的借贷、投资情况等，这些情报信息虽不具备即时利用的价值，但今后可能对挖新案、查窝串案，形成规模效应和长效机制意义深远），梳理的行业发案规律及特点材料，周边检察院查处典型案件的总结材料，以及协查案件情况等情报信息予以采集。

4. 领导干部廉情情报信息

领导机关和领导干部的违法犯罪问题一直是职务犯罪侦查工作查处重点，所以需要针对领导干部这一特殊群体建立专门的情报信息库，这部分情报信息采集的重点类同前述对个人情报信息的采集项目。此外，要特别关注其权力清单，岗位风险节点，重大事项变更，父母子女从业和资产情况，国外定居情况，"三礼"上交情况等情报信息。

5. 社会资源情报信息

社会资源情报信息涵盖方方面面，这部分情报信息量大面广，并且在开始采集时和案件的关联度尚无法明确。根据经验，这类情报信息采集的重点是：各项财政补贴项目明细，项目立项审批，政府采购，公共资源交易，执收执罚单位及项目，征地拆迁、土地交易、变更用地规划、变更用地性质、城建规划变更，社会中介机构，公安、法院所查办案件，计生、环保、国土、工商、税务等各行政执法单位查办行政违法案件，等等。

6. 专题或行业情报信息

职务犯罪的发案规律与当地经济社会发展情况相适应，从事物发展的个性角度出发，不同地区的职务犯罪发案领域也有其特殊性。因此，侦查机关应摸清本地的经济社会发展规律，建立重大工程建设、招投标活动、医药购销、保障房分配等职务犯罪多发、关系民生的重点行业、重点领域情报信息库。此情报信息库通常应包含以下内容，一是该行业、该领域的概况；二是行业内重点企业、企业法定代表人及联系方式、企业住址等企业基本情况；三是行业主管部门、机构设置、职权职责、业务流程、人员情况；四是本地或他地既往对该行业、领域贪腐案件的查处情况。

（二）创建信息化网络平台，实现对情报信息数据的汇总、查询、分析和利用

2011 年年初，最高人民检察院印发了《关于检察机关职务犯罪侦查信息化建设的意见》及实施方案。根据方案，职务犯罪侦查信息化建设的长远目标是，到 2015 年建成案件线索管理系统、公共信息快速查询系统、网上办案和侦查指挥系统、职务犯罪侦查基础信息数据库系统及职务犯罪情报信息系统。这里所称的系统，就是信息化网络平台。科学合理的信息网络平台的特点在于：标准统一、功能强大、智能化程度较高。根据这一要求，初查信息化网络平台的创建同样应当符合这个方案，而且各级检察机关要主动将初查信息化的网络平台融入方案提出的大平台中。

1. 信息化网络平台的构建

信息化网络平台包含硬件和软件两大部分。基于目前各地信息平台建设的实践所提供的宝贵经验，如深圳市检察院的"职务犯罪情报信息综合处理系统"，武汉市检察院的"职务犯罪线索情报信息网络管理系统"，重庆沙坪坝区检察院的"职务犯罪案件情报信息库"等，硬件平台以检察系统内三级专线网络为基础，以基层检察院自建网络或者社会综合情报信息网络为辅助。软件平台以检察机关统一业务应用软件为基础，以针对初查具体功能的实现而研发的各种应用软件为辅助。

信息平台的构建基础在于搭建接口，实现资源共享。当前，检察机关采集和利用情报信息资源的环境有三个层面：一是基层检察院自建网络，它在单个基层检察院内部进行，该平台和互联网情报信息平台完全隔离（但可以与检察内网不隔离），且只在少数人范围内实现情报信息共享；二是检察系统内网，该平台和互联网隔离，但共享人员范围比较广；三是社会资源信息网络平台，它有的是行业内网，有的是互联网。为确保情报信息安全，恰当搭建接口，实现资源有效共享，拟采取基层检察机关自主建立和上级检察机关统一管理相结合的形式较为合适。对已经由上级检察院集中采集存储的情报信息或已经协调的系统和部门的情报信息可以由上级检察院按相应层级集中部署情报信息平台，并提供下级检察院查询接口；对系统和部门的情报信息实行分级管理或者内部上下还没有实现情报信息联网的，可以由各级相应检察机关各自开展情报信息共享对接工作，并根据上级检察院的要求和统一的信息化网络平台建设情况决定是否设置接口纳入；对如网络舆情、工程情报信息等公开于互联网的情报信息资源，应在自建网络和检察内网外，直接接入查询，并以物理隔绝的方式将采集的情报信息资源转录入信息化平台。

信息化网络平台还应把技术分析平台融入在内。当前科技手段日新月异，一些新的技术手段如话单分析、基站代码分析、电子数据恢复等技术手段不断应用于办案实践，而这些新技术的运用对于初查在获取情报信息、分析研判方面已经起到了越发明显的促进作用。

2. 信息化网络平台应实现的功能

信息化网络平台作为情报信息的载体，在情报信息采集和情报信息利用之间架起一道桥梁，侦查人员通过平台录入已经采集积累的情报信息资源，再"利用设计合理、智能化程度较高的整合分析平台，通过情报信息数据的搜索、传递、碰撞、比对，自动或半自动地揭示蕴藏在各类情报信息数据库内部的职务犯罪嫌疑人的活动规律和作案痕迹，从而发现证据和线索"。情报信息化网络平台的功能起码包括以下四级：

（1）初级：实现情报信息的系统化管理

简单的表述就是录得进，分得开，查得出。数据录入一般有三种方式：一是直接录入。其前提是在软件设计中已经预置了这类情报信息的关键字段，同时这类情报信息录入时可以实现格式统一，比如线索情报信息。二是数据导入。对部分系统和单位已经比较成熟的情报信息的采集就使用这种方式，如组织部门整理的干部基本情况情报信息、编办的在编人员情报信息，它要求在软件设计时按情报信息提供方的情报信息管理格式和字段设计格式和字段。三是附件添加。主要适用各种社会资源类情报信息的录入，社会资源类情报信息散存于各部门各单位，这些情报信息没有统一格式也没有统一字段，软件设计时原始表单设计数量太多且无法随情报信息所有方存储情报信息方式的变化而变化。所谓情报信息录得进，就是情报信息网络平台能完整收录采集到的各种情报信息，不论是哪种表现形式，也不论是哪些内容。

数据分类管理是数据管理的一项重要内容。所谓分得开，就是对录入的情报信息系统能根据关键字支持自动分类和允许侦查人员手动分类。情报信息数据分类是情报信息分析利用的基础，也是加快系统分析情报信息的速度，提高情报信息平台运行效率的需要。

能全面检索到情报信息库中存储的情报信息，而没有遗漏，这是查得出的本意。情报信息网络平台应该有强大的检索功能，不但能实现全库检索，通过以身份证号、姓名或者项目名称为关键字的模糊查询功能，全部检索出相关情报信息，而且能实现分类检索，准确定位有关情报信息。全库检索查询一般耗时较长，而分类检索耗时要短。

（2）二级：实现情报信息分析利用

对情报信息进行分析并利用于初查工作，是情报信息引导初查侦查模式体现的关键环节。涉案或可能涉案的情报信息纷繁芜杂，要实现情报信息情报从"量"到"质"的转变，应结合职务犯罪初查的需要运用各种科学方法对情报信息资料进行分析研究、评估研判，去伪存真，得出情报信息的价值指数，进而使原始的情报信息上升为比较科学、真实的情报信息情报，为领导决策和侦查办案提供可靠的参考资料。在基层检察院，这项工作可以通过建立情报信息评估机制来实现。情报信息评估团队是研判的主体，应定期或不定期地对所采集到的情报信息进行分析研判。

要在情报信息网络平台中设置强大的比对、汇总、关联等情报信息分析功能，实现情报信息增值。如通过初查对象与存储情报信息的碰撞，发现初查对象新的问题线索；通过周边行业或系统型案件的发案规律，与本地相关情报信息比对、碰撞，发现本地类似"共性"犯罪问题线索；如将网络舆情与存储情报信息进行比对碰撞，发现影响性事件背后的违法犯罪问题；如对一地或一领域的项目工程进行承揽总量和频率的分析比对，排查出利益相关人，发现行受贿线索；如对反映问题模糊的案件线索，可以从平台搜索与此线索相关的其他情报信息并加以整合分析，从而使该线索所反映的问题清晰明了，提高可查性和成案率；如对某些暂不具备可查性的线索，则由专人进行长期经营，有意识地收集与此相关的其他情报信息资料，由点到面逐渐经营，等时机成熟时再一举突破；如通过情报信息比对分析，选择最有可能和最容易突破的点进行突破，可以取得事半功倍的效果，如某工程老板王某某，查询发现因故意伤害罪被判缓刑，配合调查时因忌惮检察机关对其采取强制措施而收监执行，故如实交代了行贿问题。凡此种种。

情报信息的分析利用还要注重把侦查人员的主观分析和高科技技术分析平台的技术分析有机结合起来，合力为初查活动服务。如通过话单分析，锁定初查对象的人际关系网络、主要交往对象、通讯规律；通过手机短信发现机主银行开户；通过基站代码分析确定居住地、活动范围和位置；利用运营商提供的"开机早知道"等增值业务，在不惊动初查对象的情况下，第一时间获得其开机的短信通知；利用涉案人员手机基站和行动轨迹的一致性，戳穿编造的与基站轨迹图反映的实际活动情况不相符虚假供述，等等。

（3）三级：实现自动预警功能

系统通过情报信息比对，结合设置的预警条件，自动对线索问题进行预警，提醒侦查人员关注并纳入初查，是信息网络平台的较高级功能。在纪委的电子监察平台中，已实现行政审批事项未按法定程序进行则自动预警的功能，值得我们在信息网络平台建设中参考。

预警功能的实现，关键在预警条件的设置。实践中，可以按信访累计积分进行预警提示，比如按受理的某对象信访的频次和反映问题的内容给予记分，当积分到一定分数时，系统对该对象预警。可以对个人房产数量、家庭财产数额设定前置条件，当房产、家庭财产等超过一定量，系统对该对象预警。可以对工程项目建设环节、工程项目变更金额比率、工程款是否按期定额支付等设定前置条件，当应有环节缺失，变更超过设置比率，工程款未按合同约定时间支付和超额支付时，系统自动预警。可以对行政执法处罚幅度设定前置条件，当行政执法人员在规定幅度外进行处罚时，系统自动预警，等等。逐步形成"信息成案，线索不断"的良好局面。

随着预防职务犯罪机制的改革创新，各地正纷纷建立"权力运行轨迹监控平台"，实现对重点领域、重点岗位和重点人员的权力运行实施监控。检察机关要与时俱进，应主动参与其中，对接平台，设置合适的预警条件，实现对重点领域、重点岗位和重点人员不正当行使权力的自动预警提示，从中发现职务犯罪犯罪线索。

（4）四级：实现平台在线交流

信息平台在线交流已在检察内网实现，从初查信息化的角度来说，侦查人员更关注的是对初查工作有用的情报信息的交流，如问题的定性、突破口的选择、周边的相似案例、办案经验等，然而实际上关系到这些内容的非常少，更多地属于闲聊杂谈，对初查活动参考价值不大。因此，应当开通探讨交流初查活动的专门平台，以方便从事初查工作的侦查人员互相学习初查技巧、交流初查经验，取长补短。

（三）制定完善一整套关于信息采集，数据管理和使用，信息化网络平台管理和维护的操作规范

无规矩不成方圆，情报信息采集、情报信息数据的管理使用，情报信息平台的管理都需要制度规范来保障，才能发挥应有作用。检察机关要切实遵循中央政法委《关于规范技术侦查手段的规定》，最高人民检察院《关于反贪信息查询工作的规定（试行）》等有关规定，在情报信息采集、管理、使用、安全和奖惩方面设立相对详细的规则，专人、专机管理，严格情报信息采集、分析和使用。根据实践，主要是制定以下方面规范。

1. 情报信息采集机制

要通过规范情报信息的采集途径、方法等，确保情报信息的完整性、全面性和时效性。目前基层检察院对散存于各部门各单位的情报信息进行采集的途径有三条，定期拷贝、设立绿色通道查询和分配端口共享资源。对散存于互联网或以其他形式出现的情报信息，则需要侦查人员用责任感主动去采集。对各部门各单位拥有的情报信息，重在协调，制定情报信息采集的外联协调机制；对互联网或其他情报信息，则重在对侦查人员主观能动性的调动，可以考虑建立情报信息采集奖励制度。

在情报信息的外联采集上，定期拷贝、设立绿色通道查询和分配端口共享资源三种方式中最理想的是分配端口共享资源。因为定期拷贝的情报信息数据存在情报信息滞后性问题，会导致情报信息不及时不准确不全面；设立绿色通道查询虽然提供了一定方便，但总体仍属于原始查询情报信息方式，效率仍相对低下；而分配端口共享则能保证情报信息的及时、准确，查询的快捷、秘密。但是，我们不得不考虑有些部门和单位因为种种原因不愿直接分配端口让检察机关实现情报信息共享，在此情况下，就需要我们灵活运用三种方式。比如，纪检机关掌握着非常大量的廉情信息，所以对纪委掌握的情报信息，要通

过反腐败协调小组这个载体，以双方共享但是各有侧重和主导的方式来采集。对公安、社保、房地产管理、工商、税务等行业和部门的情报信息，因对方已建有比较成熟的数据库，情报信息量非常大，直接拷贝到检察机关的数据库系统中不太现实，也没必要，而且公安、税务等部门一般也会因情报信息安全、上级不批准等原因不同意将有关数据直接输导给检察机关，所以对于这部分情报信息，可以采用接入查询端口或绿色通道的方式进行查询，要尽量争取接入查询端口，无法提供查询端口的，要实现绿色通道查询。对存款、通信情况等情报信息，要协调绿色通道查询，同时要对办理时限及专人查询必须明确，保证高效和守密。对审计报告、各式财政补贴、公共资源交易等在内部管理但可公开的情报信息，则可协调相关单位进行定期报送或拷贝。

在情报信息采集激励上，要建立相应的奖惩激励机制，将其作为评判业务能力和进行技术等级评定的重要依据，以强制或激励侦查人员"在其岗、尽其心、谋其责"，认真做好情报信息收集采集工作。侦查人员要有强烈的情报信息收集意识，保持职业敏感，坚持做有心人。采集情报信息的内容不仅包括对案件线索的搜集和管理，还包括对可能涉案的情报信息的发现和搜集，以及对案件相关情报信息分析研判后得到的其他有价值情报信息的再收集、再处理。

2. 信息数据和平台的管理使用机制

情报信息采集和管理的专业化是今后职务犯罪侦查工作的发展方向。检察机关可以考虑设置专门的职务犯罪情报信息管理机构，配备必要的人员，专职负责职务犯罪情报信息的采集、整理、归类、存储、查询、更新等工作，条件不具备的，先从专人管理开始。

情报信息管理更新上，要加强对情报信息进行集中加工处理，按照一定的规律加以整理、分类、鉴别和储存，从而使所收集的情报信息条理化、机制化、规范化；要建立一套情报信息增、删、改机制，经常更新，以保持情报信息资料的时效性和准确性。要充分利用情报信息网络平台储量大、反应灵敏快捷等特点，逐步向自动化管理方向发展。

情报信息研判应用上，要形成情报信息应用意识，善于激活各类情报信息资源，加强情报信息定期分析研判，结合职务犯罪初查的需要，对情报信息资料运用各种科学的方法进行分析研究、评估研判，使原始的情报信息上升为科学的、真实的情报信息，发挥情报信息和情报信息系统最大的综合效益。

情报信息安全保障上，要从日常情报信息操作管理入手，对不同情报信息进行分类管理，对涉密情报信息进行物理隔绝，严禁移动设备接入涉密信息所在网络；对数据库和信息平台进行加密，针对平台管理员、领导、业务科室、侦查人员等不同身份设置不同的平台使用权限，每人均有唯一登录系统账号和密码，均有各自不同的录入、检索权限；自主查询和请求查询相结合，侦查人员在系统中没有查询到的情报信息可以在办理审批手续后请求有权限的人员帮助查询；设置专门情报信息管理机构和专人的，可以设定专人负责平台情报信息查询；要对登录查询记录痕迹进行记录；严格执行数据库和信息平台的日常维护，确保情报信息系统的稳定性，对重要情报信息进行备份；制定突发事件预案，形成信息安全的应急保障制度。

（四）培养一批具备初查信息化理念较强、能准确操作使用数据平台的信息化初查人才

信息引导初查过程中，建立全面有效的信息数据平台是基础，有力的技术支撑是难点，打造高素质信息化初查人才是关键。信息化初查人才是有较强信息化理念，精通信息网络技术，对初查情报信息采集、管理、分析、研判有较高专业技能的侦查人员。信息化初查人才是初查信息化的具体实施者，因为情报信息资源的收集、分析和整合利用都需要发挥人的主观能动性，信息化初查人才素质的高低直接影响到初查信息化的实施效果。

1. 大力强化人才的初查信息化理念培养。要全力引导初查人才摒弃被动利用情报信息、就案论案的陈旧思维模式，转变旧的初查理念，清醒认识到情报信息引导初查是目前有效突破侦查"瓶颈"的唯一办法，是大势所趋，树立情报信息在职务犯罪初查中的核心地位。利用创造性思维主动对情报信息进行收集、分析和综合利用，用辩证发展的眼光看待、分析和利用各类情报信息，充分发挥情报信息扩大线索来源、开展线索研判、确定初查方向、选择案件突破口、收集巩固证据等方面的作用。

2. 大力强化人才的初查信息化技能培养。首先，要强化初查情报信息采集、管理、分析研判技能的培养。要加强专业技术能力的培训力度，可以借助公安机关既成的技术侦查力量，建立人员交流平台，定期选送优秀侦查人员到公安机关培训，也可以与已经开展初查信息化工作的检察机关交流互挂，提高技能。同时还要加强对情报信息分析专业设备的配置和使用培训，从软硬两方面共同促进提高。其次，要强化网络信息技术的培养。初查人员必须具备熟练操作信息数据库和各类应用软件的能力，信息化初查是以数字化系统平台为依托的先进初查模式，初查人员丰富的办案经验需要与现代化设备相结合，只有具备熟练操作信息数据库及各类应用软件的能力，才能最优化的利用信息化软件分析案件，使信息化初查实现最大功效。

四、当前初查信息化面临的主要困难和应对之策

随着"信息引导初查"理念的进一步深入，检察机关对初查信息化也有了一定的实践和探索，但是由于没有相关的制度规范和统一标准，各地检察机关都是"摸着石头过河"，明显缺乏支撑力和后盾保障，特别在协调配合、资源共享、信息安全、人才建设等方面步履维艰。

（一）信息化建设各自为政

由于检察机关管理体制的制约，大量的情报信息由各个检察院单独收集，情报信息管理分散、各自为政，没有形成规模，致使各级检察机关情报信息缺乏共享。而且，由于没有统一规划、统一标准、统一设计、统一实施，各检察机关开展情报信息化建设的步骤不一，采集的情报信息分类标准混乱，预警条件设置各不相同，数据库和平台管理和使用的专业化程度也不同，乱象环生，与检察机关在行使检察权时规范严谨高效的形象格格不入。

应对之策：

1. 建设统一的情报信息大平台。贯彻信息化应用系统"大统一"思想，逐步完成各级检察机关开发应用软件的统一工作。建议由最高人民检察院主持研发情报信息平台软件、设立信息数据库，由省、市、县各级检察院分别将各自采集的情报信息录入情报信息平台存储，按分层分级管理的办法实现共享。

2. 设置专门的情报信息机构管理情报信息和平台。检察机关要设立职务犯罪情报信息机构专职负责情报信息的收集、整理、存储、更新、检索、研究、分析，同时对情报信息工作进行组织管理。具体来说其职能应该包括：一是情报信息服务，即提供收集、加工、存储、查询情报信息服务；二是情报信息设备和网络体系运转的维护和开发；三是情报信息网络应用；四是对外情报信息联络和情报信息协查。该机构下设团队应包括：情报信息组（负责与相关的情报信息收集、录入、存储和整理，并进行对外联络和对内沟通）、参谋组（负责对情报信息组整理的情报信息进行分析、研判和运用，为直接接触涉案对象和风险立案提供决策依据和参考）、技侦组（根据初查需要进行远程指挥、定位跟踪、录音录像、电子侦听、特情管理等）。

（二）部分情报信息勤力难采

由于基层检察院力量有限、各检察院之间发展程度参差不齐等原因，与有关部门，特别是银行、电信、公安、税务、房地产管理等部门的数据对接困难，仅靠各地检察机关各自独立去多头协调跨部门信息资源共享困难重重。此外，由于很多情报信息是通过拷贝的方式获取的，情报信息未能及时更新，因

此数据情报信息存在不完善不准确情况，可能会误导初查，耽误最佳办案时机。

应对之策：

由最高人民检察院或省一级人民检察院，沟通协调有关部门和单位，自上而下推动检察机关和有关部门的情报信息共享。采取联合发文等方式，对情报信息共享的方式、内容、时间节点、权限等进行明确，以便于实际操作。各级检察机关也要充分发挥主观能动性，不等不靠，积极外联，有条件的利用条件，没条件的创造条件，利用各种载体和时机进行情报信息采集，聚沙成塔，集腋成裘，逐步推进情报信息的全面采集。如检察机关要特别注意利用发案单位发案时比较配合的情况，借机建立情报信息长期共享机制来采集情报信息。

（三）平台建设任重道远

首先是平台智能化程度不高问题。就拿公安机关信息系统来说，该系统已使用多年，其特点是操作简便，具有良好的扩展性，实现了信息流与业务流结合，但是存在的最大缺点是智能化程度不够高。我们知道，智能化要通过软件系统来实现，而软件开发的前提是能够提出先进的软件需求分析。对初查信息化软件开发提出先进的需求分析，必须要把侦查办案实践基础和软件开发原理结合起来。如果无法实现结合，就提不出先进的需求分析和软件编制方案，也就无法指导软件设计单位开发出先进的信息化平台。其次是平台使用的安全便捷问题。从技术角度说，任何网络平台都会存在安全问题，如服务器崩溃、系统漏洞、病毒侵入等状况，会导致情报信息泄露、数据丢失、乱码等问题。此外，管理制度是否完善，是否严格执行，情报信息利用审批制度是否完备等，都会影响到情报信息的安全快捷利用。

应对之策：

1. 检察机关要通过对当前各自信息平台的使用验证，去劣存优，结合初查所希望实现的分析功能，加大对既具备软件开发知识，又具备办案实践经验的人才的培育，提出先进的软件需要分析和软件编制方案，指导软件设计者开发出符合侦查工作需要的先进信息化平台，不断提高系统的智能化水平。

2. 研究制定一系列关于情报信息数据管理和平台管理使用的制度规范，并根据实践情况逐步完善，严格执行，确保情报信息的规范管理，快捷有效利用。加强和软件开发者的联系，及时发现系统存在的安全漏洞，进行维护升级，要尽量让情报信息平台和互联网实现物理隔离，对移动存储设备的使用也应予以限定，保证信息安全。

（四）人才培养长期艰巨

信息化理念的改变和培养，初查技能的提高，都不是一朝一夕能实现的。

侦查人员个体都存在惯性思维，在初查工作中难免还会不自觉地运用常规思维来处理情报信息问题。而初查技能，如果缺少办案经验的积累，很难成才。比如初查中的线索分析研判能力，一般侦查人员对情报信息进行简单的分析工作能够完成，但对于复杂分析就会力不从心。还有计算机、网络知识的掌握，对于年轻群体来说相对简单，而对于中年以上群体就比较困难。特别是，软件开发所需要的既具备软件设计知识又具备办案经验的人才的培养更加困难。

应对之策：

必须正视人才培养的长期艰巨性，根据现有人员状况，制定出人才培养的长期规划，按规划逐步实施。信息化理念的培育应当放在首位，反复强调，围绕"信息"和"初查"两个关键词，在侦查人员中牢固树立三个理念：信息制胜理念、初查工作情报信息化理念、信息工作初查化理念。初查技能的培养，要结合实践采取各种行之有效的方法，如加强培训教育、师徒结对指导、压担锻炼、相互交流互挂等，努力提升侦查人员的成才速度，满足信息化初查工作需要。

信息化建设是一项长期而艰巨的任务。检察机关，尤其是最高人民检察院必须充分认识此项工作的重要性，信息化建设是今后实现侦查专业化道路的唯一途径。

第三章　初查的基本内容

第一节　初查内容概述

一、初查内容的概念

初查内容是指在初查程序中，依法采用法律法规规定的初查手段获得的与线索有关的情报信息和证据材料。

初查内容的概念应当从三个方面进行理解：1. 从初查内容所反映的内容方面来看，关于线索的一切情报信息都可以是初查内容；2. 从证明力方面来看，初查内容力求确实、充分，但确实、充分却不是初查内容所必需的，受到主客观条件影响，初查内容可能是不确实的、模糊的，甚至是虚假的；3. 从表现形式来看，法律法规并没有对初查内容的形式有所规定和限制。因此，任何形式的情报信息都可以为侦查人员所收集，都可以成为初查内容。

理解初查内容必须厘清其与案件线索、证据的关系。案件线索是指某国家工作人员涉嫌职务犯罪可能的情况。案件线索是一个大的概念，刑事诉讼程序开始于刑事立案，立案后才能称其为案件。在立案之前，对于有关的某国家工作人员涉嫌职务犯罪可能的情况就是案件线索。初查程序是侦查程序的向前延伸，职务犯罪案件线索就是职务犯罪案件的向前延伸。在刑事立案之前，这种似案非案的状态便只能称为线索。线索与初查内容就好像是一篇文章的题目和内容的关系。线索之下是内容，内容围绕线索展开，证实题目中的可能性，最终在线索的题目下，丰富详尽的内容为题目提供支持，使线索转化成案件。

证据是指审判人员、检察人员、侦查人员、当事人等依照法定的程序收集并审查核实，能够证明案件真实情况的根据。《刑事诉讼法》对于刑事证据的规定有两个方面，一是定义了证据的概念：可以用于证明案件事实的材料，都是证据；二是规定了证据的八种形式：物证，书证，证人证言，被害人陈述，犯罪嫌疑人、被告人供述和辩解，鉴定意见，勘验、检查、辨认、侦查实验等笔录，视听资料、电子数据。证据必须是经查证属实的，这通过证据能力和证明力两方面来衡量。初查内容是有关于线索的一切情报信息，在收集初查内容时，不论其形式如何、不论其真实性如何，都应当予以收集。有些情报信息可以通过进一步地筛选和分析进行真伪的甄别，而有的情报信息无法进行甄别，一直以真伪不明的状态存在。初查内容中同样存在许多与犯罪事实或者案件事实无关的内容，这也同样是初查内容与证据的巨大差异所在。对于那些最终被司法审判确认的情报信息或者满足刑事诉讼法上对于证据要求的情报信息，最终成为证据，由此可知，初查内容的范畴应当远远大于证据的范畴。

综上所述，初查内容归根结底就是情报信息，是具有丰富形式、丰富内容、有真有假的海量情报信息的集合体。

二、初查内容的特征

(一) 广泛性

初查内容的广泛性体现在凡是有关初查对象的人或者事，以及围绕初查对象有关的一切情报信息都是可供侦查人员初查的内容。尽管初查的落脚点是查实是否存在职务犯罪事实，但是从查办案件的需要和侦查谋略的角度来讲，我们的初查工作不仅是要围绕职务犯罪事实和犯罪构成要件展开。初查内容更重要的是为今后案件启动以后成功突破提供有力的情报信息支持，为审讯突破服务。这是与刑事诉讼证据的最大区别。正因如此，那些在刑事诉讼证据概念中一些看似无关紧要的情报信息也都应当列入初查内容。侦查人员在初查中就是要尽可能地全面掌握初查对象的一切情况。初查内容的广泛性体现在以下几个方面：

1. 载体的多样性

《诉讼规则》第 172 条规定："初查一般应当秘密进行，不得擅自接触初查对象。公开进行初查或者接触初查对象，应当经检察长批准。"《诉讼规则》第 173 条规定："在初查过程中，可以采取询问、查询、勘验、检查、鉴定、调取证据材料等不限制初查对象人身、财产权利的措施。不得对初查对象采取强制措施，不得查封、扣押、冻结初查对象的财产，不得采取技术侦查措施。"《诉讼规则》从运用手段上对初查进行了规定和限制，即一般以秘密、非强制、非处分人身、财产权利的措施进行，说明了法律法规对于初查的手段进行限制，而对于初查内容的形式没有限制。可以理解为，只要不采用上述法律法规禁止的措施收集和获取到的一切情报信息都可以是初查的内容。因此，初查内容可以是通过法律文书调取的相关书面、电子、视频、言词等形式的证明材料，甚至坊间传闻都可以是初查的内容。

2. 内容的丰富性

初查的任务是确定是否有职务犯罪事实存在并且需要追究其刑事责任。初查内容一方面要指向犯罪事实，另一方面如前所述还要为今后案件启动以及案件审讯突破提供有力的证据和情报信息支持。由于初查程序乃是职务犯罪线索到刑事立案的前提程序，受到秘密初查、非强制措施初查的方法限制。除了贪污、挪用公款等少量职务犯罪案件之外，侦查人员很难精确地、直接地将初查指向某一犯罪事实。侦查人员在不断地初查、不断地收集和获取初查内容，从一个很广阔的范围逐渐向可疑的方向聚焦。这种近乎"从无到有"的聚焦依靠的不仅仅是侦查人员的办案经验，更倚仗的是海量的涉案情报信息。初查的内容可以称为"五花八门"、"无奇不有"。初查对象的个人情况、家庭情况、资产情况、社交网、所在行业的概况、相关企业的概况以及任何有关于该初查对象的信息都可以成为初查的内容。可以说，只要是与初查对象及其家庭成员有关的一切情报信息都可以成为初查的内容。

因此无论从初查内容的形式的多样性还是初查内容本身承载的情报信息量以及初查内容的数量上来说，初查内容都是极其广泛的。

（二）交织性

初查或者因人而起，或者因事而起，或者二者兼而有之。初查内容的种类有很多，实践中往往从个人身份情报信息、银行记录、通话记录等基础内容查起，从这些基础内容的点向周围扩散。扩散时会有交集点，又从交集点上再次扩散。扩散的效果一方面是多个内容相互交叉、相互印证，另一方面是其反映出来的新的情报信息又将初查工作指向新的方向。单一的初查内容包含的情报信息量有限，几乎没有一项初查内容就能承载我们所需要的关于初查对象涉嫌职务犯罪的直接情报信息。大量的初查结论是建立在多个内容之间的综合评判之上，大量的新的内容也是从多个情报信息的交织中延伸而出。例如，我们查询房产交易，就要搞清房产买卖的资金情况，于是要查询银行流水信息，银行流水中反映交易前后突然有大量资金进出，就要查询该段时间内的电话通话记录，通话记录反映资金进出前后存在高频率联系电话，就要查询机主信息，得知机主信息后需要查询个人身份信息，得知身份信息后就要查询工商资料，等等。至此我们已经利用了房产信息、银行信息、通信信息、身份信息、工商信息五种初查内容。在实际工作中，现实的初查情况远比上述例子复杂得多，因此需要初查内容的量和内容间交集点也更加得多。

随着法律法规对于职务犯罪案件查办要求不断提高、权力运行的严格限制，职务犯罪侦查部门的初查意识不断强化、初查工作更加细致。实践中，一条复杂的线索我们一般需要经营一年时间，有的甚至长达两至三年。从初查活动开始时孤立的几个点到最终线索启动突破时形成大量情报信息密密麻麻的交织体，初查内容不断丰富，各式各样的情报信息纵横交错。人与人相交、事与事相交、人与事相交，形成了一个从里到外、从上到下，从抽象到具体的网状结构。这个交织的网状结构向外呈现延伸发散的动态变化，向内则呈现交织密集的动态变化。

（三）真伪共存性

初查内容是存在的情报信息，这种存在既可以是客观上的存在，也可以是主观上的存在。存在不等同于客观。客观是个哲学术语，指的是人们看待事物的一种态度，不以特定人的角度看待事物，也就是事物本身的属性，不以人的意志而转移。另外，客观也指事物的本来存在状态，指事物的一种自然属性和社会属性存在。正是由于初查内容的存在，使得对于初查内容的要求明显有别于刑事证据客观真实的要求。《刑事诉讼法》第48条第1款规定："可以用于证明案件事实的材料，都是证据。"客观性、真实性是证据必备的要求，因为证据是据以定罪量刑的基础，非客观、真实的证明材料应当被排除于证据之外，因为其已失去了证据所必需的证明力和证据能力，在刑事诉讼中是没有意义的。初查内容则强调存在性，但凡有关于初查对象的一切信息都可以是初查内容，而不强调其客观性、真实性。这是由初查本身的特点决定的。

首先，初查是职务犯罪案件刑事立案的前提程序，它对于证据证明力的标准不需要达到确实、充分。初查内容最终形成的不是证据链，而是情报信息链。情报信息链的末端是初查对象具有重大职务犯罪嫌疑，从而启动案件的突破与侦查。

其次，初查是广泛收集和获取与初查对象有关的一切情报信息，是对初查对象建立全方位的掌握了解。初查内容不仅包括证实存在犯罪事实或者具有重大犯罪嫌疑的相关证据和材料，还包括有关于初查对象个人、家庭、生活、工作等各个方面的情报信息和材料。

最后，初查是秘密进行的，是从外围展开的，一般不接触初查对象，不得采用强制措施对初查对象的人身和财产权利进行限制。不仅如此，在实际的初查活动中，侦查人员不但不会直接接触初查对象，对于与初查对象有关的相关知情人员或利益关联的企业、人员，一般也不直接接触。

正是基于以上原因，侦查人员在初查中大量地收集和获取有关于初查对象的情报信息，为了全面了解初查对象和发现犯罪事实，情报信息量之大、来源之广，难免夹杂、充斥着一些与实际情况不符甚至是虚假的情报信息。侦查人员第一步是将所能收集到的情报信息全部收集起来。第二步是对这些情报信息进行分析研判。第三步是对情报信息进行分类筛选。有的情报信息与实际情况一致而被确认；有的情报信息与实际情况完全不符而被排除；有的情报信息可能无法通过其他渠道进行判断，成为真伪未知的情报信息而被留存；有的情报信息则需要进一步的初查才能证实其真伪。初查就是从大量的真伪共存的情报信息中不断推进延伸，不断指向或者揭示出真实的情报信息。

（四）不可穷尽性

初查是尽可能地掌握有关初查对象的一切信息。"一切"在现实中就意味着无穷多，这种情报信息量是极其巨大的，只要侦查人员愿意查，从客观上就能源源不断地获取初查的情报信息。线索经过周密初查最终得以启动，进入到《刑事诉讼法》意义上的侦查程序，不是说初查内容已经被侦查人员全部掌握，初查内容已经穷尽，而是侦查人员认为案件经初查，通过对于初查内容的分析和研判，表明初查对象确实存在职务犯罪事实或者具有实施过职务犯罪行为的重大嫌疑，根据刑法应当追究其刑事责任，而可以启动案件。因此，初查终结指的是程序上的结束而并非是事实上的结束。线索经初查后是否可以启动属于一个法律标准问题，而不是客观事实问题。换句话说，初查从内容上讲是没有尽头的，是不可穷尽的。只要线索尚未转化成立案，初查就可以继续进行下去，就应当继续收集情报信息。内容的不可穷尽性就对初查工作提出了四项要求：查深、查细、查实、查广。即对于浮于表面的情报信息应当追究其深层次的含义或者背景；对于抽象粗略的情报信息应当去粗取精追究其具体明确的细节内容；对于真伪不明的情报信息应当通过进一步的工作对情报信息进行核实；对于不全面的情报信息不能断章取义、盲人摸象，应当在宏观视野下进行研判分析，进一步初查，扩大初查的面，拓展开来，以达到查透的目的。

第二节　初查内容的种类

初查内容的载体主要是收集、获取情报信息和相关资料。这里所指的相关资料包括相关书证、物证，少量的言词材料，也包括通过走访、询问获取的情报信息和相关材料。

一、初查内容的分类

（一）涉人的内容和涉事的内容

初查内容从其针对性而言可以分为涉人的内容和涉事的内容。涉人的内容是指侧重于反映人的身份情况、家庭情况、资产情况、职务情况等信息。例如个人的身份信息、个人的履历情况、个人的通信资料、个人家庭成员组成、个人银行资料等内容。从涉人的内容中侦查人员能够对初查对象的个人情况进行了解和掌握。涉事的内容是指侧重于反映相关人员之间发生的往来、事件等信息。例如初查对象与相关企业之间的往来，初查对象曾帮助相关企业主进行围标串标的事实、相关企业主参加初查对象家里的婚、丧、嫁、娶的事实、初查对象与相关企业外出旅游的情况等。从涉事的内容中侦查人员能够形成对于初查对象与涉案知情人、行贿对象之间的关系，关系密切程度以及可能存在"权钱交易"的事件点和时间点进行了解和掌握。

在初查内容形成的网状结构来看，涉人的内容就是网状结构中的点，涉事的内容就是网状结构中连接各点之间的线。初查工作在刚刚开始阶段，一般存在的点多，各个点之间的线是不明显的。随着初查工作的逐步推进，点会逐渐增多，线则会急剧增加。初查内容就是要解决什么人与什么人之间有联系，因为什么事情而联系以及是否为"权钱交易"的联系。因此，初查中首先要准确收集涉人的内容，然后经不断精细化初查工作，尽可能多地收集涉事的内容。当收集和获取的涉事的内容大大多于涉人的内容时，证明初查工作即将圆满完成。

（二）直接的内容和间接的内容

根据初查内容与线索主要事实反映的关系不同，初查内容可以分为直接的内容和间接的内容。直接的内容就是直接能够反映初查对象实施了某种职务犯罪行为。所谓反映的关系不同，是指某一初查内容是否可以单独地、直接地反映职务犯罪的主要事实。直接的内容和间接的内容的划分同内容是否直接来源于线索事实无关，传来的情报信息也可以是直接的内容。前者如举报某国家工作人员因何事收受了某人的贿赂；后者如某国家工作人员受贿而来的金条、现金。

直接的内容是能够单独地指向线索主要犯罪事实的情报信息。直接的内容应当具备三个条件：第一，单独一个信息；第二，能够反映案件的主要犯罪事实；第三，反映的方式是直接的，不需要进行推理即可以直观地说明初查对象实施了犯罪行为。间接的内容是不能单独地指向初查对象主要犯罪事实的情报信息，需要借助其他初查内容才能反映线索主要犯罪事实，甚至内容本身的价值就不是用于指向犯罪事实的。间接的内容具有四个特点：第一，片面性；第二，仅能反映初查对象的部分情况；第三，内容价值不一定是指向犯罪事实的；第四，指向犯罪事实的内容必须借助其他信息才能达到，需经过推理。

实践中，直接内容的形式有：初查对象对于其犯罪事实的自首材料，行贿人员对初查对象收受贿赂事实的陈述，控告申诉举报的有关初查对象实施职务犯罪行为的材料以及初查对象贪污公款后做平的账目等。间接的内容包括了初查对象的房产情况、银行情况、履职情况等。

从对线索启动的支撑度来讲，直接的内容支撑度明显高，如果有较多的直接内容，辅之以少量的间接内容，完全可以启动线索。然而现实中，直接的内容获取较为困难，比如受贿犯罪是一对一的，初查要求不能直接接触初查对象，因此能够直接获得初查对象对于其实施受贿犯罪行为的供述几乎不可能，对行贿人的调查一般也不会直接接触，而控告申诉举报的材料可信度较低。因此，需要调取大量的、间接的内容构建一个初查内容网状结构，用于指向相关的职务犯罪事实。"大量间接的内容＋分析研判推理＋少量直接的内容＝线索启动"是现实中较为常见的模式。

（三）具体的内容和抽象的内容

根据初查内容承载信息是否能够明确反映某一方面的情况，初查内容可以分为具体的内容和抽象的内容。具体的内容是指能够明确反映线索某一方面情况，相对精细的情报信息。抽象的内容是指仅仅反映线索的某一方面情况，但反映的内容没有明确内容，需要进一步细化初查的情报信息。

具体的内容具有直白、明确两大特性。具体的内容从其本身来说就是很直白的，侦查人员一旦收集就能够知晓有关于初查对象的某些情况。从文字理解上来说，也是通俗易懂，不需要进一步加以验证的细致的情报信息。抽象的内容则体现出相反的特性：内容不明确、方向不明确。抽象的内容大多都是很抽象笼统的表述，单凭一个抽象的内容无法明确反映出初查对象具体发生过什么样的事情，需要反映什么样的一种情况。需要进一步初查下去才能够细化抽象的内容。甚至有时候抽象的内容缺乏明确性和方向性，会使得接下来的初查工作无法依其开展。

实际初查过程中，通过正常的初查途径从相关权威机构，例如银行、通信公司、工商部门等调取的涉及初查对象的资料都属于具体的内容，内容明确反映个人、企业的银行交易情况，个人的通信情况、企业的工商资料等。具体的内容回答的是"什么是什么"、"什么有什么"的问题。通过私下打听、坊间传闻等方式获得的抽象的内容较多，其内容对于某件事情的陈述较为模糊，也增加了不确定性。例如，听说某地有个某房产公司竞标时通过某国家工作人员帮了忙的；据说某人家里有很多房产；据说某人有三五个情人等。收集了上述抽象的内容后，侦查人员需要进一步初查，某地是否有某房产公司和该公司中标是否是某国家工作人员帮了忙；某人到底在哪里有什么样的房产；某人的情人是谁等。在没有具体地区具体房产公司的信息背景下，从成千上万个竞标中要找出哪个项目是某人帮忙的，在现实中也是很难做到的事情。抽象的内容回答的是"什么可能是什么"、"什么可能有什么"的问题。

初查中，侦查人员会收集大量的具体的和抽象的初查内容。初查就是要求进一步将抽象的内容转化成具体的内容，抽象的内容经过查深、查细、查实、查广就可以转化成具体的内容。而且具体和抽象本来就是个相对的概念，有些原先是具体的内容，随着初查精细化，对于这个内容要求更加明确时，则转化成抽象的内容而继续细化，抽象的内容随着进一步初查则成为具体的内容。一旦碰到了无法细化的抽象内容，不应对此纠缠不清，而应当另辟蹊径，从其他方向寻找初查内容的突破，提高初查效率。

（四）真伪明确的内容和真伪待证的内容

根据初查内容是否可以被证实，初查内容可分为真伪明确的内容与真伪待证的内容。真伪明确的内容是指侦查人员在收集初查内容后，可以直接明确判断出该内容与实际情况相符还是相悖。真伪待证的内容是指侦查人员在收集初查内容后，无法直接明确判断出该内容的真伪性的内容。真伪明确的内容最大的特点是明确。明确的真实内容一般出自于权威或者可信度较高的部门，严格的法律程序也能够对初查内容的真实性提供保障。例如银行记录、通话记录、公安系统个人身份信息等，这类初查内容收集到后，明确就是真实的。明确的虚假内容一般来源较为随意，可能是误传，也可能是编造，侦查人员收集到这类初查内容后稍加判断，例如对于其家庭成员姓名、职业的误传，直接通过公安系统个人身份信息比对就可以判定其真伪。明确的真实内容会在初查中保存下来，明确的虚假内容会被立即抛弃。真伪待证的内容中有的内容可以通过进一步的初查工作证实其真伪。有的可能受制于初查技术、内容信息缺失等主客观各方面原因，无法证实其真伪；有的要根据线索初查的实际需要，判断是否需要继续对其进行更进一步初查工作而确认其真伪。

实际初查过程中，真伪明确的内容可以用于判断真伪待证的内容，使得相关的人或者事的脉络越发清晰明确。明确的真实内容还是证实线索真实的基础，帮助侦查人员全面正确掌握线索情况。初查中收集的大量的内容，有真伪明确的也有真伪待证的，但初查就是要将众多的真伪待证的内容转化为真伪明确的内容。初查中存在大量的真伪待证的内容，说明侦查人员的侦查工作还没有做到位，侦查工作还需要投入大量精力，久拖不决只能导致线索初查中止，浪费初查资源。

初查终结时，初查内容必须做到真伪明确，且真伪明确的内容必须占初查内容的绝大部分。虽然真伪待证的内容也一定会存在，只能等待在今后的侦查工作中去证实其真伪。从审讯谋略和案件深挖拓展方面来看，真伪待证的内容也不应当轻易舍弃，其还会发挥它的奇效。

（五） 实质性内容和辅助性内容

从初查中获取的情报信息或者证据材料的本质出发，初查内容可分为实质性内容和辅导性内容两类。从初查任务分析，初查的任务是通过获取证据材料，以期证明犯罪事实存在，达到追究初查对象刑事责任的目的。因此，初查的内容主要是指能够证明犯罪事实存在的证据材料，这种实质性的证据材料必须是符合《刑事诉讼法》规定的能够证明某种职务犯罪行为、事实存在的证据。或者与这些证据材料相关的、能够反映出某种职务犯罪行为、事实存在的情报信息，这些情报信息可以引领侦查工作寻找到证据，并且可以在立案后转化成《刑事诉讼法》意义上的证据使用。

现实中，一般刑事案件侦查中，其证据的获取都是在立案以后通过侦查的法定程序取得的，具有绝对可靠的途径和法律保障。而职务犯罪案件侦查则不同，它的立案条件则要求在立案以前的初查活动中就取得证据材料。为了推动初查活动向立案侦查的转化，初查的内容不仅包括实质性的证据材料和能够在立案后转化为证据的反映犯罪事实存在的情报信息，还应当包括推动初查活动向立案转化、辅助线索突破成功的辅助性内容。辅助性的内容包括一切对线索突破工作起到助推作用的情报信息，比如初查对象的脾气性格、有无其他违法违纪情况、初查对象与其他涉案人员之间的密切联系等情报信息。这类情报信息只是起到推动初查工作发展、辅助线索转化成案的作用，它并不能直接以证据的意义出现，也不可能在立案之后转化成能够证明犯罪构成要件的证据使用。基于职务犯罪侦查工作的特殊性，在初查中收集和获取辅助性情报信息与收集和获取实质性初查内容处于同等重要的地位。

二、初查的普遍性内容

（一） 初查对象的个人情况

具体的初查活动一般都是从初查对象的个人情况开始，个人情况包括初查对象个人的履历情况、个人成长经历、家庭成员情况以及家庭成员的经历等。

1. 个人履历

个人履历分为两部分内容：一部分是指个人的基本情况，包括姓名，性别，出生日期，籍贯，身份证号码，身高，体重等具有个人特别属性的内容；另一部分是指个人的历程，包括职业，尤其指公职、一般职业或商业的生涯等具有社会或者职业属性的内容。两者在个人情况的信息架构中处于中心位置。由个人的基本情况延伸的信息包括婚姻状况、家庭成员情况等侧重于个人日常生活的信息。由个人的历程和职业生涯延伸的信息包括了职务、职权等侧重于个人工作的信息。

个人基本情况可以通过公安机关人口信息系统查询，初查对象的同户人员的基本信息也可以通过公安机关人口信息系统查询。但是在某些情况下，初查对象与其家庭成员未曾同户登记，在公安机关人口信息系统中就无法查询到其家庭成员情况。如果要了解其家庭成员信息则需要通过其他途径获得，比如从其所在单位、居住地所在的居委会或者知情人处获取。

个人从业经历情况查询的方法有很多种，最直接的方法就是从其所在单位组织调取其工作简历。简历中具体记载了初查对象的履历情况：在什么时间，受过何种奖励和惩处，任职的变动情况等。掌握个人从业经历就是从基本上了解刑法意义上的"利用职务之便"的时间及职务节点，成为针对"职务之便"开展初查的起点。

2. 个人成长经历

个人成长经历是指初查对象本人在成长过程中主要经历的事件或者基本情况。个人成长经历和个人履历不同，个人履历主要是官方记载个人从业经历情况的材料，官方和从业是个人履历的最大特点，履历记载的事实较为客观和真实。个人成长经历则主要来源于各种非官方的途径，可以是通过与初查对象交谈获得（这里需要说明的是，《诉讼规则》中明确规定初查采用的手段中不包括直接接触初查对象，因此，此处笔者所指的交谈是在对初查对象进行初查之前接触的交谈，或者对初查对象开始初查后偶然在私下场合里接触的交谈。后者的接触非侦查人员为初查需要主动接触初查对象，而是偶然机会的相遇，且在接触中不得暴露初查对象已经被初查的秘密），可以是通过别人的传言获得，可以通过网络获得等。个人成长经历信息没有特定的格式，形式多样，可以是有关其生活的、工作的、学习的等各个方面的情报信息。由于来源的途径较多，因此情报信息的客观性和真实性较为随意。可能存在不客观、不真实的情况，这类信息应当在广泛收集的同时，还应当注意对于情报信息真伪的研判取舍。

3. 家庭成员情况

现实中，国家工作人员通过家庭成员直接或者间接实施职务犯罪行为，以及通过家庭成员隐匿、转移违法所得，甚至通过家庭成员逃避处罚的情况时有发生。为了对初查对象进行全面的初查，对家庭成员情况的初查就成为必需。

家庭成员情况包括家庭成员组成及其基本情况。如前所述，家庭成员的组成一般可以从公安部门的人口信息系统中查询同户人员中获得，同户人员以配偶、子女、父母居多。通过公安部门的人口信息系统查询是最为直接的方法。

实践中，初查涉及的家庭成员不仅仅是配偶、子女、父母，与初查对象关系密切或者联系密切的近亲属，也同样应当在初查中予以关注。

对家庭成员情况的初查精细度要求较初查对象个人情况的初查精细度要求相对较低，必需的内容包括：姓名、性别、出生日期、身份证号码等。在职业状况信息方面，一般家庭成员的职业情况只需掌握到大致从事何种职业即可，有关于一般家庭成员的个人经历情况也不做太多要求。对于配偶、子女，由于其关系的特殊性，对其初查的精细度要略高于一般家庭成员，还应当对其履历进行了解，对其配偶、子女的个人经历也应当尽可能多地了解。关键是了解家庭成员与初查对象之间的紧密关系程度，有否值得特殊关注的事项，可以为审讯突破铺垫伏笔。

4. 社交网情况

社交网是指个人在日常生活、工作中与他人进行沟通交流，从抽象上构成了个人社会交往的网络。它是亲戚圈、朋友圈、同事圈、生活圈、工作圈相互交织形成的立体网络。个人工作生活的各种行为都在这样一张错综复杂的网内运行。显然，国家工作人员的职务犯罪行为也是在社交网内运行的。因此，对初查对象的社交网进行初查就成了必要。

交往是存在于人与人之间的，社交网的内部节点就是与初查对象有着各种各样关系的人。他们包括：亲戚、朋友、上下级同事、情人、职权行为相对人以及债权人、债务人等具有其他特殊关系的人。他们有的是直接或者间接参与职务犯罪行为，有的是参与事后的销赃分赃，有的可能会诱发职务犯罪行为，有的可能成为引发职务犯罪的动机，有的可能成为日后突破案件的关键砝码等。总之，初查对象身处于其社交网中更多表现为社会性，收集和获取相关的社交网情报信息有助于侦查人员对初查对象更加全面地了解。侦查人员应当通过初查首先发现并抽象搭建起初查对象的社交网，然后结合线索初查工作的实际需要对网络中各个人物点展开更进一步的初查工作。

获取初查对象社交网的方式也是多样的，可以通过通信、网络、传言等各种方式获取。获取方式的多样性就必然带来获取情报信息的真实性和明确性存在偏差的可能。初查中应当把握，越是与职务犯罪行为联系密切的节点，越是应当力求明确和准确。

5. 资产情况

资产情况是初查内容中十分重要且不可缺少的一项必查内容。将资产情况作为初查内容的一项，并不是说一定要从资产上找到违法所得或者贪污贿赂的赃款。在一般贪污贿赂案件（贪污贿赂犯罪数额在人民币5万元以下）中，违法所得或者赃款数额几乎无法通过对个人资产情况的初查中反映出来。甚至在大案（贪污贿赂犯罪数额在人民币 5 万元以上 10 万元以下）、重大案件（贪污贿赂犯罪数额在人民币 10 万元以上）中，违法所得或者赃款也不一定能够在个人资产中体现出来。但资产情况仍是初查内容中必查的基础情报信息，在通过与其他基础情报信息结合进行分析研判中其会发挥无可替代的作用。

资产情况包括银行资金情况、股票交易情况、基金交易情况、债权债务情况、对外投资情况、房产交易情况、车辆买卖情况等。初查中，侦查人员对于资产情况的把握应处于动态形式，也就是说，不仅要了解当前资产的持有情况，而且更要对其曾经持有以及资产交易情况加以重点关注。密切关注资产在一段时间内的动态变化，从中寻找进一步初查的方向。资产情况初查不仅包括对初查对象个人及家庭资产情况的初查，有时候也要对相关企业和人员的资产情况进行初查。

（1）银行账户

资产情况，首先就是银行资金情况。银行账户查询在整个资产情况初查甚至整个案件初查中占有举足轻重的地位。任何人可能没有股票、基金或者其他形式的投资，可能没有房产及车辆，但几乎不可能没有银行存款或者交易记录。银行信息如同个人的身份信息一样，是初查工作重点收集和获取的基础情报信息。对于银行账户的初查应当从以下几个方面进行把握：

①账户交易流水。在银行账户查询方面，职务犯罪初查的查询与其他司法查询的关注点不同。一般来说，法院查询个人或者单位账户主要关注账户余额，主要目的是冻结账户乃至凭借生效判决对账户中的余额予以划拨。这种查询是对账户状态的静态查询。而检察机关在职务犯罪线索初查活动中的银行账户查询则将关注重点落脚于账户交易流水账，主要目的是通过掌握银行账户的动态交易，分析账户资金往来以及账户持有人的资金运作习惯。这种查询是对账户状态的动态查询。因此，对于侦查人员来说，历史交易明细远比账户当前余额多少更显重要。

②长时间交易动态。在没有具体可疑受贿事件的已知前提下，对于银行账户查询，往往是从开户以来或者稍微早于其可能涉嫌贪污受贿时期开始至今这样一个时间区间。这个时间区间相对比较长，目的是通过对银行账户较长时期的交易流水分析，宏观上掌握账户持有人的资金往来发展规律。一般来说，这种规律呈现出渐进式增多的趋势。这与其职务晋升、收入增加、经营活动增多有着密切关系。一旦在这个过程中突然出现资金往来骤增、骤减或者异常表现，这个时期必定有一定的原因。当然原因也是有多种的，可能是合理原因也可能是不合理的原因，甚至是有权钱交易的不合理原因。侦查人员应当对于这

种异常时期予以重点关注。

③交易信息的逐步延伸。银行查询不仅仅是对相关账户交易的流水查询，这只是银行查询的第一步。由交易流水可以再引申出初查信息查询、原始凭证查询等更为具体、精确的信息。各家银行的查询系统也是不断升级更新换代的，但不管哪一种查询系统查询到的交易流水，必定含有账户信息、交易时间、借贷类型、交易金额、交易余额等重要内容，其能够比较直观地反映出相关账户中具体时间的某笔交易发生金额是多少。除此之外，一些以前不被侦查人员重视的交易的柜员号、流水号也在关键时刻发挥作用。通过交易的柜员号、流水号可以准确地调取交易的原始凭证，也能够反映出交易发生的网点，进而分析交易经常发生的区域。如果有必要，还能通过某交易的柜员号、流水号追踪到该笔交易前后相邻的多笔交易，成为查找大额款项来源或者去向不明资金的一种方法。

（2）股票账户

股票账户的交易情况也是侦查人员在初查中重点关注的内容。股票账户中的资金属于总资产中的一部分。众所周知，股票投资具有一定的风险。炒股的人因为股票的营利性质而将资金投向股市，然而在近些年中国股市萎靡的大背景下，往往实际交易确与盈利预期相悖。有的初查对象因为沉迷于炒股而苦于无处寻得资金来源，进而通过贪污贿赂方式觅得赃款投入股市，炒股成了导致犯罪的诱因。有的初查对象是利用炒股将自己收受的赃款进行"漂白"，通过股市交易掩盖资产的非法来源，炒股成了掩盖犯罪的手段。因此，作为现代社会较为普遍的投资形式——炒股，应当在初查中予以重点关注。

对于股票账户的查询，同样要坚持动态掌握的原则。主要是对账户的交易情况以及资金进出情况予以查询。2007年以前，个人在证券公司开设个人股票账户后，可以直接向本人在某证券公司的个人股票账户中转入转出资金。对于这一时期的股票账户资金往来情况，需要到某个具体的证券公司查询。2007年，中国证监会出台了关于股票账户资金银行第三方托管的规定后，股票账户的资金进出则必须通过与股票账户同名的银行账户转入转出。从这个时间节点之后，股票账户中的资金进出也可以从个人银行账户的交易流水中予以反映，从银行和证券公司处都可以查询到相关的资金进出情况。一般来说，通过证券公司查询相关股票账户的资金以及交易的情况最为明确和具体，有的证券公司查询交易明细时还能提供交易时的计算机MAC值，由此可以辨别股票账户到底是由何人在实际操作。司法实践中，嘉兴市人民检察院侦查部门就是利用查询MAC值的方式发现了该市某位处级领导干部利用他人的股票账户进行操作交易，而该账户中的资金系受贿而来。

在不知道初查对象是否存在股票账户或者股票账户开设在哪个证券公司时，可以先在中国证券结算交易有限公司处查询相关人员是否存在股票账户以及账户开设在何处，同样可以查询到账户交易的历史明细以及当前股票持有情况。需要说明的是，中国证券交易结算有限公司只能查询股票交易的情况，对于股票账户资金的往来情况是无法查询的，需要到相应的证券公司查询。

（3）基金投资

个人资产还有一种普遍的理财形式——基金。在 2007 年左右，伴随股市持续走高，很多人选择基金理财形式，往往在这些年份中，基金投入的资金量较大。随着之后股市行情急转直下，基金理财也受到较大的负面影响。之后对于个人投资的吸引力明显减弱。因此，查询基金投资重点关注的是股市较好年份的基金投资的情况。进行基金交易可以通过银行委托交易，也可以通过证券公司委托交易，二者一般都可以从相关银行账户交易信息中予以反映。

（4）民间投资及个人债权、债务

个人民间投资及债权、债务情况与银行交易信息、股票信息、基金信息有较大的不同。第一，前者大多是个人在私下里与相关企业或个人达成的协议，具体内容不为外界所知；后者是通过相关的金融机构进行的交易，内容明确和具体。第二，因为前者是民间的来往，不存在相应的机构供侦查人员去查询，无法获取这方面直接的情报信息，而是需要通过其他渠道，例如通过银行账户交易往来的分析甚至通过私人关系打听相关情报信息；后者因为是与金融机构的往来，可以通过正常的查询程序查询到相关信息。第三，因为前述两方面的区别，导致了获取民间投资及个人债权、债务信息的真实性往往没有后者高，且情报信息的内容也没有后者具体和明确。不排除通过非正式渠道获取的情报信息存在虚假信息的可能。第四，初查对象游离于金融机构之外的资金因难以被外人所察觉，往往成为违法所得钟爱的流转渠道，成为发现贪污受贿犯罪事实的最直接的方式之一；后者因为有金融机构的介入，出于隐藏违法所得、掩饰犯罪事实、逃避司法机关的调查等目的，初查对象放入金融机构的资金以合法收入为主，这些资金的运作一般无法直接证明贪污贿赂犯罪事实。

（5）房产信息

如果要回答我国近十年发展最迅猛、交易最火爆的行业，相信房地产业是不二之选。房地产行业因为行情的火热，房地产企业从中攫取了大量利润，刺激了各类企业和个人纷纷不断投资房地产行业。因为丰硕利益引发的激烈竞争，为官员的贪污腐败提供了巨大的"温床"。很多的腐败源于房地产又沉淀于房地产，大多数腐败官员不约而同地将资金和权钱交易的利益转化为可保值增值的房地产投资。实践中，有的腐败官员直接收受房产，有的用违法所得购置房产，加之一般房产价值较高，因此弄清初查对象房产信息，是发现可疑资产的另一个重要途径。初查中，一般都可以查询到初查对象及其家庭房产持有情况，包括现在持有的房产情况和房产交易历史情况。有些地区的房产管理部门还可以提供房产预售合同查询。也就是说，在购得房产后，购房者与房产开发商签订房产预售合同。按照我国现行法律法规规定，预售合同也会在房产管理部门备案，而实际交房后，预售合同变更为房屋买卖合同，购房者缴纳契税和办理房产证后，权属关系发生正式变更，才由房产管理部门出具房屋产权证。大多数情况下，在房地产管理部门查询房产信息时已经出具房产证的房屋信息。而仅仅是签订预售合同还没有办理房产证的房屋，因权属关系尚未正式变更，一般查询不到。实际情况是有的初查对象正是利用这点作掩护，将涉及违法所得相关的房产不予办理房产证而实际持有。因此，需要侦查人员在有条件的情况下，对于房屋预售合同情况也予以查询。

只有弄清初查对象房产交易、办理房产证的房产以及尚未办理房产证的房产，才能全面掌握初查对象的房产情况。实际情况还要复杂得多，有些房产在外地购置甚至在国外购置，就无从查询。在初查中就应当狠下功夫，通过走访、了解相关知情人，收集和获取此类情报信息。从这一点更加证明，有丰富侦查经验、广泛人际关系的侦查人员更能胜任初查工作。

（6）车辆信息

车辆信息作为资产组成部分在初查实践中也应当予以关注。车辆既包括配备的公车，也包括非公途径使用的私车。

初查对于公车的关注度较低，通常只是了解是否违规配备公车，配备标准是否超标，是否存在公车私用等情况。一般仅涉及违规违纪问题。如果没有其他相应信息结合，对于查办案件的意义不大。

初查对于私车的关注度较高，通常要了解初查对象及家庭成员私家车辆信息，包括拥有车辆的数量，车辆号牌，车辆购买及交易情况。通过查询私家车辆信息，可以进一步查询购置车辆资金的来源，以及延伸初查与车辆相关的许多信息。

实践中，常有初查对象及家庭成员名下有多辆轿车，且购置价格不菲，且同一时期内还购置了多处房产，明显与其家庭日常收入严重不符，侦查人员可以顺藤摸瓜，进一步追踪，最终发现初查对象利用违法所得购置车辆的情况。还有的初查对象及家庭成员名下并无任何车辆登记信息，长期无偿使用相关人员或企业提供的车辆作为私用。根据我国法律及相关司法解释，该种情况也应当认定为受贿行为。

另外，通过掌握初查对象的车辆信息，例如车牌号码，通过公安部门的相关系统可以查询车辆行驶的轨迹，有助于了解初查对象在特定时期的活动轨迹。

6. 个人通信情况

个人通信情况主要是指中国移动、中国联通、中国电信三大通信运营商网络下的固定电话及移动电话的机主身份信息和一定时期的通话、短信详单，即通信详单。随着初查精细化要求的不断提升，个人通信成为初查活动中的一项必查项目。侦查部门请求通信运营商、技术侦查部门提供初查对象的通信信息用于分析线索已经成为初查活动中的一项基本工作。

上述部门提供的通信详单包含了大量的内容，例如对方号码、通话时间、通话时长、归属地、地区代码、基站代码、短信发送时间等。侦查人员可以根据实际需要对通信信息进行各式各样的分类统计及分析。例如，可以针对对方号码进行分类汇总，列出某段时间内本机与对方号码之间联系的次数多少，反映相关号码与本机联系的密切程度，一般通话或者短信通信发生在某一天的哪几个时间段，从而帮助建立初查对象的社交网。再如，利用通信信息中的 LO-CAL 字段和 CELLID 字段，可以借助相关软件查询到上述两个字段所代表的通信基站方位，从而对本机号码进行定位；通过多个号码的通信详单比对碰撞，可以找出多个号码之间共同联系人、共同出现的地点，从而对多个初查对象的社交网进行综合分析，更方便侦查人员梳理某一群体的社交网情况。

通过通信详单可以关注到重点号码，通过号码可以查出号码的机主资料，以及进一步获得重点号码的通信详单。初查中，对于个人通信情况的掌握就是通过这样一种不断拓展滚动的方式不断延伸。

通信信息本身就包含了许多非常重要的信息，可以直接反映出线索的相关情况。同时，通过对通信信息的有效分析，也可以为下一步初查工作产生指导作用。可以毫不夸张地说，当前实际工作中，对于个人通信信息的利用和分析水平的高低直接影响到了初查工作质量的高低。因此，应当在实际初查过程中，勤于利用、善于利用个人通信情况。

7. 个人活动轨迹情况

个人活动轨迹就是个人日常生活和工作时地理或者空间上活动的区域和地点。个人活动轨迹包括三个层面：第一是境外的活动轨迹；第二是国内的活动轨迹；第三是本地的活动轨迹。活动轨迹包括两个内容：时间和地点，即什么时间出现在什么地点。正如前所述，活动轨迹的三个层面使得作为初查内容的活动轨迹包括三个方面的信息：

（1）个人出入境信息

社会在发展，生活在富裕，公民个人出境的现象越发普遍。尤其是近些年，具有较高职级的领导干部，出境考察的机会比较多，子女出国留学的现象也比较普遍。国家工作人员借着出境的"契机"，有的与相关人员或者企业代表一同出境，利用在境外的机会实施受贿行为；有的则在出行前接受所谓"旅游开销"的贿赂；有的则等到回国后将在国外的消费在相关人员或者企业处"报销"。上述情况在诸多案例中发生且较为普遍。因此，对于初查对象的出境情况也不容忽视。实践中，可以通过武警边防部门或者机场边境通行部门，对公民的出入境记录进行调取。对于个人出入境信息的分析也应当做到单独与群体结合的方式进行，既要掌握个人在什么时间去了哪些境外地点，又要对多人的出入境信息综合分析，即初查对象的某次出入境是因公还是因私，是否有同行的人员、同行的人员是谁，有否存在可疑的涉案行贿人。

任何的合法出入境行为都会在公安部门留下出入境信息，因此出入境信息是较为真实、全面和准确的。如果与其他信息结合分析时发现其他信息反映出的情况与出入境信息反映的情况有冲突时，就基本可以判断其他信息出现错误的概率较大。

（2）个人国内活动轨迹信息

个人国内活动轨迹主要是指个人从本地出行到国内其他地区的情况。国内出行可供乘坐的交通工具种类较多且不受任何限制。因此，该方面的信息查询量大，且难以全面掌握。较为确切的国内出行情况主要依靠公安部门登记的航班信息和住宿信息。

航班信息和住宿信息在公安部门留底，是因为根据我国相关法律法规规定，乘坐飞机以及住宿时需要出示身份证。公安部门出于治安管理需要，对于出示身份证后乘坐飞机与住宿进行记录。另外，随着我国高速铁路的迅猛发展，乘坐高速铁路出行越发频繁，由于乘坐高铁购票需要实名制，高铁出行信息也将成为今后初查工作的关注点。

航班信息中清楚载明了初查对象乘坐航班的时间、目的地、班次以及乘坐同一班次航班的人员。住宿信息载明了初查对象住宿时间、地点、到达和离开酒店的时间、同屋住宿的人员以及同一时段都在该酒店入住人员。掌握航班信息和住宿信息能够了解到初查对象曾经去过国内哪些地方，与何人同行。实践中，有的初查对象与相关企业经营者一同出行，出行费用由企业埋单，往往一些职务犯罪行为也在出行期间发生。也有的初查对象与相关企业经营者为了掩人耳目，刻意不同时出行，而是分别前往同一地区会合。要关注和发现初查对象与相关企业经营者在外地的活动轨迹交集，就应当结合航班信息和住宿信息进行综合分析，同时还可以借助通信详单中的地区代码和基站代码判断是否存在这样的活动轨迹交集。

（3）个人在本地区活动轨迹信息

个人在本地区活动轨迹主要是指个人在本地日常生活中上班、下班后、节假日的活动情况。个人本地区活动轨迹可以帮助侦查人员了解初查对象工作、生活的规律，有助于全面了解初查对象的个人情况。例如，某初查对象每天下班后至晚九点之前，电话较为频繁，且显示基站往往不同，而晚九点以后电话显著减少，且基站较为固定，与第二天清早显示所在基站相同。这表明初查对象下班后应酬较多，经常不回家吃饭，一般要到九点之后回家，九点后较为固定的基站应该是其住处的基站代码。除规律性之外，本地区活动轨迹出现异常也是侦查人员关注的焦点。例如，某初查对象每天下班后应酬较多，而当地检察机关在对其外围人员展开公开调查后，每天下班应酬显著减少，基本都是回家吃饭。偶尔有几次在晚餐后与相关企业经营者有电话联系，之后显示二人出现在同一基站范围内。这表明初查对象可能近期受到检察机关查办案件的影响，刻意减少外出应酬。而在风声如此紧的情况下，仍与相关企业经营者在非用餐时间碰面，很有可能是在碰头进行串供。

8. 个人习性与喜好

个人的习性是指初查对象的性格脾气：是内向型，还是外向型；是易爆型，还是柔弱型；是直爽型，还是狡猾型；是聪明型，还是知识型。个人的习性还包括个人的卫生习惯、生活习惯、运动习惯等。

个人喜好是指个人的爱好、特长、兴趣等。既包括正常的爱好，比如喜欢书法、旅游、练武术等；也包括不良的嗜好，主要有：（1）有无赌博等违纪情况；（2）有无不正常男女关系等；（3）有无不检点的其他违纪情况等。

初查中尽量查明初查对象的个人习性，有助于为审讯突破工作做好铺垫。

（二）与初查对象职权相关的行业企业情况

1. 相关行业系统的发展状况

我们一直强调职务犯罪侦查人员是复合型的法律人才。如果我们对于关注或查处的行业系统情况一无所知，即使精通再高深的法律知识，也终将是理论与实践的脱节，陷入法律无实用的困境。知己知彼百战不殆，要想成功查办职务犯罪案件，就应当对所关注的行业系统情况有一定程度的认知和熟悉，甚至达到比较精通的程度。初查是逐渐发现职务犯罪事实是否存在的过程，也是侦查人员了解相关行业领域的过程。初查中，首先要了解相关行业系统情报信息自身发展的过去的状况、当前的现状、未来的趋势。其次要了解该行业系统主管部门的职能变动、机构变动，主要领导的人事变动情况。最后要了解该行业系统的相关经济总量、企业的发展变迁，该行业系统中本地区乃至全国的较大的企业、龙头企业的基本情况。

2. 相关企业的基本情况

职务犯罪侦查中，相关企业包括了国家工作人员所在的国有企业、国家工作人员作为国有股份代表的股份制企业、国家工作人员履行政府职能对企业进行管理的企业以及其他与国家工作人员关系密切的企业。

对国有企业和具有国有经济成分的股份制企业的经营情况进行了解是因为该类企业中的国家工作人员可能涉及贪污、挪用公款等犯罪行为，还可能存在受贿犯罪行为。

对与国家工作人员职权有关的企业的经营情况进行了解是因为国家工作人员可能与该类企业之间存在权钱交易行为，可能涉嫌贿赂、渎职等职务犯罪，此类企业是初查工作的主要了解对象。

所谓的其他与国家工作人员关系密切的企业，主要是指与国家工作人员存在正当或非正当经济往来、国家工作人员参股等企业。该类企业虽不一定与国家工作人员之间存在贪污、挪用公款、行受贿犯罪行为。但对其进行了解也可以对国家工作人员的资产状况、社交网等情况进行了解，充实初查内容。

对于企业的经营情况应当从以下几个方面进行初查：

（1）相关企业的工商资料

企业的工商资料是了解企业基本情况最直接和简单的方法。工商资料包括企业登记成立资料、企业变更登记资料、企业年检资料、企业注销资料等。

①查询企业登记资料应当注意企业的名称、企业申请和批准设立的时间、企业的注册资本金、企业设立的股东人员身份信息及出资情况、企业管理层的任职情况、企业的经营范围、企业财务账号以及企业的资产组成。

②查询企业变更登记资料应当注意企业注册资本金的增减情况、企业股东变化和企业股东出资变化、企业法人代表的变更情况、企业经营范围的变更情况、企业资质的获取和升级以及其他重要的变更资料和对变更情况的说明。

③查询企业年检资料应当注意企业相应年度的审计报告、财务报表，尤其关注年检材料中的资产负债表与资产损益表。资产负债表可以大致罗列出企业相应年度经营情况，反映了企业该年度经营后资产发生的变化。资产负债表项目比较繁多，且采用较为专业的会计方法进行记录。侦查人员需要对会计学知识进行补充学习才能真正读懂资产负债表。资产损益表较资产负债表要简单，主要了解其记载的企业该年度主营业务收入额、盈利或者亏损额。

④查询企业注销资料应当注意企业注销的时间、注销的原因、注销时股东的身份情况、注销后企业资产的处置情况。

（2）相关企业的审计资料

企业的审计资料包括了针对企业自身的审计资料和特定项目的审计资料。

针对企业自身的审计资料一般在调取工商资料的过程中能够发现，它主要涉及企业的年度审计，针对企业某年度的生产经营情况进行的审计。就某一年度的审计报告来看，只是反映当年度企业的生产经营情况，且报告内容较为宏观，对企业该年度具体经营项目的分析较为粗略，这对初查的意义并不是很大。初查中，应当掌握企业一段时间连续几年的审计报告，这样对于企业经营的状况就有了一个连续的了解，可以反映出企业经营或者发展的趋势。侦查人员就是要在这个连续的趋势中寻找到一个可能作为初查方向的时间点。例如，某一建筑企业成立头三年营业收入稳步提高，第四年营业收入骤增至之前的好几倍，这一年正好是某位建筑部门领导上台，而该企业的负责人与该领导关系异常密切。这个年度则很有可能存在该领导在该企业经营上予以了特别的关注甚至帮助。当然，企业的发展受到市场、政策的多重因素影响，经营业绩的转折大多数情况下与企业自身发展有关，并不必然涉及某些领导的关照，因此这种分析也要充分结合其他情报信息综合分析判断。

与针对企业自身的审计材料相比，针对特定项目的审计材料在初查中更有价值。特定项目的审计中包含了从项目的招投标开始，到项目实际建设过程中，直至项目验收最终结算的情况，项目建设的全程明细清楚、一目了然。

①招投标阶段，侦查人员可以关注投标阶段竞标规则的制定，各个竞标单位的报价、打分、中标。关注在制定竞标规则方面有没有设置特别条款偏向某些企业。各个竞标单位的报价情况以及中标单位报价和基准价的差距。实践中存在业主单位向相关竞标单位泄露底价的现象。关注在打分环节是否存在评委一致对某一企业分数畸高情况，这有可能是评委事先串通的结果。

②项目建设阶段，侦查人员可以关注工程结算时间、数额、工程联系单的签发情况。关注工程实际结算的时间是否按照合同规定，是否存在提前结算的现象。关注工程实际结算的数额是否按照合同规定，是否存在超额支付、提前预付的现象。关注工程实际联系单的数量，联系单中描述的结算项目内容，联系单审核的人员。关注是否存在重复签联系单、大额签联系单的不正常现象。

③项目验收阶段，侦查人员可以关注项目验收审计，被审计掉的联系单情况、被审计掉的工程量情况，尤其关注追加工程量、追加财政拨付情况。一般来说，验收审计时审计结论得出的项目工程实际总额应当不超过项目工程预算金额，通过审计审掉一些工程量也是比较常见的现象。而追加工程量，尤其政府工程中追加财政拨付情况较为少见。如有此种反常情况初查中应当格外注意。

（3）相关企业的实际经营状况

尽管企业的经营状况在工商资料和审计资料中有所反映，但这些材料有时往往与企业实际经营状况存在较大的出入。初查中另一项工作就是了解相关企业的实际经营状况。第一，可以通过查询企业的账户，了解企业资金的总量和现金流量。通过查询企业的贷款情况，了解企业的固定资产总额以及企业负债情况。第二，可以在企业内部安插眼线，通过企业内部人员，了解企业的实际经营状况。第三，可以通过民政机构、社保机构查询企业实际就业人数、职工缴纳"五险一金"数额的多少，大体了解企业实际规模和实力。第四，必要时，可以商请税务机关协助对该企业进行财务、税务检查，以此获取初查中所需的相关资料。

（4）相关企业的影响力

有些国有企业由于管理混乱、腐败现象严重，面临破产或者搬迁、拆并等情况，会引发企业职工集体上访等现象，地方党委政府会要求检察机关给予高度关注和查处。企业处于此种发展阶段，自身的影响力时时会左右着侦查工作的开展。了解和掌握涉案企业的影响力，能够使我们根据其影响力的大小，提前做好准备，适时调整查案和突破工作的方案。影响查案的因素主要是：企业规模的大小；是否为上市公司；是否是本地或本行业的龙头企业；企业负责人是否是"两代表"、"一委员"；企业目前经营状况是否困难或者面临破产；一旦作为线索突破口的选择是否可能引起群体性上访；等等。了解和掌握涉案企业的影响力和动态情况，有利于我们制定全面而周密的突破方案，采取合适、妥当的方法，避免引起不必要的猜疑和阻力。

3. 行业明规则和潜规则

行业明规则就是行业里公开的、为公众所接受的，受到国家认可的规则。例如，行业相关法律法规、行业相关交易习俗等。行业明规则的存在保障了社会经济秩序的有条不紊，保护了行业主体的合法权益，避免行业冲突以及冲突发生后的公平效率的解决机制。初查中，要了解和掌握某行业运行状况，就必须清楚行业的明规则，它反映的是行业应当是什么、行业应当怎么做。当实际运行与明规则不符，就应当予以修正或者纠错。行业的任何一方合法权益在受到侵犯时，明规则会给予保护，维护其合法权益。

行业潜规则是行业里秘密的、不为公众所知的，国家不予认可甚至要严厉打击的规则。行业潜规则是伴随市场经济发展长出的变异细胞，是市场经济的毒瘤。在行业潜规则的庇护下，正常的社会经济秩序遭到破坏，一些人和企业损害国家的、集体的、他人的利益而使自己获利。潜规则不是解决冲突的机制，反而是引发和激化冲突的恶势力。潜规则为职务犯罪提供了"温床"，形成了腐败的官员和恃强凌弱的企业。社会财富在潜规则下流向了少数企业，通过权钱交易流向腐败官员。

初查中，侦查人员应当对行业明规则和潜规则同等重视。明规则是标尺，甚至是法律的标尺，在渎职侵权犯罪中，收集明规则对证实渎职侵权行为格外重要。潜规则是隐藏深处的逆流，很多职务犯罪行为都是掩盖在潜规则之下。挖掘潜规则可以更好地揭露犯罪，更容易去理解一些行业中存在的异常的但用明规则解释不了的事情。了解潜规则最实在、最大的价值在于审讯过程中，审讯人员可以适时抛出行业潜规则，能够极大地震慑到审讯对象，向审讯对象传递检察机关初查细致周密的讯息。

4. 初查对象与相关行业系统、相关企业的相互联系

职务犯罪侦查最终是查实职务犯罪事实，追究犯罪嫌疑人的刑事责任。一边是犯罪嫌疑人，一边是相关行业系统、相关企业，二者之间的纽带是什么？是犯罪嫌疑人的职务和职务行为。案件成功查办，案件事实清楚，证据确实、充分，犯罪嫌疑人被追究刑事责任，此时查证的职务和职务行为是明确和具体的。而在初查阶段，职务犯罪事实未被揭露，这时可能职务是明确的，但具体职务行为是不明确的。因此，在初查活动中，我们查的是初查对象的职权、职责，有否利用职务便利与相关行业系统、相关企业之间可能存在的秘密交易或者支持、帮助的关系。

按职务影响范围的大小划分，可以作为与相关行业系统的联系和与相关企业的联系。首先，初查对象的职务及其职务行为会对行业系统具有影响，也就是其职务、职权产生的影响所指向的具体行业系统。例如，相关行业系统整体实力在初查对象担任管理单位领导期间有较大的发展，其中必然是该领导在该行业发展中做出了一定的贡献，这就是他与该行业的联系。其次，初查对象的职务及其职务行为会对相关企业具有影响。例如，相关企业在初查对象担任管理单位领导期间有较大的发展，可能是收到该领导的关照和帮助，这就是他与该企业的联系。一般而言，这两种影响是同向的，即对行业有积极影响的，对企业也会有积极影响，这种情况下就有可能存在职务犯罪行为。如果对行业有负面影响而对某些企业有积极影响的异常现象存在，这种情况下存在职务犯罪事实的可能性就相对更大。

反之，从企业影响官场的层面划分，可以分为与个别官员的联系和与区域、系统内多名或一批官员的联系。这样划分的意义在于衡量一条线索是否具有深挖拓展以及呈现窝案、串案的潜力。如果某企业在经营过程中接触的国家机关部门较少、国家机关工作人员较少、工作人员的职级较低，甚至有的企业经营中密切接触的国家机关工作人员只有一两个，这类线索从评估角度来说可能是涉及面较窄的，甚至仅仅是个孤案。如果某企业在经营过程中接触的国家机关部门较多、国家机关工作人员较多、工作人员的职级较高，这类线索从评

估角度来说可能是涉及面比较广，具有滚动深挖，形成窝案、串案的较大潜力。

初查对象与相关行业系统、相关企业的相互联系是相互交织的。对它的理解和把握应当以时间为轴线，以职务和职务行为为纽带，将初查对象、相关行业系统、相关企业作为三个主体综合分析寻求突破点，指引初查方向。不断细化初查，抽丝剥茧，最终揭露初查对象与相关企业之间权钱交易的犯罪事实。

5. 初查相关企业，最终要落实到具体相关人员

企业行为的实施一方面体现为书面资料，另一方面则反映为具体的自然人的行为。对企业进行初查既包括收集和获取相关企业所固有的情报信息资料，又包括收集和获取该企业负责人和直接责任人员的情报信息。企业负责人包括法人代表、董事长、股东、总经理等。直接责任人员主要是指该企业实施某项具体事务的执行者。在职务犯罪线索的初查中，对于相关企业的初查，最终将要落实到具体相关人员身上。收集和获取企业固有的情报信息资料其最终目的也是揭露相关人员有否参与职务犯罪事实，以查明相关人员是否是贿赂犯罪中的涉案行贿人或者其他职务犯罪案件中的利益相关知情人。关于此类相关人员的初查内容可以参照前述初查对象的个人情况。初查重点还包括企业或个人有无偷税漏税、抽逃注册资金等轻微犯罪事实，有无赌博等违法行为；是否是"两代表"、"一委员"等事项，为突破工作打好扎实基础。

三、渎职、侵权类线索初查的专项内容

渎职、侵权类犯罪与贪污贿赂类犯罪虽然统称为职务犯罪，相互之间既存在诸多相似之处，但也在构成要件上各有侧重。因此，在对渎职、侵权类线索开展初查的过程中，既要参照钱数初查内容进行，又要根据渎职、侵权类犯罪构成要件的自身特点，紧紧围绕下列内容展开。

（一）渎职类线索的初查内容

1. 全面收集相关的法律法规、部门规章、文件规定、岗位职责；受委托从事公务的还应当收集委托方面的证据和委托的事项。由于渎职侵权类犯罪主体的特殊性，在绝大多数情况下，其全体身份要求相对贪污贿赂类犯罪主体更为严格，在初查中应将收集初查对象的主体身份证明放在第一位，这是能否构成渎职类职务犯罪最基础的要件。对于相关的法律法规及部门规章等要全面收集，特别是相关的文件及部门的三定方案要重点内容收集。受委托从事公务的，除了委托的法律依据、委托的书面文件外，还应收集委托方的相关证言。这里要注意，临时性指派进行管理所涉及的案件线索，往往没有相关的法律依据可循，主要是靠相关知情人的证言及该项管理工作所应该依据的规章制度及

工作规程。所以在收集相关的规章制度时一定要穷尽。

2. 渎职行为所造成的经济损失、人员伤亡等情况。渎职犯罪大都是结果犯。所造成的损失及人员的伤亡如果没有达到立案的标准，那么初查就无意义。所以在初查开始时就应查明经济损失和人员伤亡的情况，为后续的初查工作打好基础。

3. 所造成的经济损失、人员伤亡与被初查人的渎职行为之间是否存在因果关系；多因一果的还应查明是哪些原因造成的，主要原因是什么。在查明经济损失和人员伤亡后，就应将初查的重点放在因果关系上。有些损失的造成有多种原因，这就要求在初查时查清造成损失的主要原因和次要原因、直接原因和间接原因，要找准矛盾的主要方面。多个原因并存时，还应查清影响损失造成的时间程序。对于初查对象可能存在的多个渎职行为或者在多个环节由多名人员实施的渎职行为，要厘清各个渎职行为相互之间的地位、作用和关系，要查清对造成危害后果具有刑法意义上的渎职行为。

4. 调取行政执法部门的调查笔录、处罚决定书等相关的证据材料。在调查因安全生产事故或者突发性事件，如环境污染事件等引起的渎职案件的线索时，要及时调取行政执法部门先期的调查笔录、行政处罚决定书等书证。及时介入行政执法部门的事故或者事件的调查，获取第一手证据材料。

5. 现场照片。对于安全生产事故或者突发性事件，要用照片及时固定现场情况。在拍摄现场照片时，要注明现场的对照物，以防事后失去现场照片的证明力。必要时，也可以请公安部门对现场进行勘查，并形成勘查笔录。

6. 鉴定意见或鉴定报告。对于渎职类线索最有证明力的证据是对损失的鉴定所形成的鉴定意见。因此，要及时对损失进行鉴定，由具有鉴定资格或者资质的部门对损失依法作出鉴定结论或者出具鉴定报告，只有损失达到法定的立案条件时，才能进行更进一步的初查。除了对经济损失需要进行鉴定外，对于毁坏基本农田的数量及毁坏的程度、环境污染事故对环境所造成的破坏程度及对人身的伤害程度等都应依法进行鉴定，并由具有鉴定资格的部门出具鉴定意见。

7. 被初查人一贯的工作作风。查明被初查人一贯的工作作风，主要是要证明其在此次事件中所造成损失的主观原因。如果是重大安全生产事故或者重大环境污染事件等所引发的案件线索，还应当查明被初查人与重大安全生产事故发生单位、重大环境污染事件涉案单位之间的关系，查明其是主观故意还是过失。

（二）侵权类线索的初查内容

1. 因侵权所造成的伤害（非法拘禁类线索还应查明非法拘禁的延续时间

及所采取的手段）。伤害程度是侵权类犯罪案件能否立案的关键。所以，对于侵权类案件线索的初查，开始时应将重点放在被侵权人的伤害程度上（侵害公民民主权利的案件线索除外）。以刑讯逼供案为例，因刑讯逼供造成轻伤、重伤、残废，其量刑幅度都不相同。因此，查明因侵权所造成的伤害程度，是侵权类案件初查的关键。国家机关工作人员利用职权所实施的非法拘禁案还应当查明国家机关工作人员的职责所在、非法拘禁的延续时间及在非法拘禁时期是否实施了暴力侵害及暴力侵害的程度、造成的危害后果等。

2. 全面收集相关的法律法规、部门规章及岗位职责。与渎职类案件线索相同，侵权类案件也是由于国家机关工作人员在不正确履行工作职责时所发生的违法犯罪行为，其违法犯罪行为与其工作职责具有紧密的关联性。反之，如果其违法犯罪行为与其履行工作职责之间不存在关联性，那其犯罪的性质就不同于国家机关工作人员利用职权所实施的侵权犯罪，则构成一般的犯罪。因此，必须全面、客观地收集相关的法律法规和部门规章、岗位职责。如果是辅岗人员，还应收集其与用人单位所签订的劳动用工合同，用人单位为这些辅岗人员所制定的岗位职责及行为准则等相关性的书证材料。

3. 因果关系。伤害与行为人的行为之间是否存在因果关系是侵权类线索在初查中的重点之一。有的犯罪嫌疑人在审讯过程中突然死亡，并非是审讯人员的刑讯逼供所致，而是犯罪嫌疑人原本所患的疾病突然发作所造成的，与审讯人员的行为之间没有必然的因果关系。如果将在审讯过程中犯罪嫌疑人的突然死亡都归结于刑讯逼供，那将造成错案。因此，必须以实事求是的原则查清伤害与国家机关工作人员不依法履职之间所存在的因果关系。初查对象有多个侵权行为，或者多人在多环节实施了侵权行为的，要厘清多人多环节中多个侵权行为相互之间的地位、作用和关系，还应查清是否有主犯、从犯，各行为人对侵权后果的发生所应承担的法律责任。

4. 伤害鉴定意见。对于侵害公民人身权利的线索，对伤害的程度进行司法鉴定是必经的程序。对于因国家机关工作人员不正确履行职责所发生的人员死亡案件，应由具有司法鉴定资质的鉴定机构进行鉴定，查明其死亡的原因。只有查明了死亡原因，才能根据原因判断是否存在国家机关工作人员的侵权行为及侵权的程度。

5. 前期的监控等音像资料。对于像刑讯逼供一类的案件线索，司法机关一般都对审讯过程进行全程的同步录音录像，应在第一时间调取前期的录音录像资料，及时组织人员对录音录像资料进行审查，从中发现侵权行为人及各行为人在实施侵权中的地位和作用。

6. 知情人的证言。全面收集相关知情人的证言，有利于恢复侵权法律事件的全貌，分清各侵权者的责任。在收集知情人证言时要注意收集正反两方面的证言，这样才有利全面、客观、公正地分析案情。在收集知情人证言时要注意询问相关细节性的问题，做到全面、客观、细致。

7. 被侵权人的病史资料等。特别是对于那些死亡原因复杂的线索，收集被侵权人的病史资料，有助于全面分析死亡原因，客观公正地认定责任。有些死亡的原因是被侵权人自身的疾病所致，侵权只是一个诱因，查清死亡的直接原因和间接原因，有助于查清整个案情，从而保证在办案时做到不枉不纵。

在现实环境中，有些贪污贿赂类犯罪往往会引发渎职侵权类犯罪的发生；而有些渎职侵权类犯罪其目的也是为了进一步实施贪污贿赂犯罪；更有甚者，两类犯罪兼而有之，同时集聚于一人之身。因此，在对渎职侵权类犯罪线索进行初查的同时，应当密切关注在渎职侵权类犯罪中是否有深藏不露的贪污贿赂类犯罪线索。

第三节　拓展性初查内容

初查的内容既广泛又无边。职务犯罪侦查的特性决定了初查从无到有、从少到多的调查过程。从获取线索到立案侦查、审查起诉是一个不断获取证据、增加证据量的艰难而漫长的过程。在初查的过程中，获取信息量的多少直接影响到初查的成败。

前述第二节中讲述的初查内容是平时初查中都在做的工作，可以称之为既定内容或者是规定性内容，每件线索的初查都应当收集的规定性内容。这些内容的收集是有章可循、有据可查的，是相对简单和容易的，每个侦查人员都应具备这种能力。如果说初查的内容仅仅局限于此的话，那就谈不上初查的广泛性、无边性，有些地方之所以会有"初查不出门"的误区与对初查内容的片面理解有很大关系。

初查的广泛性决定了初查内容的无边、无界、无底；职务犯罪的隐蔽性、复杂性决定着职务犯罪侦查的特殊性。除了获取规定性内容之外，我们是否还有其他内容可查呢？答案显然是肯定的。初查中尤为重要的一种工作思路就是发散性思维的运用，通过发挥想象，扩大视野，将初查视角放到更远、更深、更广的层面，拓展我们的初查内容，将那些有形的或无形的、有关联的或暂无关联的、有现实意义的或者将来有发展性需要的情报信息全部纳入我们的初查内容，从而扩大初查内容的内涵，伸展初查内容的外延。

一、无形类信息

无形的信息是相对于有形的信息而言的。有形的信息是指能够记录下来的调查笔录和收集的书面材料，比如银行查询的存取款记录、档案资料、工程合同资料、房产登记等。而无形的信息则是指那些在初查过程中偶然获取的不能以文字予以体现的信息，或者是在工作生活中无意中得到的信息，抑或是只能内心领悟而无法言传的信息。

我们在办案实践中经常碰到这样的案例，比如举报人举报单位领导有受贿嫌疑，其自身也是行贿人之一，但他碍于情面，坚决拒绝说出自身的行贿情节，我们通过与其反复的摸底较量，确信其本人确实存在行贿的事实，这种无形信息和情报增强了侦查人员侦破此案的信心。事实最终证明该举报人确实行贿了 5 万元。

无形的信息从形式上看是无形的，但却是客观存在的，并且其作用又往往超过有形的资料证据。一般来说，无形的信息以下列几种形式存在。

（一）社会阅历体现的信息

每个人都有其成长的经历和社会阅历，作为一名优秀的侦查人员更应当注重关注所管辖区域内的相关单位、行业、部门的特点和信息。一旦线索启动，不仅能够提高侦查人员的判断能力，而且能够为侦查人员指明正确的初查方向。这类无形的信息是依靠长期有意识或无意识地收集而积累的，在关键时刻能够起到决定性作用。比如说对医疗卫生系统情况比较熟悉，在初查此类线索时就会轻车熟路。

（二）工作经验积累的情报信息

侦查人员的能力不是与生俱来的，而是通过长期的侦查实践总结积累起来的。这类经验型的无形信息能够提高侦查人员的判断力。比如情人关系的两人在分手后，其中一人具名举报其国有企业出纳的情人有私分公款的嫌疑，举报内容实质只有一句话，情人曾对其讲过她们单位三个人分掉了一笔款，无具体时间、具体人员、具体金额。这封举报信曾先后辗转于检察院、公安机关、纪委等部门，但其侦查人员都把这个举报当作笑料搁置一边达一年之久。偶然的机会被我们侦查人员发现，我们凭借着丰富的经验认为：一是该举报信应该属实；二是该线索简单易查，因为私分款项不大可能从"大账"上领取，判断应是从"小账"上支取。随后通过简单初查后，对该单位账户突击检查，在查获"小账"的基础之上很快查明该企业负责人伙同会计、出纳三次私分"小金库"款项达 18 万余元。从该案例我们可以领悟到：（1）情人讲述私分的事实应该是真实的，这属于主观分析；（2）情人讲述私分的时间应当是作案的大致时间，这是逻辑推理；（3）可能从小账上私分，这属于经验上的判断。正是通过这三点无形信息的综合分析才使这起窝案及时得以查处。

经验类信息的积累是一名优秀的侦查人员必备的优秀素质，其不但能提高初查的效率，而且更能保证初查的质量，起到事半功倍的效果。

（三）工作之余所获取的信息

侦查人员的工作时间不仅仅局限于八小时之内，八小时之外在无意的接触中也需要时刻的警惕，旁人的无意之声有时也会成为有用的信息来源。比如某某喜欢女色，你可以搭讪一句："不会吧，这个人看起来不是很老实的吗？""唉，他和谁、和谁谁都有关系。"这种无形的言语信息虽然不是直接的证据，但是从另一方面佐证了初查对象的喜好是需要资金来支撑的事实。这类无形的信息在初查工作中可能会获取，但在工作之余的闲聊中会更加方便地获取。工作之余所获取的信息还包括个人的一些特别喜好，不在当地登记的房产信息隐蔽渠道的个人投资，等等。

无形的信息内容往往会被侦查人员所忽视，侦查人员不仅应当把无形信息牢记在脑海中，还应当记录在笔记里，更应当汇总到初查报告之中，以便决策者全面综合地分析判断。无形的情报信息获取后有些能够在今后的初查中转化为有形的证据，而有些无形的情报信息，虽然限于条件不能在初查中被证实，但也能作为分析判断的估证材料。

二、前瞻类信息

初查是一个从无到有，不断发现新情况，不断挖掘新信息的过程。在这一过程中，信息不可能按部就班地自发进来，往往是点滴式、跳跃式收集进来的。这就要求我们具有前瞻性的眼光，不让此类信息内容从我们眼前"溜走"。

前瞻性信息一般包括两大类：一是从表面看暂时与待查线索毫无关联，但从长远看可能存在某种实质性关联的信息。比如某房地产公司曾因质量问题造成群体性要求退房的事件，这个事件本身与行受贿关联不大，没有必然的联系，但经过进一步初查发现，正是因为质量问题，该房地产公司为了能够通过验收，向分管城建的领导行贿大额贿赂款的事实。二是从表面看此信息与待查线索确实没有关联，但从更大的范围看有某种关联的信息内容。比如说在初查某医院工作人员受贿的线索中，又发现或者又接到举报称另一医院同类工作人员也有受贿嫌疑，这两条信息当然可以分作两条线索进行初查，但其"共性"特点决定合并成一条线索查处更为有利，甚至从发散性思维考量，将其放到某地区医疗系统的范畴分析评判，从而掀起了该系统的系统抓、抓系统的办案小高潮。

三、关联类信息

关联性信息并不是专指针对线索的内在的关联性信息，而且包括与这条线索有外在联系的关联性信息。在初查某条线索的同时，应当注重收集与该初查对象所在单位、所处行业有关联性的其他信息。如某市检察院在对该市安监局某条线索开展初查的过程中，侦查人员注重挖掘其内在信息的关联性，举一反三，发现其下属各县（市、区）安监局均存在类似情形，逐渐形成了系统抓、抓系统的良好局面，共查处了 17 件 17 人的案件。

四、铺垫类信息

铺垫类信息在查处渎职类案件中更多地存在。在查处渎职案件前，必须将"前案"先行查处。"前案"是基础，所以在收集本案信息的同时，要先行收集"前案"信息，"前案"信息在整个案件中起到了辅助、铺垫的作用。而在贿赂类线索的初查过程中，不仅应当全面收集受贿人的信息情报内容，更应当加强对行贿人的情报信息的收集。并且在查处要案时，侦查人员更应当关注收集该要案案发单位的中层人员和一般工作人员的涉案信息。侦查实践表明，要案的查处较之一般职务犯罪案件的查处难度要大得多。一旦中层人员和一般工作人员先行被突破立案后，我们就能采取立案后一切法律赋予的手段和措施。一方面，能够借此先行立案的一般案件为名，收集更为翔实的要案人员的第一手资料，为顺利侦破要案铺垫条件打下扎实的基础，且能获取在初查中很难获取的情报信息和证据，只要方法得当，保密工作做得好，一般案件的查处不会惊动要案嫌疑人。另一方面，铺垫信息的叠加获取还能扩大战果，赢得更大的法律效果和社会效果。

五、助推类信息

助推类信息是指除了对认定犯罪事实有用的信息之外的，能够对突破案件起到助推作用或者对审讯中突破嫌疑人口供起到决定性作用的信息，其包含以下几个方面：

（一）有无严重的违法违纪情况

如嘉兴市检察院办理的案件中，某应急办主任庞某某在两年半的时间内平均每月往返澳门两三次参与赌博，输了 300 多万人民币，澳门赌场工作人员还曾到其办公室讨债。侦查人员在初查的过程中发现这一信息后，不费吹灰之力就突破其口供，查实了其贪污 250 余万元的特大案件。

（二）收集足以影响其自身利益或影响到其家庭基础的隐私信息

当前，投资失利或炒股重大亏损是某些国家工作人员贪污受贿犯罪的重大起因。如侦查人员办理的某高校副校长在炒股亏损 300 万元后直接在其负责的一个 3000 万元的工程中按 10% 的比例向建筑商索取 300 万元现金就是典型案件。其次是不正当男女关系是当前诸多腐败者的共性特点，不正当的男女关系是用金钱铺垫的，是引发腐败的又一"温床"，此类信息直接影响到腐败者的家庭稳固度，收集此类信息有利于动摇嫌疑人的精神支柱，容易帮助突破嫌疑人的口供。

（三）收集嫌疑人特殊喜好、性格特征相关信息

侦查人员查处的一些职务犯罪嫌疑人特别喜欢收藏古玩、字画；而有些嫌疑人则特别崇尚宗教迷信，自以为宗教信仰能够安抚其心灵、减轻其负罪心理。

（四）收集与嫌疑人相关的重大特别事项信息

一是收集嫌疑人家庭婚丧嫁娶等重大事项信息。如根据嫌疑人身体健康状况信息可以制定相应的应急方案；可以在其子女婚庆后再行传唤能够较为顺利地催化其抗拒心理；获取其因公、因私出国信息，在回程的机场直接将其传唤，能起到攻其不备、强大的震慑作用；了解掌握其家庭贫困或困难、家庭成员关系紧张等信息，能起到感化作用。

（五）收集行贿方重大信息

一是收集行贿人有无行贿前科等信息，如有则可以采取相应的措施手段。二是了解行贿企业或行贿人有无偷逃税款、抽逃资金等轻微犯罪事实信息，可以成为突破行贿事实的重要支撑。三是了解行贿人是否有赌博等不良习气信息，以便审讯之需。四是了解掌握行贿企业经营状况是良好还是亏损，有否重大工程建设、建设进程，有否违规操作等情况。五是实地调查行贿企业，亲身感受该企业所处地理位置，了解该企业生产规范等信息。行贿方信息的拓展收集有利于侦查人员对行贿人情况的全面了解和掌握，有利于案件的突破，关键是能够正确处理好办案与促进经济发展的关系，避免由于办案而给企业或个人带来不必要的影响，保护企业的正常经营和健康发展。

（六）着重收集案发前反常现象的情报信息

随着初查工作的深入进行，尤其到初查后期阶段，有些初查活动会引起初查对象的警觉。特别是在案件滚动深挖的过程中，随着初查对象被逐一查处，

其他涉案对象，包括隐藏颇深的初查对象都会闻风而动：有的表面上按兵不动，工作、生活中却表现出恐惧、惊慌神色；有的表面上若无其事，私底下却千方百计通过各种途径打听案情；有的则如惊弓之鸟，四处串供；有的则忙于转移赃款、赃物，毁灭罪证，或者退还赃款赃物。侦查人员时刻保持警惕，着力收集此类信息，有助于线索的催化，快速成案。通过这类信息的引领，有利于顺藤摸瓜，调整突破和侦查方面，更有助于侦查工作滚动深挖，发现其他涉案对象的犯罪事实。

六、收集"盲点"信息

初查的特性决定了初查中收集的信息、资料、证据是永无止境的。因此，初查所收集的信息永远无法做到完整、齐全，有些信息终将无法收集。从侦查实践来看，信息不能全部、完全、整齐地收集是客观事实，但是除了客观因素而无法收集到的证据之外，由于侦查人员能力有限、主观认识等因素造成的信息不能及时获取或灭失的情况也常有发生，这就是"盲点"信息。一般来说，我们必须十分注意收集如下"盲点"材料。

（一）行受贿双方关联性信息

一般情况下，侦查人员在初查时都非常注重对行受贿双方情报信息的收集，而忽视了行贿方与受贿方关联信息的收集，这种信息实质是行受贿双方权钱交易的关节点所在，也是受贿人是否利用职务便利的关键，在初查中提前查找、获取此类信息有助于增强我们对线索的分析判断能力，也有助于保证立案后的案件质量。这方面的信息包括：行贿方有否用地或违规用地；有否承建工程或违规承建项目；有否违反行政法规的行为或接受、减免处罚；有否请托受贿人的事项，特别是利益攸关的事项等。

（二）证据链中的关键性信息

无可否认，初查中收集的情报信息，往往只是作为信息储存，要想收集到《刑事诉讼法》意义上的证据是很困难的，即使要作为证据使用也要等到立案后的转化。但是初查中的信息资料只要是有用的，总会在立案后转化为证据材料。因此，对于初查中的信息收集，侦查人员必须认真地加以甄别：哪些信息是助推类信息，是为突破案件所用的；哪些是基础类信息，是为判断线索的价值大小所用的；哪些才是关键性的信息，立案后将自动地转化成证据使用。作为立案后将作为证据使用的信息，侦查人员更要注重分析研判，从中发现矛盾，提前对存在的矛盾予以排除，形成连贯的信息链，为立案后转化为完整的证据链做好充分的准备。

（三）赃款去向类信息

根据法律规定，赃款去向问题不影响贪污贿赂案件的定罪量刑。惯性思维告诉我们，初查中连证明犯罪事实的证据都极难获取，更何谈赃款去向问题。所以，在初查中往往忽略了赃款去向信息的客观存在，而轻易放弃了对此类信息内容的收集。现实情况则不尽然，当前的贪污贿赂数额越来越大，特别是领导干部贪污贿赂案件，钱来多了总归要有去路。初查中侦查人员确实无法收集证明犯罪事实的犯罪证据材料，但恰恰可以通过收集其款项去向途径等信息顺藤摸瓜，反查其贪污贿赂的事实。赃款去向类信息在当前实际生活中主要以下列形式存在。

1. 隐蔽性房产信息

比如"房叔"蔡某案件。2012 年 10 月 9 日，原任广州市城市管理综合执法局番禺分局政委蔡某及其家庭成员名下拥有房产 21 套，后广州市纪委、检察机关正是根据这一隐蔽性房产信息（包含部分赃款去向）的曝光，反查其职务犯罪，最终查证蔡某受贿 275 万元的犯罪事实。传统地在当地查找房源信息的路径已不可取，更多涉案对象为了规避房产信息的暴露，往往会在附近的大中城市购置房产或者在海南、东北等度假休闲之地购置房产，甚至在国外购置房产。比如杭嘉湖平原的居民除在本地购置房产外，往往会到上海、杭州、苏州、海南等地购置房产，由于房产信息全国尚未联网的局限性，侦查人员除了收集在当地购置房产的有形信息外，更应注重通过无形信息收集在外地的隐蔽性较强的房产信息，从而以此信息反查涉案对象的犯罪事实。

2. 股票、证券类信息

股市有风险，炒股有盈亏。很多案例再次证明了股票亏损是诱发贪污贿赂犯罪的因素之一。初查中除了收集实名账户信息以外，更应仔细发现有无假借别人账户炒股的信息。侦查实践中更有发现初查对象邱某某炒股操作的 IP 地址在操作本人名下的账户之外，还在操作另一非本人名下账户，通过进一步初查，发现该账户为一房产公司老板所有，在该账户中前后多次有 200 多万钱款流动，并最终亏损了 250 余万元的信息，据此最终查证了其受贿巨额款项的犯罪事实。

3. 查找"蓄水池"信息

国家工作人员的特殊身份决定了其不可能公开、实名地进行投资，因此有些涉案对象往往以匿名的形式投资到亲朋好友开办的公司企业中。对于初查来说，发现投资类信息的难度较大，但这恰恰就是赃款去向的主要"蓄水池"。如侦查人员在对某位处级领导干部开展初查时，按一般常规思路查询房产、银行、证券、股票交易，结果是一无所获。该领导干部及近亲属名下既无多余房产，也无证券、股票交易，更无银行存款。这一反常情况说明要么他是一名两袖清风的好干部，要么恰恰证明他是一名隐藏很深的具有较强反侦查能力的贪腐分子。随后侦查人员运用发散性思维模式，逐步了解其可能投资的去向信息，层层剥笋，查清全案。因此，顺着赃款去向信息反向收集行受贿信息，为初查提供了一条新的捷径，丰富了初查的内容。

4. 赃物类信息

网曝南京市江宁区房产局局长周某某开会时抽天价烟，而成为涉案对象。更为典型的是，陕西省安全生产监督管理局局长、党组书记杨某某在处理交通事故现场，因面含微笑被人拍照上网，引发争议并被网友指出杨某某有多块名表。据此"名表"，杨某某受贿、巨额财产来源不明一案得以查处，最终获刑14年。赃物的去向类信息易被侦查人员所疏忽，如何在初查中收集赃物类涉案信息有待于进一步加强研究。

七、案外背景信息

某市检察机关顶着压力，排除干扰，依法查处了该市主要领导的某位近亲属，随后检察工作受到了一定程度的干扰和影响，而该名领导也在一个月后换届时正常调离。排除干扰依法办案的精神是必须保持的，但试想如果本案能在几个月后再行查处是否更有利于检察机关更好地开展工作呢？在侦查实践中，初查的地位相对于立案后的侦查是非常薄弱的，从某种意义上讲，初查尚没有进入到正式的立案后的诉讼程序，初查所收集的情报信息相比立案后获取的证据而言，其价值对案外人来讲显得微不足道，如此初查就相当于没查。由于外部的干扰阻力过大，会使得有些线索尚未启动突破前就不得不停止运作，甚至永远"藏在深山，束之高阁"，这种情况时有发生。因此，在初查中结合初查的进展情况，查明线索所处的案外背景信息是非常重要的。其主要体现在：一是了解和掌握案外背景信息能够使我们知己知彼，能进能退，做到胸有成竹，胸中有数，不打无准备之仗。二是能够正确衡量阻力大小、干扰程度，从而作出正确的分析研判，及时争取党委、人大、政府和上级检察机关的有力支持，减轻阻力，顺利查处案件。三是能够为我们厘清思路，制定最为合适的突破方案打好基础，从而适时地选择最有利的时机顺利突破案件。

案外背景信息主要包括以下三项内容：第一，收集初查对象的家庭背景、朋友活动圈、关系网等信息。某基层检察院在初查中发现：初查对象的电话记录本中首页记载着10多位公安经侦干警的电话号码，这一信息就充分告诉我们其有较强的反侦查能力和抗审能力，事后的审讯过程充分证明了这一结论。第二，了解和掌握初查对象职务升迁履历，关键是延展关注其历任领导的情况以及与其关系的紧密程度。第三，了解和掌握初查对象所在单位或所处区域的当前状况。了解和掌握初查对象所在单位或所在区域当前有否重大政治事件（如换届选举、重大人事任免等）或其他重大事项（如重大项目招商、建设等），有助于将办案可能造成的负面影响降到最低，达到政治效果、社会效果和法律效果的高度统一。

八、实质性证据材料

侦查实践表明：立案前的初查工作受到法律规定上的种种限制，要想在初查中获取能够证明犯罪事实存在的证据是相当困难的，尤其是受贿案件，如果没有犯罪嫌疑人的供述几乎无法定罪。经验交流中经常会有"零口供"查办受贿案件的总结材料。不可否认，"零口供"受贿案件确实存在，但其数量微乎其微，大部分"零口供"案件基本上是行贿方口供已经交代且相对固定，受贿方口供虽不承认受贿或不作实质性交代，但有某种程度的供述抑或是前面作过简单交代后一直翻供。虽然"零口供"案件在侦查实践中较少碰到，但却给侦查人员以新的启示：在初查中还是应当关注，特别用心地去收集可能存在的实质性证据材料，归纳起来有以下几种。

（一）渎职类案件是查找实质性证据材料的重点

一般来讲，损失结果已经造成，嫌疑人亦已基本锁定，这是此类案件的特点。我们应当把初查的重心转移到查找嫌疑人是否滥用职权或玩忽职守，查找其与造成损失结果之间的直接因果关系上来。这种材料往往不需要言词材料，其因果关系的证据通常以书证的形式存在。因此，在初查阶段就获取此类证据材料是完全可行的，只是难度大小程度各异，需要侦查人员下功夫。

（二）实质性书证材料

侦查人员在办理的案件中曾有行贿人交代送给嫌疑人5张现金卡（每张1万元），虽嫌疑人自始至终不予承认，但侦查人员在初查时已经调取了这5张卡的银行支取凭证，虽然5张卡的姓名均不是嫌疑人的，但支取凭证上的笔迹鉴定证实了是嫌疑人所写。另外，也有个别受贿嫌疑人会在对方的凭条上签字，这些书面的实质性证据材料将会大大加速案件的侦破进程。

（三）实质性的物证材料

实物证据是定罪的铁证。例如某检察院办理的某职务犯罪嫌疑人以40多万元的价格购买了一套价值100万元的房产的案件，侦查人员在初查时就已经先行查清了其利用职务便利购买了这套差价约60余万元的房产，证据确凿，嫌疑人不得不交代了其受贿270余万元的全部犯罪事实。

（四）收集串供后的再生证据材料

有些时候是因为查处其他相关案件时，触动了涉案对象的神经，而诱使他进行串供活动；而有些案件则是由于我们初查工作不够隐蔽而使得嫌疑人进行串供。无论何种情况，串供后的再生证据材料都是相当宝贵的证明材料，有时涉案对象会使某种原本比较模糊的犯罪情节、犯罪事实明朗化、清晰化。比如说在初查中发现某涉案对象在购买房产时借用了他人价值 8 万元的车库达 7 年之久，名为借用实为受贿，但认定上肯定会引起分歧意见。串供后嫌疑人归还了 8 万元，受贿事实反而是得到了印证。再一次串供后，行贿人再次将 8 万元车库款送给了嫌疑人，犯罪事实最终清晰明了。

实质性证据材料在侦查实践中并不常见，但确确实实以各种形式存在，在初查中加强对实质性证据材料的收集，有助于侦查工作的加速催化。

在初查中获取常规性内容相对比较容易，侦查人员只要负责、肯做、想做，就能基本上完成工作任务。但拓展性内容的收集才能真正体现侦查人员的能力水平，发挥侦查人员主观能动性，充分运用发散性思维开展初查工作才是收集拓展类情报信息的精髓所在。无论是常规性内容还是拓展性内容，在初查工作中都要针对线索信息的不同特点，根据本单位的人力、物力、精力的实际情况严密确定，不能全而盖之，以免浪费不必要的时间、精力，于案件侦破无补。

第四章　初查的步骤

做任何一件事情，都应当事先设计好工作方案、工作计划，不打无准备之仗。

职务犯罪初查工作是一项错综复杂的司法实践活动。在初查过程中，一方面，情报信息与日俱增，情况复杂多变，没有事先的准备工作，初查活动就会杂乱无章。另一方面，由于人的"惰性"本性使然，没有周密的事先准备，初查工作有可能无限度地拖延，从而影响到初查的质量。根据对初查实践的总结，初查活动一般可以分为前期、早期、中期、后期、突破前的准备工作五个阶段，并根据初查的普通规律和特点，赋予各个阶段相应丰富的初查内容和初查任务，从而努力提高初查的效率、初查的质量，达到预期的最佳效果。

第一节　初查的前期阶段

刚收到举报线索时，除个别线索的举报内容比较翔实以外，一般线索都只是反映一个大概的情况。所以，在线索初查的前期，首先，应当确定初查人员对线索进行评估，了解和摸透线索的大体情况、价值后，对线索进行适当的初步初查，获取一些必要的情报信息。其次，在此基础上，对线索进行前瞻性的预判，初步确定初查方向。最后，对线索作前期预测。这就是初查前期应当做的工作和步骤。

一、线索评估

线索评估机制，从本义上讲，是对举报线索进行综合审查、筛选、甄别，通过捕捉线索的价值点和信息点，判断其潜力和发展性，以挖掘有价值的情报信息的一种机制。当前，自侦部门大多数存在线索少、线索价值低的问题，而且对线索可查性缺乏正确评判，没有跟踪督办机制，导致线索处理、分流和查处环节存在较大的随意性。有些线索在实践中还存在线索搁置不查或重复初查等现象，结果是既带来廉洁隐患，又浪费侦查资源，不利于侦查工作的开展。

因此，建立与完善职务犯罪线索评估机制，有效管理职务犯罪线索，对惩处贪污贿赂、渎职等职务犯罪，有着非常重要的意义。首先，建立和完善线索评估机制，加大打击职务犯罪力度，积极查处贪污贿赂、渎职腐败分子，符合党中央反腐倡廉的决心和态度，符合国家大力提倡社会主义经济发展的要求，是为社会和谐稳定保驾护航。其次，建立和完善线索评估机制，深入查办职务犯罪案件，维护国家和人民财产免受重大经济损失，符合广大人民群众利益的要求。最后，职务犯罪区别于一般的刑事犯罪，其主要特点是犯罪嫌疑人利用职务上的便利进行犯罪。因此，侦查人员在没有明显犯罪现场、没有目击证人的情况下进行调查，其难度大于其他类型犯罪。建立和完善线索评估机制，有效管理职务犯罪线索，为查办职务犯罪案件打下坚实的基础。

1999 年最高人民检察院举报中心要求各级检察机关建立举报线索审查协调小组，负责审查本院受理管辖的举报线索。实践中各地的做法也不尽相同，主要分三种模式。第一种是在举报中心内部成立线索评估小组，促进线索的分流。第二种是在侦查部门内部成立线索评估小组，作为初查的前置程序，保证初查质量。第三种是在检察机关内部成立线索评估小组，由举报中心、反贪局、反渎局的主管检察长和其部门负责人组成线索评估小组，对举报线索逐件审查，并提出处理意见。

根据办案实践和多方面综合考虑，对线索的评估应当根据以下几个步骤分步进行：

第一步：举报中心审查

举报中心（控申部门）是接受来信来访等举报线索的第一责任部门。受理线索后，应当对线索材料进行初步的审查，原则上必须将一切属于检察机关管辖的职务犯罪线索经领导批准后移交给侦查部门。一是杜绝了线索材料的截留和遗失；二是避免了造成耽误战机的情况发生；三是出于保密制度的需要。

在实际工作中，由于各个检察院人员素质不同，举报中心在各个时期配备的侦查力量也有所侧重。当举报中心组成人员侦查力量较强，而本院反贪局配备力量相对较弱时，举报中心可以承担部分（或少部分）线索或者相对简单线索的初查任务，该部分线索的评估由举报中心自行完成。

第二步：侦查部门负责人评估

线索移送侦查部门以后，或者侦查部门自行发现线索后，侦查部门负责人应当在第一时间对线索进行审查，经过认真仔细的分析、判断后对线索的价值进行评估。认为需要初查的应报请检察长或分管检察长批准后，交由侦查人员开展初查工作。

侦查部门负责人在将线索交由侦查人员时，应当告知自己的评估意见：1. 线索的可查性程度。2. 线索的初查对象的指向。3. 线索的初查方法。4. 线索初查的方向性内容。5. 线索的发展前程及价值等。

第三步：侦查人员评估

负责初查的侦查人员接受任务后，应当认真仔细地对线索材料进一步加以分析、研判，并结合侦查部门负责人的评估意见，重新审视线索价值，得出自己的评估意见，从而写出初查计划，报请检察长批准后开展初查工作。

值得注意的是，现阶段，侦查部门开展初查的线索绝大部分来源于自行发现。对于自行发现线索的评估出于保密的需要，可以省略第一步骤，从第二步开始实行。但案件突破后应当将线索发现情况报举报中心存档备查。

第四步：复杂线索的集体评估

集体评估并非全体评估。保密原则是自始至终贯穿于侦查全过程的重要原则，尤其是初查阶段，越靠前的阶段，越要注意保守初查的秘密。因此，在线索的启动评估阶段，绝不允许组织侦查部门全体人员参加线索评估讨论会议，也不允许组织相关院领导、相关业务部门负责人、相关业务骨干共同参加线索评估讨论会议。集体评估是指在保密条件允许下，包括检察长、分管检察长、侦查部门负责人和负责初查的侦查人员等核心人员组成的线索评估讨论。

对于需要集体评估的线索，其标准并不取决于"疑难复杂"这一唯一性，集体评估适用于以下线索：1. 大案要案线索。2. 涉及罪与非罪的疑难线索。3. 涉及此罪与彼罪，可能影响初查方向、初查思路的复杂线索。4. 行业型、系统型线索，易于形成"行业抓、抓行业"、"系统抓、抓系统"的线索。5. 区域型线索，易于形成"区域抓、抓区域"系列案件的线索。6. 有阻力、有干扰情况出现的复杂线索，对于此类线索，检察长、"一把手"应当亲力亲为，亲自参加线索的讨论评估，以期选择最佳初查手段、方法、措施和最佳初查方案，排除阻力干扰，取得初查的最佳成效。

集体评估更有利于集思广益，听取不同的意见和建议，群策群力，选准初查方向；选择适当的初查方法、手段和途径；明确初查的内容和范围；准确地预测初查的目标和价值成效。

在初查实践中，个人评估应当根据初查的进展反复不断地进行。集体评估亦然，不可能一次讨论就能完成。当初查进程有所改观时，或者当获取某一重大情报信息时，集体评估都应当随时进行，以便进一步明确初查的方向和思路，有利于初查工作的顺利开展。

第五步：先行收集必备的情报信息

初查前期，除了已经掌握的举报材料和自行发现的线索材料外，其情报信息的来源是极为短缺和稀少的。有些举报材料内容尤其简单、空洞。而自行发现的线索可能是仅凭一句话的信息或者仅凭侦查人员经验积累的结果得出的。

要进行正确的评估或作出相应的初查计划存在一定程度的困难。因此，在初查的早期，适当选择一些初查工作，同时获取相关情报信息，有助于增强初查的可信度，有助于提高评估结论的正确性，有助于丰实初查预案，及时实施初查活动。

先行收集的情报信息包括以下几种：1. 收集举报所涉及的单位、举报对象是否属实等情报信息。2. 初查对象的主体身份是否符合职务犯罪主体要件等资料。3. 收集相关情报信息，以期证明举报内容是否属实或者证明自行发现的线索内容是否属实。4. 自行发现的，收集相关情报信息进一步完善初查线索。5. 附带收集轻而易举就能获取的其他情报信息。

二、初查预案

凡事预则立，不预则废。要想做好任何一项工作，周密的计划是基础，初查工作尤是如此。要想使得初查活动顺利开展，必须在初查活动进行之前就制定好详细的初查预案。初查预案是指根据对线索的评估分析或凭借侦查人员的经验，为初查活动设计的具体计划，并对初查活动过程中可能发生的或者潜在的情况而制定应对方案。

在初查的前期阶段，由于线索的模糊性和情报信息量的缺少，制作初查预案存在较大的难度，从而使我们忽视了初查预案的重要性。有的敷衍了事，仅仅出于完成任务的目的草草罗列几条提纲；更有的侦查人员基本上不制定初查预案。我们常说，职务犯罪侦查工作是一项创造性的工作，初查活动更是一项从无到有的创造性活动，而初查预案正是这项创造性工作的开始和设想。初查预案设想到哪里，初查活动就开展到哪里。初查预案是指向，是方向，其重要性不言而喻。

线索的初查活动是动态的过程，这就决定着初查预案也应当始终处于动态的演变状态。初查预案不能一蹴而就，它应当随着初查活动不断地深入，随着收集获取情报信息量的不断增加，而及时主动地修改和调整既定的预案内容。

要想制定质量较高的初查预案，必须做好以下几项工作。

（一）仔细分析线索

初查预案从何而来？从对线索的评估结果中产生，从对线索的仔细分析研判中酝酿而生。

我们知道线索从何而来，从主观判断上分析，无外乎三种渠道：一是被动地接受线索，如举报或控告；二是主动地发现线索；三是发挥想象，创造线索。对待这三种情况，我们应当从不同的角度，采用不同的研判方法进行仔细分析：

1. 就被动地接受线索来讲，举报或控告的线索材料是最为直观的，凭借侦查人员的经验对书面材料加以直观审查，经分析研判得出结论。如果举报或控告的材料详细，分析研判就会来得容易，得出的结论也相对正确。如果举报或控告的材料简单、模糊，趋于表面化，无实质内容，那么就要看侦查人员的分析判断能力是否能够发现和揭示线索的本质问题。一般来说，对于此类线索应作适当的情报信息的收集后再加以仔细甄别。

2. 主动发现的线索是侦查人员主动出击，收集回来的情报信息。在收集情报信息的过程中，侦查人员已经对情报信息进行了细化的分析研判。如果认为没有初查价值的情报信息就形不成线索。因此，主动发现的线索具有初查价值高的特性，收集此类线索的过程，就是分析研判的过程，一旦线索形成也为后续开展初查工作指明了方向。现阶段，许多基层检察院都碰到线索少或无线索可查的情况，这正好说明自行发现线索的能力强弱正是考量一个侦查部门侦查水平的重要指标。一个基层检察院自行发现的线索越多，查办的案件中自行发现线索的比例占得越高，它所体现的侦查能力就越强。

自行发现的线索存在两种形式：一种是收集书面的情报信息而来，对其分析判断的方法趋同于审查被动地接受线索的方法。另一种形式则不是表现为书面形式，比如侦查人员在工作之中或者工作之余听来的闲言碎语，有时就只是一句话，或者一件事。对于这种线索的分析方法主要是凭借侦查人员的实际办案经验，通过大脑的充分思考形成。一旦形成线索，其初查价值就显得更大。

3. 至于发挥想象，创造出来的线索，有些人或许会觉得不可思议，甚至有些荒诞。其实发挥想象，创造线索正是发现行业型、系统型、区域型线索的最佳办法和最高境界。比如某市检察机关凭借经验，结合对当地经济社会发展的实际现状，分析认为该市高校系统 10 多年来没有发生过一起职务犯罪案件不太符合实际，究其原因在于高校系统的党委、行政、人事、物权一般情况下都不与当地党委、行政部门发生隶属关系，检察机关又对其内部情况不甚了解，于是决定对其展开初查活动。对于此类线索的前期分析研判主要来自于：（1）侦查人员的丰富经验和想象；（2）某行业、系统、区域的特点；（3）当地社会经济发展现状和实际状态。经过长期关注，从毫无头绪、毫无线索开始，通过不断收集情报信息，长期经营，到最终在该系统查处 20 人，前后历时两年半时间。

初查是创造性很强的工作。对线索进行深入仔细的分析，了解和掌握线索材料的基本情况尚只是做好初查预案的初级层面。事物都有其两面性，必须透过表面看实质，分析材料只能看到线索的表面现象，我们应当通过分析材料去发现线索材料的本质内涵，进一步预测线索材料内在内容包含的可能发展的情况和前景，最终判定其内在价值。

（二）前瞻性预测

预测，从词义上理解是指事前的推测或测定。对职务犯罪线索作前瞻性预测就是指在仔细分析和掌握职务犯罪线索所反映的情报信息的基础上，凭借侦查人员固有的经验，依照一定的思路、方法和规律对初查活动过程中发生的事情进行前瞻性的测算，以期预先了解初查活动的途径和过程以及通过初查活动能取得的最终成效。

前瞻性预测是初查活动的催化剂。良好的前瞻性预测能够极大地调动侦查人员的积极性，促进侦查人员全身心地投入到初查活动之中。记得10年前笔者有一位尊敬的分管领导，他是一位做事非常认真的人，每条线索均要亲自过目，认真分析，然后他会告诉大家，"这些线索我都看过了，价值不是很大，要么你们去查查看"。大家看着线索兴趣全无，就没有太大的积极性了，后来笔者与其探讨，线索获取的初始阶段，其反映的情报信息量较少，应当着重强调线索的内在价值和信息含量。取得共识后，我们每次布置线索初查任务时，尤其强调线索的内在价值，此后初查成效得到了明显提高。

1. 准确预测的基础是经验

衡量前瞻性预测的准确性取决于两个方面：一是对现有初查线索所反映的情报信息仔细分析、了解和掌握的程度；二是进行预测所需的外在助推力，即侦查人员的经验。这些经验主要有以下内容组成：（1）结合国家社会经济政策大环境，熟悉本地区社会经济、文化等各方面的发展规律，这是准确预判线索价值的前提条件。（2）深谙职务犯罪侦查规律，熟悉本地区职务犯罪易发、多发的行业、系统甚至区域性特点，明确打击重点和遏制腐败发生的方法、策略。（3）充分运用发散性思维，积极联想线索与其发生的周边环境，做好线索定位工作。

2. 前瞻性预测的目的

对初查线索作出前瞻性预测，其主要目的是规划、规范整个初查活动。其具体目的包括以下几个方面：（1）线索定位。是单个犯罪案件还是窝案、串案；是行业型、系统型案件还是区域型系列案件。（2）明确初查的重点和方向。（3）确定初查的内容和范围。（4）建议采取的初查方法和初查途径。（5）预测通过初查活动可能取得的成果，判定初查的价值。（6）评判和预测初查的工作量，初步确定初查时限，以期提高初查效率。

3. 前瞻性预测的具体方法

结合职务犯罪侦查实际，总结以往初查工作的经验，行之有效的预测方法主要有：

（1）借鉴以往积累的办案经验，根据本地实际加以预测，这是线索初查进行前瞻性预测最重要和最基本的方法。各地都有不同的自然、社会、经济等环境，都有各自不同的办案经验和特点。在实际预测过程中，都应当发挥自身的优点，因地制宜地进行。

（2）将线索放置到涉案部门的单位、行业、系统进行考量，通过查找"潜规则"、"共同行贿源头"等共性特征，扩大单一线索的内在含量，预测其是单一个案还是行业型、系统型窝串案。单一线索没有类比性，如单位会计涉案贪污，某局行政人员玩忽职守造成工程人员重大伤亡事故等，可以推定为个案。通过类比，如果发现有共性特征的，可以推测为行业型、系统型线索。甚至可以将有些线索放到某个区域中去考量，推测其是否具备区域型线索的特征。一般来说形成区域型线索有两种情况：一是有涉嫌区域内副职以上行政人员的职务犯罪线索；二是有多条线索均涉嫌同一区域内数个部门副职以上职务犯罪线索的，可以形成"区域抓、抓区域"的局面。

（3）与兄弟单位办理的同类案件进行比较，进行科学预测。如在预测线索时，可以借鉴外地（最好是有类比性的）检察机关已经办理或者正在办理的案件的做法、经验，或者取得的成效，与之相比较，从中拓展我们的初查思路，作出科学预测。

（4）结合上级检察机关的案情通报、信息交流，作出前瞻性预测。

（三）制定初查预案

在对初查线索进行仔细分析研究的基础上，凭借侦查人员的办案经验，对线索作出科学的评估和预测，努力揭示初查线索内在的信息和发展的价值后，应当制作初查预案。

初查预案是指导初查活动开展的纲领性文件，它实质上就是指导初查活动的工作计划，但其内涵和外涵都比初查计划要宽广，更具主动性和预测性。它将引领侦查人员沿着既定的方向和目标开展初查工作，尽量避免和少走弯路，充分发挥其作用，广泛地收集各种各样的涉案情报信息。

初查预案的基本内容包括：1. 线索的来源分析，主要是判断线索来源的可靠性，揭示线索材料所反映的情报信息及事实是否真实；2. 确定初查重点和方向；3. 探索初查的方法和途径；4. 预测初查过程中可能发生的情况和对策；5. 预测线索的价值和可能取得的成效；6. 预测初查的工作量并确定初查时间，提高初查效率。初查预案一经批准，预示着初查活动正式启动。

同时，我们还应当清醒地认识到，初查预案是在初查前期形成的工作计划，它所依托的线索材料和情报信息有很大的局限性。在初查活动进行的过程中，收集的情报信息总会大量汇集，初查情况千变万化。因此，制定初查预案不能够故步自封，应当随着初查情况的变化而及时地调整与修改。

对初查线索进行分析研究，到对其作出评估、预测，最后制定完成初查预案经批准后实施初查活动需要一个过程。在这个过程中，从严格意义上讲，初查前期阶段尚未正式进入初查程序。但为了保证分析、评估、预测的准确性，经领导同意，也可以先期进行一些力所能及的必需的情报信息资料的收集工作，以免贻误战机。

三、确定初查人员

线索的初查需要具体的侦查人员去实施，初查的成败或成效同样取决于侦查人员。在线索的初查中，选择合适的初查人员至关重要，而这更取决于怎样培养优秀的初查人才。

（一）初查人员应当具备的条件

初查人员从其本质而言就是检察官，初查人员除了必须具备检察官所应当具备的各项素质以外，还应当具备初查人员独有的业务素质。

1. 政治素质

一名初查人员首先必须是一名合格的检察官，应具备良好的政治素质。具体来说，一要忠诚于法律。检察官是国家法律的捍卫者，离开了宪法和法律，检察官的行为就会失去准则，维护公平正义也就无从谈起。忠于法律要求初查人员在内心树立起对法律的确信并严格依法办事。二要忠诚于党、国家和人民。忠于党、国家和人民体现了检察官鲜明的政治立场，我国宪法规定了中国共产党的核心领导地位，检察人员要以对党忠诚的态度维护党的领导，确保检察机关以正确的方针政策和政治思想依法独立行使检察权。同时，作为一名合格的检察人员要维护国家和人民的利益，担当起国家和人民赋予的神圣使命。三要有大局意识和服务意识。大局意识要求初查人员在线索经营和案件办理过程中，有服务于当前社会经济发展全局的意识，有配合党委政府发展全局的意识。服务意识要求初查人员在初查过程中尽可能地降低对涉案对象的正常生产经营的影响。

2. 法律素质

对于检察人员来说，精通法律是其必须具备的执业素质。一名合格的初查人员应具备的法律素质应当包括以下几个方面。第一，法律知识。精通法律知识是检察人员的本职，初查人员在对检察业务相关的法律知识熟知的基础上，尤其应对职务犯罪构成要件的相关法律知识有更为深入的认识。第二，证据意识。证据是刑事诉讼的灵魂和基础，初查人员应当充分认识到证据的重要性，注重证据的关联性和证据的可采性，以扎实的证据丰实初查工作成效。第三，程序意识。检察人员严格遵守程序法的规定本身就是在实现法律的任务，在初查过程中亦是如此。初查人员应当树立起程序意识以确保初查过程和证据取得的合法性。第四，人权意识。修改后的《刑事诉讼法》强调尊重和保障人权，对检察机关办理案件提出了新要求。在初查工作中，初查人员要树立起人权意识，通过法律的确认和实施提高检察办案质量。

3. 文化素质

初查人员应当具备较为广泛的科技、金融、税务、建筑等各方面的文化素质。初查所获得的线索往往涉及多个领域，初查人员对相关文化知识的熟知程度会影响到对线索的分析研判工作。因此，初查人员虽无法对各行各业的知识都精通熟知，但要有能够发现案件线索的基本知识水平，对与侦查相关联的心理知识、会计知识、税务知识、金融知识、建筑工程等相关知识都应有基本的常识性认识，尽量做到上知天文下知地理，具有广泛、综合的文化素质。

4. 职业道德素质

检察官的职业道德素质反映出检察官的品质和修养，一名初查人员的职业道德素质更是深刻地影响着初查工作的成效。初查人员应具备以下职业道德素质。第一，公正。法律公正与否直接关系到公众对法律制度的信心和信仰。在初查工作中，做到公平正义，不偏私才能客观地获取线索资料，保证初查工作的质量和可信度。第二，廉洁。"公生明，廉生肆"，公正与廉洁紧密联系，检察队伍的廉洁性，是检察机关取信于民的根本。初查人员掌握着初查对象违法犯罪的第一手资料，要以高度廉洁性抵挡住糖衣炮弹的诱惑。第三，敬业。职务犯罪查处过程是漫长而又艰辛的，初查过程亦是如此。一名初查人员应当具有高度的责任心，对自己承担的任务，自己的行为、承诺认真负责、积极主动，对于所查实的线索和案件负责到底。第四，诚信。诚信对于司法工作而言，既是法律要求，也是道德要求。作为一名初查人员，要诚信侦查，诚信办案，保证检察工作禁得起历史和法律的检验。第五，担当精神。敢于担当是一名检察人员要具备的基本素质，对一名初查人员来说也显得尤其重要。在初查过程中，遇到诱惑、干扰甚至是威逼恐吓时，要以担当精神敢于查案、秉公执法，要以敢于担当的魄力排除关系、人情、金钱的干扰，维护好法律的尊严和权威。

5. 业务素质

开展初查工作无外乎两种形式。一是从外部收集涉案情报信息；二是在内部对收集和获取到的情报信息进行仔细的分析和研判。鉴于以上两种形式的特点，初查人员也应当同时具备相应的业务素质。

（1）主动发现和收集情报信息的能力

收集情报信息可以根据对象的不同分为收集固定的公开的情报信息和漂浮的秘密的情报信息两种。对于固定的公开的情报信息，如银行查询、房产查询、工商登记资料等，具有一般初查能力的侦查人员都能胜任。关键在于收集和获取漂浮的秘密的情报信息，初查人员必须具备以下素质。

①丰富的阅历。发现和收集情报信息的首要要素在于发现和收集情报信息的方向，它必须以丰富的阅历和经验作为坚实的基础。如果你想发现，却连想发现的门径都没有，怎么可能去发现呢？

②广泛的社交力。比如说你在初查城建系统线索或者初查涉及工程建设项目的线索时，最好熟悉城建系统中的知情人或关键岗位的工作人员，这将使你获取情报信息的能力倍增。但是，我们也要正确处理好正常的社交力与滥交朋友的界限，要凭借一心为公而交往一些具有正义感的同志，而不能为了一己私利而滥交"酒肉朋友"。

③敏锐的观察力。观察是一种有目的、有计划，而且持久培养的知觉活动。观察力是凭借侦查人员的经验，对事物表象进行分析而从中发现问题的能力。在主动发现和收集情报信息的过程中，具备这种能力是最难能可贵的。能够在一句话、一件不经意的事情上领悟到事情的本质，从而收集和获取到重要的涉案信息。

④发散性思维能力。初查工作是一个复杂的创造过程，发散性思维应当贯穿于初查活动的始末。初查人员也应具备这种发散性思维能力。初查活动中不仅是针对一个目标收集一种情报信息，而往往是针对多个目标收集多种情报信息，有时甚至是无目的性地收集和获取不特定的一切涉案的情报信息。因此，初查思路不仅要敏捷，还应当不时地转弯，改变原有思路，向各个不同方向同时拓展。

⑤积极的创造力。收集和获取情报信息是一项主动性极强的初查活动。情报信息的收集和获取往往又取决于初查人员的积极性和创造力。实践中，初查人员外出转一圈回来了可以告诉你没有什么发现和收获；有时情报信息就在眼前，他也懒得去理会；即使收集到了也不加以分析，视同没有发现；抑或发现和收集到了也同样可以不向你汇报。初查工作既要有积极性、责任心，又要有主动性、创造心。

总结以上五点，初查人员首先要做一个外向型的"聪明人"。

（2）认真分析研判情报信息的能力

收集和获取情报信息以后，不加以分析研究就等同于废纸一堆。如果初查人员将收集回来的情报信息，如银行查询、电话话单等一大堆资料不加以分析研判就放在领导的办公桌上，你会作何感想。因此，初查人员又要做一个内向型的"聪明人"，需具备以下素质。

①深入分析的能力。做到这点相对容易，就是要对收集和获取的每一个情况信息进行仔细认真的分析，了解和掌握每一个情报信息的具体内容。

②深厚的研判能力。分析是基础。在分析的基础上，对每一个情报信息进行研究，判断其价值所在，从中发现问题，提高情报信息的证明力才是关键。

③丰富的联想能力。一个情报信息从表面上看，它的指向会是单一的，而不同的情报信息之间会有某种共同的价值去向。丰富的联想能力就是要求我们发现和查找不同情报信息之间是否存在着某种联系，通过查找这些不同的连结点，形成某些情报信息的共同价值取向，从而提升情报信息的功效作用。

（3）主动发现和收集情报信息的能力要求初查人员主动走得出去，情报信息收集得回来，做一个外向型的"聪明人"；而仔细分析研判情报信息的能力又要求初查人员做一个静得下心来的内向型的"聪明人"。因此，一个专家型的初查人员必须同时具备双重性格、双重能力。实践中，这种人才少之又少。我们应当努力培养不同性格、不同能力的初查人才，以组成初查小组的形式展开初查，相互弥补性格上的不足和能力上的缺失。

（二）初查人员的具体安排

初查线索有复杂、简单之分；初查工作有难易之别；初查人员的能力有强弱之差。对于不同的线索，应当根据初查人员能力的不同，结合线索的具体情况，适当遴选，合理安排。

1. 对于初查内容相对简单或者单一的个案线索，一般可以安排新进年轻侦查人员承担具体的初查工作。目的是对新进年轻侦查人员加强培养，使他们尽快地适应初查工作。从初查工作开始做起更有利于他们对案件侦查全过程的理解和认识，尽快将他们锻炼成办案骨干。根据需要，应当指定专门的侦查骨干负责针对性的指导。

2. 对于案情复杂，作为重点初查的线索，应当指定初查能力较强的侦查人员专人负责，有利于初查工作的保密，提高初查的成功率。

3. 关于长期经营的线索，可以在指定专人负责的基础上，组成初查小组，增强初查力量，提高初查效率，扩大初查效果。

4. 初查工作，每条线索在一般情况下都应当由两个侦查人员共同参与实施。在两种情况下可以例外：（1）确有必要由一个侦查人员负责实施初查活动的，比如线索长期经营的早期阶段，线索尚未成形，需要在绝对保密的情况下排摸线索。（2）确须一个侦查人员执行某项单一的初查任务时，比如到某个特定单位调取资料或者向某个特定人员了解情况等。单个侦查人员实施初查任务的，必须以确有必要为前提，并且应当事前经得侦查部门负责人或者检察长同意。在紧急情况下，应当在事后及时向侦查部门负责人或检察长汇报，以此避免违法办案和违纪现象的发生。

5. 侦查部门负责人或者检察长、分管检察长应加强对线索的督导工作，经常性地了解初查工作进展情况，具体分析研究初查活动，帮助指明初查方向和途径，排除干扰，解决初查工作存在的后顾之忧。

第二节　初查的早期阶段

线索经前期的分析、评估，制订初查预案或初查计划。经检察长批准后，才算正式进入初查程序。正式进入初查程序至线索初查取得初步成效这一时期，我们可以称为初查的早期阶段。其间的主要工作归纳如下：

一、从思路上，广泛收集情报信息

初查工作自始至终围绕收集情报信息这一核心内容展开，通过收集情报信息，完成线索向案件转化的任务。由于初查活动才刚刚开始，原始资料不多，可参考的情报信息不足。不利之处就在于情报信息收集难度较大，也正因为这一特点，使得有利之处在于将要收集的情报信息量会很大。因此，极尽所能，广泛收集情报信息是侦查人员开展初查工作的核心任务。具体做法有以下几个方面：

（一）专人负责，集中精力

专人负责既是保密工作的需要，又能使职责分明。在办案过程中，侦查人员经常会为了案件是谁办成的争论不休：有的说是我突破的；有的说是我主审的；有的说案件是领导让我主办的，从而影响了侦查部门的团结。殊不知侦查部门的办案是必须依靠集体的力量来完成的，所以最佳的策略是不考核办案成绩，只考核初查成效。谁的初查质量好，通过初查贡献的成效大，谁的成绩自然就大。长期坚持，谁的侦查能力强自然就会得到领导和广大干警的认可。专人负责还能使侦查人员静下心来、集中精力专心于既定的初查工作，不会出现精力分散、人云亦云的情况。

（二）从细微处入手，收集基础性情报信息

初查能力的强弱就体现在细微之处。有些侦查人员信心饱满，干劲十足，三下五除二就完成了初查工作，仔细一看，却无所收获。而有些侦查人员，从

收集基础性情报信息开始，从中分析、捕捉有用的情报信息。比如收集涉案单位的全员电话通信簿，从中发现可能存在的相互连贯的犯罪嫌疑人。再如通过收集涉案对象的工作履历表，从其任职期限中发现可能涉案的阶段，同时结合其他信息发现可能存在的行贿对象，等等。

（三）走出去，收集一切涉案情报信息

走出去收集情报信息和遵守工作纪律、办案纪律是一对孪生的共同体。为了防止干警违反工作纪律、办案纪律，而不让或者不提倡侦查人员走出单位大门的情况在许多检察院司空见惯。本书并不着重讨论这对矛盾体，但不走出去是否能开展初查活动是值得深思的问题。走出去是基础。现阶段，在沿海发达省份，大量外地大学生报考检察机关，他们出了门连路都不熟悉，具体的行政机关大门朝哪开都不知道，不走出去如何获得线索？关键还是在于侦查人员的阅历的积累。比如目前检察机关查处的受贿案件中，建筑商、包工头占据行贿人的比例是相当高的。而现实中，挂靠情形比比皆是，往往材料中反映的仅仅是施工员、负责人，真正的老板则隐藏在幕后。如果我们有亲戚或相当程度交往关系的朋友在建筑行业管理部门，那么获取真实底细的途径就会宽广、简便许多。早期的初查活动必须沿着广泛收集一切可以收集的情报信息这条思路进行。

（四）循序渐进，持之以恒

早期的初查活动较难，这就要求我们必须做到：一是保持急切和不躁的心态，即要有急切获取情报信息的愿望，但在工作方法上则不能操之过急，保持不急不躁、循序渐进的工作方法。二是持之以恒，勇于排除困难。有些信息散落于各处角落，如大海捞针；有些线索想得到、看不见；有些线索看得见，获取难度大，这都要求我们持之以恒，想尽办法获取。

二、在方法上，由易及难地展开

常言道：说起来容易，做起来难。如果初查线索与涉案内容指向明确，内容翔实，初查的方法就相对简单。但大部分依靠自己主动发现的线索，均是指向相对明确，而内容空洞缺乏，有时几乎为零。所以在初查早期采取的初查方法上我们必须坚持：由外及里，由远及近，以微见大，由易及难。

（一）由外及里

由外及里就是要求我们能够在外部收集的情报信息就要先从外部获取。

1. 先从辖区外同性质的部门获取。比如涉嫌滥用职权线索中的工作职责，工作流程等材料，可以先到本辖区以外相邻县、市的同性质部门了解获取。

2. 能够从上级部门获取的情报信息就尽量到上级部门获取。一是到涉案单位上级主管部门获取的情报信息，包括提供到上级主管部门存档的资料；上级部门下发的文件及指导性资料等。二是到查询部门的上级单位查询，如到省级银行查询本可以在县、市级银行查询的银行账目往来情况等，以免暴露初查行踪。三是向上级部门了解其基本信息资料等。

3. 能够从涉案单位下属部门获取的情报信息则尽量到其下属部门收集。

4. 先外后内，依次推进，在外部无法收集的情报信息时，才能到其内部收集。如果能够将内部资料调到外部查询的要努力想方设法而为之。比如：（1）商请上级主管部门调阅相关原始资料；（2）商请税务部门调阅账册凭证；（3）商请工商部门调阅企业经营情况的资料；（4）商请审计部门调阅审计资料；（5）在涉案单位外约谈相关知情人获取内部有关情况等。

（二）由远及近

由远及近与由外向内原理相同，就是要求我们先从远处着手收集情报信息，依次向核心推进，最后收集距离涉案对象较近的情报信息。此处距离不单单仅指路线距离，更主要的是应当依据"是否容易暴露初查意图"这一指数作为考量距离远近的标准。具体的方法有以下几个方面：

1. 先查询与涉案对象关系疏远的企业或相关知情人，再查询关系紧密的抑或核心朋友圈的企业或相关知情人。

2. 先查可能涉嫌行贿的外地企业或行贿人，再查本地可能涉案的企业或行贿人。优先考虑先行初查已经撤离本地的建筑企业、房地产企业和相关行贿人等。

3. 在初查行业型、系统型、区域型线索中，先行初查职务较低的涉案对象，层层推进，形成包围之势，再行初查职级较高的核心重点初查对象。

（三）由微见大

由微见大，则要求初查工作从大处着眼，从细微处着手，从点滴收集情报信息开始。无论现实有用的还是随着初查工作的深入，预见将来有用的，抑或是无用的情报信息，都要广泛而仔细地收集，以期达到情报信息量的足够积累，完成初查工作的要求。

由外及里、由远及近、由微见大的初查方法均不是单一地选择，应当相互结合，综合考量地运用于初查工作。汇总起来，体现为由易及难的指导思想、初查活动的早期阶段必须不急不躁、循序渐进、由易及难地展开。

三、在目的上，初步确定初查重点、对象

初查早期阶段开展初查活动的目的是能够初步确定初查的重点对象。换句

话说，能够初步确定初查的重点对象时，初查早期工作便可以告一段落。通过初查早期阶段的广泛收集情报信息，单一初查对象的确定早已不成问题，而行业型、系统型、区域型线索的初查重点、对象可能才刚刚浮出水面，并且存在多发性的可能。我们应当在进一步分析研判已有情报信息的基础上，根据不同的要求，划定不同的重点对象。

第一，根据职级要求，应当将最难查处的管辖内职级最高的涉案对象设定为核心的初查对象。今后的初查工作都要紧紧围绕其展开，以不查获此人就是以失败告终的标准严格规范初查工作。

第二，从犯罪的危害程度出发，将职级较高或者犯罪数额巨大、犯罪情节特别严重的涉案对象列为初查重点对象。

第三，从初查工作实际出发，将核心初查对象和重点初查对象所涉及的涉案行贿人、证人或相关知情人设为初查侧重点。

第四，从案件突破角度出发，将可能需要先行突破，为整体侦查工作顺利展开作铺垫的涉案对象设为初查的一般重点对象。

为什么初查才进行到初步确定重点对象呢？因为精彩还在后面，初查的中期阶段才是初查工作全面铺开，获取最广泛情报信息，最终促成线索向案件转化的关键阶段。随着以后初查活动的不断深入，还会涌现更多的涉案对象和相关知情人。因此，初查所涉及的重点对象应当随着初查形势的不断变化而不断加以调整和重新确定。

四、在形式上，初步框定"初查设计"

初查设计是指侦查人员在完成初查早期阶段工作，获得初步成效的基础上，根据手头已经掌握的情报信息，主动地为初查中期阶段能够获得更多更有价值的情报信息规划初查的方法和途径，明确初查方向和初查重点，进一步预测和防范可能发生的障碍，设计初查谋略，框定初查的最终范围和成效而创造性地进行初查工作的规划与设计。

初查设计不仅是对初查预案的修改与调整，而且是对早期初查阶段性工作的再总结，创造性地加以提炼和规划。它不再是初查早期阶段漫无目的地收集情报信息，而是为了中期初查工作制定主动性的进攻型初查方案。从而努力使中期初查工作做到思路明确、目标和重点明确、范围和任务明确。初查方法和手段谋略的运用更加灵活主动。

初查设计的主体是负责初查工作的侦查人员，一般应当书面进行，必要时可以商请侦查部门负责人、分管领导和检察长集体讨论，集体决定，以利于初查中期阶段的初查工作有序、健康开展。

第三节　初查的中期阶段

通过初查前期和早期两个阶段的工作，我们已经收集到一定数量的情报信息，并且经过分析、预测、设计，框定了进一步的初查方案。使得初查工作从前期和早期相对无序、无目地收集情报信息的活动，转入到有序地、有针对性地收集情报信息的初查工作中来。这一阶段可以称之为线索初查的中期阶段，是初查工作的核心阶段，其工作量占据整个初查活动的五分之三以上的时间。这一阶段的工作成效将直接决定线索初查的质量、线索初查的成败，以及最终能够取得的办案成效。

一、围绕既定目标开展针对性初查活动

初查中期阶段的首要任务就是根据初查设计所确定的重点和初查对象，开展精细化的初查工作。根据精细化初查的要求，除了进一步收集一般性规定的初查内容之外，应当着重收集以下情报信息。

（一）着重查找主体身份与造成后果之间关联性环节的情报信息

在初查活动中获取能够直接证明有犯罪事实存在的且无须犯罪嫌疑人"口供"、无须突破就能立案的实质性证据当然是初查的首要目的。但在职务犯罪侦查的实践中，这种情况是少之又少，可遇而不可求的事。我国《刑事诉讼法》关于立案的决定完全符合公安机关侦查普通刑事案件的实际情况，而恰恰忽略了职务犯罪侦查的现实。职务犯罪侦查在初查阶段，普通情况下均无法获取证明犯罪的实质性证据，只有通过突破这一环节才能获取比如"行贿人证言"、"嫌疑人口供"这些实质性证据，然后才能够立案。因此，初查的主要目的，除了力争获取实质性证据以外，绝大多数情况下，应当把初查重点和初查视角放在查找和获取主体身份与造成后果之间的关联性环节的情报信息上。这些关联性环节是职务犯罪可能存在或者可能形成的主要原因，也是立案后，形成证据链所必需的证据与证据之间关键性的连接证据。这些关联性情报信息在渎职侵权类犯罪中体现为主体身份与造成损失的直接因果关系。而在受贿犯罪中具体表现为犯罪嫌疑人与行贿人之间是否存在"权钱交易"、"利益输送"等可能。例如：

1. 土地出让是否符合国家规定，出让价格是否低于本地区市场价格；
2. 物资采购是否公平、公正，价格是否合理；
3. 项目审批是否符合有关程序，有无违规情况发生；

4. 建设项目有否公开招投标，有否围标、串标情况发生；工程质量是否保质保量；

5. 款项往来是否按照合约规定，有否提前或违规支付；

6. 行政审批是否按照国家规定，罚没款项是否减免；

……

这些"利益输送"关联环节正是产生腐败的关键环节，也是职务犯罪案件产生的根本原因。近期以来，中纪委公布的高级领导干部腐败案件无一例外地充斥着巨大的"利益链"。初查工作的重心正是要收集和获取这些关键性的关联环节的情报信息，以期增强侦查人员侦破案件的信心，最终证实职务犯罪案件确实存在。

（二）查找和收集"突破口"情报信息

收集和获取关联性环节的情报信息是为了增强破案的决心和成案的可能，而查找和收集有关突破口的情报信息，能够促进和催化案件突破的程序和途径，它是初查活动中又一项重点工作。

第一，选准突破口是关键。选准突破口能够使突破工作一蹴而就，一锤定音。选不准突破口可能使重新选择突破口成为难事，影响决策者的信心，继而影响到案件的侦破。

第二，查找尽可能多的突破口，使决策者有选择的余地。只有一个突破口，侦破成功的概率只有50%，正所谓成亦萧何败亦萧何。实践中，有些办案部门在初查中找到一两个突破口就充满信心地上阵了，出现突破不利的情况时有发现，重新调转枪口又苦于无其他突破口选择。通过初查工作的深入进行，仔细深挖多个突破口，能够使突破口选择做到游刃有余，突破成功的概率可达到100%。

（三）查找和获取排他性情报信息，堵塞办案漏洞

初查过程中，我们应当力求获取情报信息的渠道畅通，使用的方法、谋略恰当，获取的情报信息真实可靠。但是初查活动是秘密调查，而非公开侦查。所以初查的渠道不可能畅通无阻，有时过于狭窄，有时又过于畅通，有时又由于初查方法、谋略使用不太到位，都会使得获取的情报信息的真实性发生偏差。比如在实战中，曾经也发生过叫过来的行贿人与受贿嫌疑人根本就不认识的情况。为了减少和避免此类情况的发生，必须努力做到以下几个方面：

1. 总体要求是不能偏听偏信，要注意对每一条情报信息的分析研判，力求获取的情报信息真实可靠。

2. 渠道过于狭窄、单一，特别是传来情报信息，如果不加以甄别，就会

产生上述情况，如果进一步进行核查，就可以避免此类情况的发生。

3. 渠道过于畅通，不同渠道传来的情报信息有时会得出结论相反的情况，对此我们应当高度重视。辨别获取渠道的正当与否；辨别使用方法、手段是否合适；最终去伪存真，发现真相。

4. 合理预测犯罪嫌疑人在立案后的辩解可能对案件产生影响，在初查中努力收集和获取排他性情报信息，预防到侦查阶段时陷入被动状态。

5. 努力收集和获取赃款去向等情报信息，从多方位、多角度审视这些情报信息，堵塞漏洞。

二、尽情发挥发散性思维，继续扩展丰满线索内容

初查的中期阶段是初查活动中最为频繁、最为活跃的阶段。这一阶段除了紧紧围绕初查重点对象开展精细化初查以外，还应当继续传承初查早期阶段发扬的发散性思维模式，继续广泛收集其他涉案的情报信息，继续丰富初查内容，继续扩大初查范围，从而取得更大的初查效果。

第一，继续深入收集与本初查线索相关联的本行业、本系统、本区域以内的其他新的涉案情报信息。一旦发现其他重点涉案对象或者更为重要的初查对象时，应当及时调整初查力量和初查方向，促使初查工作进一步向纵深方向发展。

第二，继续广泛收集各类涉案情报信息，丰富初查内容，促使初查工作在广度上达到足以使侦查人员满意的程度。以便于最终确定初查的范围，评估和预测本线索涉案的腐败严重程度，为突破案件铺垫最佳的方案和途径。

第三，在初查工作力量的投入上，由于情报信息量的不断叠加和工作量的不断增加，初期专人负责初查的侦查力量显然已经不足，应当根据初查工作的实际情况，成立线索初查专案小组，充实初查力量。

初查中期临近结束，应当加强对情报信息的进一步分析、研判，及时总结、撰写初查终结报告。

三、阶段性总结

初查中期是初查活动开展最为活跃的阶段。通过初查前期的情报信息的初步收集工作和早期的准备工作，为初查中期阶段初查活动的全面展开打下了扎实的基础。初查中期的特点主要有以下三个方面：

第一，初查手段的大量使用，为顺利开展初查活动，收集情报信息铺平了道路。初查谋略也在这一阶段得到了充分的运用，初查活动比较顺畅进行。

第二，获取的情报信息大量汇集。初查所针对的涉案重点对象逐渐清晰明

了，大体的初查范围已经框定，为线索的初查终结奠定了扎实的基础。

第三，收集的情报信息所指向的问题已经基本查清，线索所涉及的职务犯罪严重程度已经基本掌握，为突破案件创造了良好的条件。

中期阶段的初查工作接近完成之时，也预示着初查工作即将进入扫尾阶段。根据上述特点应当适时地对初查情况作一次全面性的分析、总结。其目的在于：一是对已经收集的每一条情报信息进行深入仔细的分析、审查，从中发现可能遗漏的情报信息，以利于补充完整。二是排列出可能泄密和暴露的情报信息的目录，以利于在初查后期阶段及时补强获取。三是对线索的初查情况作全面的总结，研究制作初查终结报告，有利于为初查终结和突破案件做好充分准备。

初查的前期、早期、中期是一个不可分割的整体活动。只是依据初查活动的规律，遵照情报信息收集的难易程度，便于初查活动顺利开展的顺序所作的时间安排，没有明确的界限分隔。一般来说，在对系统型、区域型等大型线索的初查中，其阶段性初查工作会分辨得比较明显，而对一般性线索的初查则显得不太重要。有时初查的前期、早期工作可以合并，有时初查的前期、早期、中期工作可以连续进行。

第四节　初查的后期阶段

初查后期阶段的主要工作是紧紧围绕线索的主要内容，补强收集必须获取的重点情报信息资料；制作初查终结报告；研究制定线索的突破方案。

一、获取针对性强的情报信息

这是一项针对性极强的初查工作，它主要包括获取以下三个方面内容的情报信息以及相关资料或证据：

第一，预测能够对案情产生重大影响，能够左右线索发展，且在初查中期阶段以前不宜轻易获取的情报信息或线索资料。

第二，容易暴露初查意图，或造成泄密后果，且必须获取的对案情发展有重大帮助的情报信息资料。如必须到重点初查对象所在单位、部门才能获取的工程合同等资料。

第三，能够证明犯罪事实确实存在的实质性证明材料或证据。

由于初查的后期阶段已经临近线索的初查终结，即将展开突破程序，所以应当着重注意以下事项：

第一，针对性地收集必须获取的重点情报信息资料，极有可能随时暴露我们的初查意图。因此，在进行这项初查活动之前，应当先期完成初查终结报告和突破方案的制定。一旦暴露初查的行踪和初查意图，出现可能影响到线索的突破工作时，我们可以当机立断，立即启动突破程序。

第二，在先期制定的突破方案中，应当详细罗列必须获取的情报信息资料，根据每个情报信息资料获取的工作量规划好时间安排。

第三，在获取此类情报信息资料时，要求更加严格的保密制度，采取恰当的初查策略，尽一切可能掩盖我们的初查意图。

为此，初查后期针对性地收集必须获取的重点情报信息资料的工作时间必须缩短，一般控制在 10 日以内。

二、制作初查终结报告

根据规定，初查终结后应当制作《初查终结报告》。《初查终结报告》应当写明线索来源；阐明初查思路和初查过程；详细罗列初查中收集和获取的全部情报信息和相关资料；通过仔细分析和研判，框定初查范围；锁定重点涉案对象和相关利益人员或证人；充分论证犯罪事实的存在；为决策者最后下定决心和提高广大侦查人员的必胜信心打下扎实的基础，促使线索突破成案。

优秀的《初查终结报告》不仅能鼓舞士气，还能起到窥一斑而见全貌的功效，能够全面理解和体会初查活动全过程。

从思路上看，明暗两条线泾渭分明。明线就是初查活动始终坚持充分发挥发散性思维，广泛深入收集和获取一切应当收集和获取的情报信息。暗线就是初查活动紧紧围绕秘密原则进行。

从形式上看，初查活动以受理线索→初查预案→初查设计→初查终结报告→突破方案的顺序井井有条地展开。

从初查的途径上看，初查工作由浅入深，向纵深发展。受理线索（分析、评估、预测）→收集必备的情报信息（由易及难）→广泛收集和获取情报信息（改进和完善初查方案）→进一步广泛收集和获取情报信息（阶段性总结）→针对性突击收集情报信息（突破前的准备工作）→突破案件。

三、研究制定突破方案

《初查终结报告》是对整个初查活动的提炼和总结。而研究制定突破方案，其主要目的是为线索突破厘清思路，寻找线索突破的便捷途径；选准"突破口"；组织好办案力量，保证线索突破工作顺利完成。主要包括以下内容：

（一）确立突破思路：首战必胜，层层推进，扩大战果

首战必胜能够极大地调动侦查干警的办案积极性，首攻方向必须做到稳、准、狠，在最短的时间内拿下首案。

层层推进则要求突破工作有条不紊地开展，按照突破方案的步骤稳稳当当地推进，一般按前案、重点对象、核心目标的顺序步步为营，逐个突破。

扩大战果就是在核心目标突破之后，要迅速跟进，滚动深挖窝案、串案，力争取得办案的最大成效。

（二）指明突破途径：选准"突破口"

有多个"突破口"时应当多管齐下，迅速形成办案高潮。促进突破途径畅通无阻。选准"突破口"，为首次审讯提供详细的基础材料，仔细分析被审对象的详细情况，为审讯中可能出现的变化提供有针对性的应变措施。

（三）做好防范工作：综合情报信息

综合初查中所获取的情报信息，对突破、审讯中可能出现的情况做好预先防范工作。

1. 犯罪嫌疑人或者其他重要涉案对象（包括行贿人、证人等）存在潜逃隐患的，应当事先做好布控工作。有潜逃境外可能的，应当在突破时或者立案后迅速通知公安机关、边检部门和出入境管理部门，及时阻止其离境。

2. 鉴于某些涉案人员年龄偏大，身体状况欠佳等原因，应当事先预设医护人员，以免突破审讯中发生不测。

（四）配足力量：保障后勤

根据侦查部门的实际情况，配齐配足办案力量。力量不足时可以商请上级侦查部门统一调配办案力量，充分准备，不打无准备之仗，同时也要组织好后勤保障力量，以解侦查人员的后顾之忧。

第五节　突破前的准备阶段

在线索初查终结之后、突破案件之前，应当对案件的突破做好充分的准备工作。这项工作从严格意义上来讲，与初查后期阶段所做的工作是密不可分的。两个阶段在通常情况下是合二为一进行的。但是综观整个初查活动的进行，其最终目的就是突破案件，因此，突破前的准备阶段是否做的充分、全面显得尤为重要，故将准备工作另起一节加以详细阐述。

一、突击收集极易暴露初查意图的证明性材料

秘密原则贯彻于整个初查工作的始末。为了保密的需要，在初查活动中，必须坚守越易暴露初查意图的情报信息、至关重要的证明性材料和实质性证据，就越往后获取这一原则。既然是收集极易暴露初查意图抑或是必然暴露初查意图的证明性材料，这一阶段的工作必须迅速完成。这些证明性材料包括：一是极易暴露抑或必然暴露初查意图的证明性材料。比如查扣行贿单位账册或行贿记录；查扣贪污案件中的涉案"小金库"账册；查扣滥用职权案件中的关键性定性资料等。二是极易暴露抑或必然暴露初查意图的实质性证据。比如查扣受贿物品；获取不需要嫌疑人口供就能直接定性的"零口供"案件的关键性证据等。

在突击收集这类证明性材料时，应当做到以下几方面：

第一，必须坚持同步收集、同步突破的原则。事前做好充分的准备工作，一旦此类证明性材料获取完成后，及时启动突破程序。或者在获取此类证明性材料的过程中，侦查意图暴露，发生可能影响突破工作的情况时，必须立即启动突破程序。

第二，对于在暴露初查意图后，有充分把握及时获取串供、毁灭证据等再生证据的情况下，应当事前做好充分准备，并周密布置。一旦获取再生证据或者获取再生证据的时机消灭后即刻采取必要措施，随时启动突破程序。采取这一措施务必慎之又慎，严格把握间隔时间，一般以 1 天至 2 天为宜，最长绝不能超过 3 天，以免对办案工作带来不必要的影响或者严重后果。

第三，必要时，为了避免不必要的麻烦，在获取此类证明性材料之前就应当先行立案，或者先行启动突破程序，使得获取此类证明性材料的途径来得更为方便快捷。

第四，突破前的准备阶段所做的初查工作是与突破工作的开展紧密相连、环环相扣的，也与审讯工作和立案以后的前期工作有着千丝万缕的联系。鉴于职务犯罪侦查工作中立案时间存在 1 天至数天的真空待定这一独有的状态，获取此类证明性材料的时机也可以选择在突破或者首次审讯的同期，同步取证、同步搜查中获得。

二、调整完善突破方案

初查的过程，是一个千变万化的过程。一份初查资料，或者一个情报信息都会给指挥人员的决策带来瞬息万变的影响。通过初查后期收集和获取具有极强针对性的情报信息和突击收集极易暴露初查意图的证明性材料之后，肯定会

给突破工作提供强有力的辅助性影响。因此，适时地调整和完善突破方案非常重要，将为突破工作带来非常有益的帮助。

同时，结合突破前的动员会议，让参战的侦查人员尽快熟悉初查材料，分析研究审讯对象的基本情况，预先准备好审讯提纲，为首次审讯和突破工作的顺利开展奠定厚实的实践支撑。

三、积极动员，全面熟悉初查材料

启动案件突破程序前，适时召开动员会议，对积极推进案件突破工作的顺利开展有着良好的实际效果，是突破案件的一种行之有效的办法。这不仅能够提高侦查人员参与办案的积极性，鼓舞广大侦查人员的参战斗志，增强参战人员办案的勇气和信心。同时，便于参战人员提前熟悉初查材料，掌握初查情况。首先，明确各自的职责和任务。除了指挥人员和初查骨干必须全面掌握初查情况，熟练掌握全部初查材料之外，其他人员则是相对了解初查情况，熟悉掌握与自己有关的突破工作的部分初查材料。其次，明确每个人的工作职责，调动参战人员相互竞争的主动性，以利于及时、尽快地完成动员会议下达的目标任务。

召开动员会议有助于进一步强调办案纪律，确保突破工作安全运作。首先，强调保密纪律。控制知情面，个人只对自己所承担的突破工作负责。深入分析研究自己所需要的初查材料，对于必须严格保密的事项或者初查内容，要尽可能缩小知情面，可以采取单独布置任务和单独熟悉相关初查内容的方法，个别单独进行。其次，坚持办案纪律。强调一切行动听指挥，尤其是在大兵团作战的情况下，一切行动听指挥是突破工作首要的纪律保障。再次，进一步强调依法、文明、安全办案，确保突破工作顺利进行，避免办案中意外事件的发生。最后，提供强有力的后勤保障，为参战人员解除后顾之忧。

第六节　突发性线索处置

突发性线索是指在日常工作或者侦查过程中，由于犯罪嫌疑人自首、逃跑或者发案单位移送等情况的发生，而必须立即判断是否应当立案的线索。也可称之为突发性案件。但由于它是在立案前发生的，故称之为突发性线索为宜。对待这种情况的发生，我们是要重新进入初查程序，还是决定立案，这要根据案件发生时的具体情况区别对待，慎重处置。

一、犯罪嫌疑人主动投案自首的情形

如果犯罪嫌疑人在毫无预兆的前提下主动投案自首,坦白交代其犯罪事实的,我们可以同步进行初查。待初步获取其犯罪证据后,先予立案,不再进入复杂的初查程序。是否对其采取强制措施,视其犯罪数额、犯罪情节的具体情况而定。如果犯罪数额巨大,犯罪情节严重的,应当给予刑事拘留。如果犯罪数额较大,犯罪情节不太严重的,可以采取取保候审的强制措施。如果犯罪数额较小,犯罪情节较轻的甚至可以不予采取强制措施,科学运用刑事司法政策。

二、犯罪嫌疑人迫于压力投案自首的情形

在侦查过程中,犯罪嫌疑人迫于压力投案自首的,应当分析判明其投案动机和交代态度,视情况予以处置。

如果其自首后能够主动坦白交代其犯罪事实,且认罪态度较好的,一般情况下的处置方法与前述处置方法相同。

如果是在初查或查办行业型、系统型、区域型案件的过程中,为了初查或侦查工作的整体需要,不过早打草惊蛇,可以先将此案搁置一边,或仅采取取保候审的强制措施,对外宣称尚未投案自首,严格保密自首实情,以免打乱初查或侦查步骤,影响到整个初查或侦查工作的有序展开。

如果犯罪嫌疑人自首时交代态度较差,瞒三藏四、避重就轻、无理狡辩的,我们经初步核实能够证明其构成犯罪的,应当立即立案,对其加强审讯,以表明我们办案的决心和体现法律的严肃性,也无须再进入初查程序。

如果犯罪嫌疑人"假自首"的,可以先采取稳住他的策略,若无其事地放他回去,然后将其列为初查的重点,予以重点关注,待时机成熟,务必将其绳之以法。比如教师出身的某局局长在得知检察机关在查他的问题后,于深夜11点要求到检察机关找检察长说明情况。检察院做了接待自首的充分准备后,检察长于深夜11点准时在办公室接待了他。该局长到了以后,他拉东扯西、云里雾里、不知所云,直至第二天凌晨2点也无自首交代问题的丝毫诚意。名为自首,实为打听案情。于是检察长耐心地劝其回家。由于在初查中,检察机关已经掌握了其收受贿赂的大量初查材料,第二天下午就将其传唤到位,不费吹灰之力地突破了这起要案。

三、犯罪嫌疑人犯罪后潜逃的情形

对犯罪嫌疑人犯罪后携款潜逃的,或者迫于检察机关查处窝案、串案的压

力畏罪潜逃的，检察机关应当当机立断，先予立案。一边组织力量，迅速收集犯罪证据；一边迅速商请公安机关组织力量执行追逃行动，且务必将其抓捕归案、绳之以法，充分体现法律的强大威慑力。

四、单位移送犯罪材料的情形

单位移送犯罪材料的，应当视材料的证明力分别对待。检察机关经过审核后，认为移送的材料能够充分证明有犯罪事实存在的，应当立案，且立即开展突破工作。如果移送的材料不够翔实时，应当严格保密，并迅速转入初查程序，尽最大的努力，在最短的时间内获取足以证明犯罪事实存在的证据后再行启动突破程序。

五、案件突破时发现新的案件线索的情形

在案件突破、滚动深挖过程中发现新的案件线索时，要根据不同情况采取不同的处置方法。

新发现的涉案对象未在初查中涉及过的，原则上应当进入初查程序。需要即时突破时，也应当注意甄别新发现证据材料的真伪和可信程度，并做适当的初查工作，以利于突破工作的顺利进行。比如，行贿人在审讯中交代了向 A（初查中主要对象）行贿的犯罪事实后，又交代了向 B（初查中另一重点对象）和 C（初查中未涉及）的重大行贿事实。原则上 B 可以直接进入突破程序，对 C 的突破应当先行甄别行贿人交代材料的真实性，并做适当初查工作。在实践中，有时头脑不够冷静，往往将犯罪情节比较严重的 C 先行突破，在以下两种情况下会严重影响到审讯、突破工作的进行。第一种情形就是行贿人交代的犯罪事实如果是虚假的，对 C 的突破将可能成为泡影。第二种情况是行贿人交代的犯罪事实虽然是真的，但嫌疑人 C 的抗审能力特强。在这种情况下，我们又没有其他初查材料作为铺垫，往往会把案件做成"夹生饭"，使侦查工作陷入僵局。因此，无论在什么情况下，对 C 进行适当的补充初查，都是有百益而无一害的事情，是必须做的准备工作。结合正在侦查的案件，对 C 的补充初查时间一般可以掌握在 3 天至 10 天。

六、其他情形

在初查过程中，如果发现初查对象有企图自杀、逃跑或者毁灭证据、串供可能的紧急情况下，可以依法先行采取刑事拘留的强制措施，但同时应当做出立案决定，保证采取强制措施的合法性。

第五章　初查的方法

方法是指为了获得某种东西或者达到某种目的而采取的手段与行为方式。初查的方法是指在初查活动中，为了收集和获取涉案的情报信息或者最终达到既定的初查目的，完成初查任务所采取的行之有效的办法和手段。初查的方法是多种多样的，在初查中，它既包含了法定的初查方法，也包括了初查活动中所采取的各种具体的办法、手段，还包括初查谋略的运用等。下面就各种方法的使用作详细的阐述。

第一节　初查的法定方法

关于初查的方法，《诉讼规则（试行）》第 173 条列举了相关措施。这些措施不具有强制性，不得限制初查对象的人身权利和财产权利。概括起来，有以下几种。

一、向有关部门调取资料

（一）公安机关

公安机关由于其自身的办案需要和巨大的科技信息投入，其数据库中所包含的信息是相当可观和丰富的。侦查人员可以了解到初查对象及其家庭成员的户籍信息（身份证号码）、婚姻状况、住宿情况、是否受过刑事处罚、有无出入境、车辆持有及买卖记录、车辆行驶状况、有关通讯联络号码、暂住地址等情报信息和资料。

作用：依据同户人员的信息，可以知晓其是否还有分户的家庭成员或者住房；依据其住宿情况可以判断出其一定的活动轨迹和私生活是否检点，从开房记录大致可以判断其是否拥有情人；从其住址或者暂住地可以知晓有关手机的基站代码，与其通讯记录比较可以知晓其现在实际的住处；分析出入境护照便可以知晓其是否拥有英文名等。

（二）党委

党委主要是纪委和组织部门等，侦查人员从这些单位可以清晰地收集和获取有关人员的出生地、个人履历、职务任免、近亲属及主要社会关系、个人生活重大事项（婚姻状况、子女出国及就业、婚姻状况、出国、购房等）、有无上缴贵重财物、奖惩情况等情报信息和资料。

作用：可以具体了解初查对象的职权范围和工作状况，特定关系人和亲密人员的具体名字和职业等，为之后的扩大初查对象范围做好及时准备；主要的社会背景及可能的社交圈，出入境的具体状况及何种原因出国，有可能的话还会有同行人员的具体情况；基本的家庭收入状况，判断其为人的诚实可信度；从其上缴财物情况分析其人可能的职务廉洁状况等。

（三）边检部门

相比较于公安机关的出入境管理部门，边检部门对于有关人员的出入境记录的资料更为齐全。只要提供准确的身份信息，便会得到具体的出入境地点、时间及航班记录等情报信息。有必要的话，可以进一步通过相关航空公司的查询，得知该航班内乘客的具体身份信息，从中收集与初查对象经常出国的人员信息；也可以通过对不同人员的出入境记录进行比对，从中发现共同出国人员名单。实践中，有些人员会提前或推迟几天与初查对象在国外会合。

作用：可以知晓初查对象招商引资、旅游度假等必要信息，从中发现与初查对象关系密切的涉案人员。实际情况证明，某些官员与商人之间的关系在国外几天时间的"感情"激增胜于国内几年，可能会产生外币之间的往来。如果初查对象经常出入中国澳门等赌博场所，则更加说明初查对象可能涉及经济问题等。

（四）工商部门

工商部门的信息库中保留着最为详细的有关公司企业或者个体工商户的资料，包括正在经营的，已歇业或注销的。如公司企业或者个体工商户的开立，股东和股份情况，注册资本，实际资金投入，经营状况，住址，经营范围；公司企业或者个体工商户负责人身份及经历，财务人员名单和通讯号码，年检资料（其中包括一定的财务报表资料等），各种经营要素的变更（尤其是经营范围，负责人名字，股东和股份，注册资本等变化更为关键）等情报信息和资料。

作用：通过企业名称查询（精确和模糊查询并用的方式），获知前述需要的工商资料，了解公司企业或者个体工商户的基本情况。从注册资金量分析判断企业有无虚报或者抽逃注册资本，从年检资料中分析有无可能偷漏相关税收，从负责人和股东情况分析实际的负责人或者藏在幕后可能的实际股东等情报信息和资料。通过提供有关人员的身份信息，可以知晓相关人员是否还开办有其他公司企业（包括正在经营的，已歇业或注销的），是否还作为其他公司企业的自然人股东存在，从而分析整理出涉案人员在某区域内大致清晰的经商情况。

（五）建设部门

建设部门一般下属四大系统：住房保障系统，主要负责房产登记、预售，转让，房产资料保管，保障房的建设，公有房屋的维护等；市政园林系统，主要负责市政工程的质量管理，市政公司资质和人员的管理，园林绿化的管理和建设，城市乡镇的环卫保洁卫生等；建设管理系统，主要负责建筑企业资质和人员的管理，建设工程的质量和安全，建设工程的评比，建设工程招投标的管理等；城市规划系统，主要负责城市及乡镇的建设规划的制定和调整等，当然还有许多其他工作就不一一列举。

总之，对于初查工作而言，建设部门是一个经常需要调取相关资料的部门，实践中我们大致可以获取以下情报信息资料。

1. 房产资料。通过输入相关人员的姓名和身份证号码，可以获取相关的房产买卖、预售时间、保障房的申请和获取等资料。

2. 相关的市政工程建设资料。如建设项目、项目经理（注意：项目经理经常不是直接的项目负责人或承包者，真正的幕后老板通常情况下市政园林局分管工程质量的同志会知晓）、项目金额等；市政企业资质的办理和等级发放、是否具有市政园林建造师资格、市政工程质量评比状况、环卫设备的采购及建设的相关资料等。

3. 在建管部门，可以获取建设工程建设资料。如建设项目（房建，钢结构，幕墙，装潢，消防，水电，勘察，设计，检测等）、项目经理（注意：有时同样不是直接的项目负责人或承包人，真正的幕后老板一般情况下建管局分管工程质量的同志会知晓）、项目金额等；建设公司资质的办理和等级、是否具有建设工程建造师资格、建设项目工程质量评比状况、项目招投标的有关情况等。

4. 在规划部门，可以获取相关地区整体的规划布局资料、相关项目的建设面积和容积率以及日后所作相应调整等资料。

作用：可以获知初查对象的房产情况。涉案人员参与市政房建等建设项目的基本概况，是否具有资格施工（以确定是否构成无证或非法经营），是否存在违规审批、违规操作等情况。通过向建设部门有关同志的询问，对具体的或者真实的项目经理个人情况也可有相当程度知晓：如手机号码、车辆、住址、业余喜好及以哪些公司名义承建过的工程（进一步判定是否存在串标和围标行为）等情报信息。

（六）交通部门

交通部门主要分为航管、公管、运管、工程质量安全监督等部门。通常侦查人员在此可以获取相关公司在交通条线上是否承建过航道、道路、桥梁养护，交通设施和设备，监理、设计等工程相关的情报信息；具体的项目经理（实际的老板一般交通质量监督站的同志会比较清楚，再比如较大的交通工程一般都存在专业性分包的情况，专业分包人的情况虽然没有登记，但是他们通常也会清楚），是否具有从业的公司资质和资格；具体运输路线的实际承包人；出租车牌照数量的制定以及拍卖和发放；公路运输处罚情况，如无证经营，超载超限等情况；具体交通工程的质量状况、评比获奖情况；交通工程招投标政策的具体制定；交通公司具体资质的申请、批准和升级等情报信息和资料。

作用：从中我们可以发现初查对象从事交通业务的基本状况；一定区域内交通工程公司的概况以及从事工程人员的大致背景，联系方式和住址等；是否从事无证违规经营，是否存在挂靠资质串标围标，是否有质量安全事故发生等情报信息。

（七）税务部门

税务部门对于侦查人员来说，接触最多的是征管、稽查机构。从征管部门可以了解到相关公司企业或者个人的经营状况、经营规模和交纳税款情况。从稽查部门我们可以了解到相关公司企业或者个人是否接受过税务稽查，是否因偷漏税款被税务机关进行过行政处罚，以及相关的财务资料中反映的生产成本、经营和财务费用等是否合理等情报信息和资料。

作用：侦查人员可以对涉案单位或者个人的诚信状况有些基本掌握，对其经营状况也能做到心中有数，如诚信有污点，则考虑将来正式接触时是否以此作为施压的筹码。在初查过程中，侦查人员对于涉案公司企业相关资料的调取有时还可以商请税务稽查部门协助进行，尽量避免过早地暴露侦查意图，达到隐蔽初查的目的。

（八）审计部门

审计部门对于侦查部门进行职务犯罪的初查工作是相当重要的，现今审计部门都会对领导干部或国有投资的公司进行不定期的审计，以适应党风廉政监督的要求。一般的审计报告通常包括该部门或公司的财务收支状况、具体的流向、相关经营业务单位的名称地址、业务量的次数和金额等。如果联系到具体的审计人员，还会了解到有资金来往的相关单位负责人或者业务员姓名、联系方式等，以及一些在审计报告中可能因某些原因不便直接写入的敏感内容，如财务违规违法现象等。

作用：可以深入地了解某部门和公司的经营运作状况，大致推测出初查对象与哪些人员保持着密切的交往，有无发生财务上的违规违法现象，如私分国有资产、私设小金库、挪用公款、滥发福利奖金、乱收费、乱罚款等。

（九）土管部门

侦查人员在土管部门可以了解到相关土地的收储、登记、转让、买卖、变更、土地款的交纳等基本情况。如土地使用人，使用土地的性质及其变化原因；土地拍卖及成交情况，土地测绘，土地评估和价格等；矿产资源的管理和使用监督，矿产资源以及权属及其变化等；土地违法及处罚情况等情报信息。

作用：可以比较清楚地知晓围绕着土地使用权而产生的价格、性质、权利人、买卖等基本情况，判断出是否存在不合理的现象以及矿产资源开采权的使用过程中的权利人及各种变化，对于查处涉及土地交易中的职务犯罪有着重大影响。

（十）民政和档案部门

侦查人员在民政和档案部门可以清晰地了解初查对象本人的婚姻状况及其变化，全面的个人履历和社会关系（近亲属）；非营利组织机构和社会团体的基本概况。

作用：司法实践中围绕着初查对象主要关系密切者的调查显得越来越重要。尤其是在纪委和组织部门本人填写不够全面的情况下，民政和档案部门能够提供这方面最为详尽的资料。而且司法实践中出现了某些非营利组织和团体为主的中介机构越来越多地参与到经济活动中，也经常会涉及职务犯罪，对于在工商部门无法得到的信息，民政部门无疑提供了合适渠道。

（十一）公共资源交易中心（招投标中心）

目前政府设立的公共资源交易中心（招投标中心）涉及了绝大部分的政府办公用品的采购招标，交通、市政、建设、绿化、航道等工程招投标，以及各种产权交易，药品采购，土地交易等基本情况，对于这些交易的价格、参与人、评委及程序、方案的制定，评分情况都能掌握原始的资料。但司法实践中，侦查人员在初查中直接去公共资源交易中心（招投标中心）调取有关资料，很容易打草惊蛇，暴露真实的初查意图。因此，建议遇到此类情况时，最好以检察机关预防部门的名义出现或者商请纪委或者其他部门的合作，以分类或者分年的方式进行大规模调取较为妥当。如果在公共资源交易中心（招投标中心）内部有较为可靠的人士帮助，则能了解到许多在招投标环节中的一些黑幕，如串标、围标、威胁组织他人竞标、不正当设置准入门槛、通风报信泄露招投标机密等情报信息。

作用：掌握招投标过程中容易发生不正常现象的关键节点，分析是否可能会发生职务犯罪的概率。在今后的侦查活动中，对于串标，围标，擅自联系、收买评委，泄露评标内容等情况做到心中有数，为日后在进行询问或者讯问过程中增加重要砝码。如收集涉案行贿人或重要知情人员涉嫌串通招投标罪，泄露国家秘密罪，串通拍卖进行商业贿赂等情报信息。

（十二）其他部门

侦查人员在初查过程中需要联系的部门是相当多的，主要是依据案件线索反映内容的不同，根据证实职务犯罪事实是否可能存在的特定需要，因人因事、因地因情而随时变化。如初查中涉及在企业技改、科技补贴中弄虚作假，骗取国家政府补贴的，就需要到经信委和科技局或者发改委等相关部门，物色相对可靠人士调取相关资料；如初查中涉及农业条线上骗取国家种粮、农机、特色农业，农业能源等补贴，农资销售等环节的经济问题，就需要到农业部门寻找相对可靠人士调取相关资料；如需要了解反映水利综合评价、水利设计、建设、监理、水利公司相关资质的申请、发放和升级等方面的腐败现象，则需要在公共资源交易中心（招投标中心）或者水利系统寻找相对可靠人士调取相关资料；如需了解在环保条线上环境评估、环保工程的质量验收、排污总量的申请和批准、环境污染事故的处理等环节的经济问题，就需要到环保部门找寻相对可靠人士调取相关资料。凡此种种，本章根本不能全部罗列其中，关键在于必须围绕着犯罪构成的要件去分析和研判，在不暴露真实的初查意图的情况下，寻找到最佳的部门或者相关责任人员获取侦查人员所需的资料。必须坚信，再难的锁也总有一把钥匙能够打开。

二、查询

（一）银行、证券、保险等金融机构的查询

1. 司法实践中，对初查对象及涉案人员在银行的资产、资金动态进行充分的查询是初查活动中的重要工作内容。

一般情况下，侦查人员需要先将被查询人员的身份证号码（新、旧身份证号码）整理归类，制作成不同的人员清单。如果当地的人民银行或银监部门允许进行预先查询，就能查询到初查对象在一定区域内开户或销户的情况以及账户的代码、个人贷款及信用情况等。如果不允许的话，侦查人员只能将本地区所有银行分类分区域进行划分，实行专人负责原则，分别去各自负责的银行进行查询。通常可以查询到以下内容：根据初查需要，查询一定时间内的被查询人员在该银行所有的本、外币活定期存款及其交易流水记录，本、外币信用卡交易流水记录（包含正在使用的或者已经销户的账号），是否有银行保险箱服务，购买理财产品情况等。

通过查询，通常银行会给侦查部门一份清单，内容基本涵括了被查询人员活、定期存款和信用卡的余额和交易流水以及清单中所反映的银行操作员代码（可追查到具体的银行临柜人员），交易银行机构组织代码（可追查到实际的交易网点所在行），现金、转账交易、批量交易等交易金额，是否有银证转账交易，是否有 ATM 机或 POS 机或者网上交易记录，是否拥有列入余额宝等网上账户，是否开通网上银行交易，是否具有区域外银行账号（银行一般只提供本区域内的交易明细，对于区域外的只能提供账户），是否购买过理财产品，是否拥有银行保险箱等。

2. 现今社会公民对股票证券方面的投资已经相当普遍，初查中在此领域的查询也是对初查对象和涉案人员的资产了解必不可少的程序。

通常侦查人员只要将有关人员准确的身份证号码（新、旧身份证号码）提供给本区域内某家大型的证券公司，一般都能查询到相关人员是否开立过股票账户、在什么地方的哪家证券公司开立的账户，然后再循此信息，到相应的证券公司进行查询。通常情况下只能查询到初查对象和有关人员开立股票账户的基本情况，交易情况。如资金进出状况，买卖股票的品种，交易的地点（证券公司内还是网上交易、大厅交易还是电话指令交易），股票现今的价值金额，盈利或者亏损的情况以及是否是本人亲自操作交易等。如果确实必须严格保密，在当地证券公司查询不到的，则可以去上海证券交易所或者深圳证券交易所有关查询部门进行股票开户和交易的查询。这种查询方法的缺点在于只能反映在他们各自交易所上市公司的股票购买和交易情况，不能完全反映全貌。

3. 鉴于目前公民对人身保险方面的投资也越来越普遍的现状，侦查人员也必须将保险业务，尤其是对人身保险的查询纳入视野之中。

基本的程序就是将有关人员准确的身份证号码（新、旧身份证号码）提供给本区域内的各家人身财产保险公司，以判明被初查的相关人员是否进行过人身财产方面的投资。如保险人、被保险人、受益人的具体情况、具体的险种、保险金额、期限、持续时间、缴款方式、是否支取等。这些情报信息的获得，都将对摸清初查对象的资产大有益处。

目前个人进行期货方面的投资还是比较稀少的，即使有的话也是通过公司或者机构的名义出现，因此这方面的查询在此就不加详述，具体情况应综合各方面的材料进行分析和判断。如果确有必要，再进行此方面的查询工作。

（二）通信方面的查询

现今社会，电话、手机已经成为人们日常工作生活中的必需品，任何一个人想要完全与现代通信产品绝缘已几乎成为不可能。通信内容涵盖着人们工作、生活、学习等方面面的情报信息，同时也包含了各种各样可能存在的涉嫌违纪、犯罪的情报信息。在初查活动中，虽然法律明文规定不得使用技术侦查的手段，但是，对于一般通讯的查询仍然是侦查人员开展初查活动的重头戏。

通信分为固定电话和移动电话。固定电话分为电信和铁通公司等。移动电话有电信、移动、联通、铁通等公司。只要侦查人员提供准确的身份证号码（新、旧身份证号码），上述公司都会将相应的通话清单以及机主资料等交给侦查部门。内容基本包括：在相关公司是否拥有固定或者移动电话，一定时间内相应固定电话或者移动电话的通话记录，是否拥有宽带或者无线网络服务，是否经常使用 QQ、微信、飞信等通信形式，是否经常收、发短信等。这些内容今后都将为初查工作提供有价值的情报信息。比如，通信号码所有人的主要社会关系、主要关系密切人、活动轨迹、兴趣爱好等。通过收集以上情报信息，还可以继续延伸查询，发现更多的涉案对象和利益相关知情人员，从而促进线索的滚动发展。

鉴于基层检察院管辖区域的特殊性，查询工作中不时地会发生泄露初查行踪甚至泄露初查目标的现象，这是由于基层院管辖区域相对狭小，国家工作人员"人头熟"、交际圈较广等因素造成的。为了尽可能避免此类情况的发生，在查询工作实际操作过程中，侦查部门可以采取集中查询的方法，将初查工作中需要查询的内容集中起来统一查询，以对多人同时查询的方法，掩盖初查的重点目标。比如，将需要进行银行查询的 5 名至 6 名初查对象的内容集中到银行查询，即使被初查对象发现，也会分散其注意力，造成不知其中深浅的假象。

查询和调取资料虽然是法律规定的初查中允许采用的两种不同的方法。它们既有各自的用途和侧重，同时又相互联系，密不可分。到部门调取资料时，首先就离不开查询工作。而查询有关情报信息后，对相关重要结论资料又存在着调取资料的需要。

三、走访、询问知情人

初查工作的重心一般是以查询、调取资料的方法收集和获取文字形式存在的情报信息为主，这是"初查必须秘密进行"、"一般不得接触初查对象"这两条法律规定所限制的结果。文字形式的情报信息固然重要，但是言词形式的情报信息也同等重要，这是不言自明的事实。限于初查的规定，在初查中收集和获取言词形式的情报信息只有走访和询问两种方法。

走访是指前往访问或者拜访。它没有固定的走访对象，走访目标也是不明确的。通常是经过大范围的摸索从中发现和收集涉案的、言词类情报信息。走访所收集和获取的言词类情报信息虽然有时也可以用笔录的形式加以固定，但其不具备《刑事诉讼法》意义上的证据要求，不能直接作为证据使用，只有在立案后进行转化才能作为证据使用。

而询问则不同。从严格意义上讲，询问是《刑事诉讼法》规定的询问证人的专用方法，是在立案后的侦查程序中使用。而《刑诉规则》却赋予检察机关在初查过程中享有询问的权力。当然，要注意到初查中的询问不同于立案侦查中的询问，其不能限制人身权利。

采取走访还是询问的方式主要取决于所接触的不同对象。

走访是一般性的访问，走访对象主要是初查对象的同事、邻居、朋友等熟悉人员，访问的内容一般都不会涉及初查对象可能涉及的犯罪事实或者犯罪情节。通过他们一般都是收集与初查对象有关的工作职责、经历、职权范围、生活习惯、业务爱好、家庭情况、收入财产情况、反常现象等情报信息。走访的形式又具有不确实性。有时走访对象在访谈中处于目的性不明的状况。如在与初查对象的同事访谈中，侦查人员可以不告知访谈目的，在闲聊中有意无意地了解初查对象所在单位的情况和初查对象本人的有关情况。走访工作有时可以随时随地地在任何适当的场合下进行。比如在朋友聚会时，遇到既与初查对象熟悉又与侦查人员认识的访谈对象时，就可以通过聊天而获知侦查人员想获知的某些情报信息。走访更多的时候体现为漫无目的性，就如公安机关刑事侦查中的走访相似，为了寻找目击证人而多方打听、多方了解相关人员，以期寻找到真正知道犯罪事实或者某些犯罪情节的证人、利益相关知情人、行贿人。从广义上讲，在街头巷尾随意听到的交谈中涉及的涉案情报信息也应当归入走访的内容。

《诉讼规则》中规定走访的对象是知情人，然而并没有对知情人作出界定。侦查实践表明，此类知情人与询问对象所指的知情人有本质的区别，起码在知情的程度上存在天壤之别。《诉讼规则》中所指的询问对象指向的知情人才是真正意义上知道犯罪事实或者知道某些犯罪情节的知情人。侦查工作实践操作中，侦查部门往往将这类询问知情人的工作放置在立案前的线索突破阶段。由于突破程序穿插于立案的前后，立案时间又有适当的伸缩余地，所以立案前的询问知情人（包括询问利益相关知情人或询问行贿人）自然就转化成了立案后的询问证人（包括利益相关知情人和行贿人），从而回避了立法中并没有规定的突破程序的存在，符合了初查中一般不得轻易接触初查对象、在初查中获取证明有犯罪事实存在的证据而应当立案的规定。

走访和询问是初查工作中的重要方法之一，它所取得的言词类情报信息不仅能支撑文字材料信息的真伪，也为初查工作的深入开展指明方向。两大类情报信息的紧密结合，综合分析，最终为得出正确的初查结论打下扎实的基础。

四、勘验、检查和鉴定

《刑诉规则》第173条规定，在初查过程中可以采取询问、查询、勘验、检查、鉴定、调取证据材料等不限制初查对象人身、财产权利的措施。

勘验、检查是指侦查人员对于与犯罪有关的场所、物品、尸体、人身进行勘查和检验的一种侦查行为。勘验和检查的性质是相同的，只是对象有所不同。勘验的对象是现场、物品和尸体，而检查的对象是现场、物品和人身。

勘验、检查等方法的使用，一般在渎职侵权类职务犯罪线索的初查中较为常见。通过现场勘验、尸体勘验等方法，侦查人员能够更好地厘清事实，证实反映的职务犯罪事实是否存在，以及该职务犯罪后果的造成与初查对象之间是否存在因果关系。

勘验、检查的方法在贪污贿赂类职务犯罪线索的初查中则极少使用。确有必要时，可以对初查对象或涉案人员经手的财务资料、档案进行勘验、检查；可以对贿赂犯罪的行贿地点进行确认等。

鉴定是指司法机关为了解决刑事办案中某些专门性问题，指派或聘请具有专门知识的人运用科学技术手段对这些问题进行鉴别、判断。刑事鉴定的种类繁多，渎职侵权类线索中的初查经常会使用刑事技术鉴定，贪污类线索初查中经常会涉及司法会计鉴定。确有必要时，对于物证、书证、痕迹的鉴定等鉴定方法也经常出现在职务犯罪初查活动中。

第二节　初查的实践方法

初查的实践方法是多种多样、数不胜数的。对待每一件事情，解决每一个问题，所采取的手段和方法都是各不相同的。在初查活动中，针对收集和获取情报信息的前后实际情况的不同，肯定会采取不同的方法和手段。为了提高初查的成效和水平，结合初查活动中收集获取情报信息与分析研判情报信息，遵循初查实践中的初查规律，总结以下一些具体实用的方法和手段，以供参考。

一、收集和获取情报信息

根据各种方法的不同特点和取得成果的大小，收集情报信息方面的初查方法又可以分为常用的基本方法和不常用的特殊方法两种。

（一）基本方法

1. 既定目标追查法

针对初查中的涉案对象直接展开初查活动是侦查人员的第一反应，是最直接、最简单的初查方法。其初查要领也容易掌握，只要紧盯初查对象不放，方向正确，目标正确，穷追不舍，总能够把初查中想要弄清的问题、事实查清楚。

既定目标追查方法简单易学，如果只有一个目标，就紧盯这个目标追踪不放；如果有多个涉案对象时，则可以分别就各个目标，逐个地加以查明；如果在查处一个目标中涉及多项涉案的事实，确定为多个目标逐一加以查明。

2. 情报信息联想法

初查活动都是围绕收集和获取情报信息展开。就情报信息而言，其反映的内容有时是单一地指向某个具体事实，有时又不确定地指向多个可能存在的涉案事实。比如群众举报某业务员甲存在向某医院药剂科主任王某行贿的事实。这一情报信息的内涵仅单一地指向王某一个对象，通过侦查人员的分析研判，不难得出这样的结论：这一情报信息的内涵是否仅仅单一地指向王某呢？是否在该院还存在向张某、李某行贿的可能呢？再从这一情报信息外延分析、联想：业务员甲有无可能在本市其他医院从事药品经营活动，是否存在向其他医院的医务人员行贿的可能呢？从侦查实践来看，这种联想完全是现实、实际的，也使初查活动取得了丰硕的成果。

情报信息联想的初查方法既实用又符合初查实际，它要求我们不能就情报而获取情报，不能就信息而单一地获取信息。而是要求我们在仔细分析现有的情报信息的基础上，深入挖掘其内涵价值和外延指向价值，用情报信息的多面指导性引领初查工作向前发展。情报指向哪，我们就查到哪；信息涉及什么地方，我们就初查到什么地方，始终坚持情报信息引领初查活动的开展。

情报信息联想总体上包含三层意义：一是情报信息的内在指向；二是情报信息的外延引领；三是双重、多重情报通过其内在的关联性集中指向某一事实或某一涉案对象。比如说第一份情报信息证实了某国家机关工作人员有滥用职权的行为，这份情报信息也内在指向其可能涉嫌受贿犯罪；第二份情报信息是群众反映其有包养情人的事实；第三份情报信息是有材料证明其财产情况明显超过合法收入，这份情报信息一方面进一步指向其可能涉嫌受贿犯罪，另一方面这份情报信息外延引领证明可能存在多名涉案行贿人，可以进一步拓展更多的受贿嫌疑人；第四份情报信息客观反映可能存在多名行贿人，这份情报信息进一步指向其内在的含量，证明其可能涉嫌贿赂犯罪。通过以上四项情报信息的综合连接，说明该国家机关工作人员已存在重大受贿嫌疑，从而达到初查的目的。不仅查明了该国家机关工作人员存在涉案嫌疑的可能，而且使线索的外延得到了进一步的拓展。

3. 比较对照借鉴法

初查中，收集和获取情报信息不可能按部就班，依次进行，往往呈现为多种情报信息蜂拥而至，或者几个情报信息零星降临。无论是哪种情况，情报信息的指向性都错综复杂。有的相互关联紧密，有的相互关联存在不确定因素，有的相互之间又没有实质的内在关联性，这就要求侦查人员做到以下三个方面：

（1）加强对情报信息的分析比较工作。分清每一个情报信息的真实价值，从而选择进一步收集和获取情报信息的最佳途径和方法。

（2）加强情报信息之间的对照比较，将不同指向的情报信息加以归类，厘清线索的发展方向。

（3）借鉴其他方法，增强初查方法的实用性。其包括两个方面：一是借鉴以往自身初查工作中好的方法和经验，提高初查的效率。二是借鉴兄弟单位的办案经验，选择最佳的初查途径和方法。比如到兄弟单位学习研讨，获取查办行业系统案件的经验做法，可以为我所用，使自己在初查同类案件线索时做到有的放矢，不走弯路。

4. 电话信息链接法

随着科技信息时代的来临，手机已成为人们日常生活中的必备品，手机的功能、作用也越来越多样化、智能化。这种信息具有定人、定时、定位和定关系的特性，可以通过收集和获取通话和短信信息，完成对通话和短信的时间、次数、密集度分析，也可以通过通信基站分析出通话的位置变化。查询和收集通信信息是初查活动中一种常见的初查方法，由于侦查部门和侦查人员对其作用的认识程度不同，所体现的目的性和作用也不一样。我们应当加强对此种方法的研究，挖掘其潜在的最大功效。

（1）从初查对象的通信信息中可以发现许多情报指向。比如，可以从中发现潜在的利益关系人或行贿人；社交关系网，是否存在潜在的特定关系人等；生活规律、活动轨迹等。

（2）从查询的涉案利益当事人或行贿人的通信信息中，我们可以进一步发现和联想到更多的初查对象或初查重点等。

依次类推，不断延伸，扩大初查范围和内容，是初查活动中能够获得理想成效的较为实用的初查方法。

应当说，通信信息链接法是一种创新的初查思路，是科技强检在侦查活动中的具体体现。无论是初查活动中还是审讯突破和追逃等方面都能够发挥其独特的作用。

5. 行贿人倒置初查法

行贿人倒置初查的方法是逆向思维在初查实践中的具体运用。事实证明，国家工作人员收受贿赂必然以行贿人贿赂相应事实作为基础，没有行贿人的行贿，就完全不可能存在受贿犯罪。贿赂犯罪案件的突破工作，在现实中存在着两次突破的问题，一般以先行突破行贿人为基础，然后再行突破受贿嫌疑人。从中不难发现其关键问题所在，据此我们何不转变固有的初查思维，将收集获取涉案情报信息的重点，从初查对象身上转移到重点围绕行贿人或者重点涉案关系人身上来，以行贿人或者重点涉案关系人作为重点目标收集和获取情报信息。其有益之处在于以下三个方面：

（1）通过收集和获取涉案关系人或行贿人的详细情报信息，更有利于我们清楚分析案情，判明是否存在犯罪情节或事实。

（2）通过收集和获取涉案关系人或行贿人的详细情报信息，有利于首先完成第一次突破工作，为第二次突破犯罪嫌疑人奠定扎实的基础。

（3）一般情况下，行贿人多头行贿的事实客观存在。通过收集和获取行贿人的详细情报信息，有利于我们扩大初查范围，发现更多的初查对象，取得更大的办案成果。

6. 赃款去向倒查法

赃款去向是认定职务犯罪时必须查明的一个重要环节。如果赃款去向不明，有时候会直接影响到案件事实的认定；有时又会成为嫌疑人翻供的把柄。近年来有不少的犯罪嫌疑人利用职务之便大肆贪污受贿，案发后又在赃款去向上做文章，或供称自己贪污受贿的赃款在争取项目资金时送给了上级的领导和有关人员；或极力辩解赃款已用于公务开支。因此，将赃款去向问题前置到初查活动中解决，有利于堵死犯罪嫌疑人辩解的后路。

在初查活动中，要想获取直接能够证明犯罪事实存在的证据很难，而收集和获取某些赃款去向的情报信息则相对较为容易。这种初查的方法更适用于领导干部涉嫌职务犯罪案件线索和贪污贿赂数额巨大的案件线索。比如，在查处领导干部收受巨额贿赂案件中，先行收集和获取其大额存款、大额炒股资金、巨额房产资金等方面的情报信息，充分证明资产总额，也包括了大部分的赃款去向，明显不符合其合法收入，再逆向初查其可能存在的犯罪事实。这是赃款去向倒查法的又一显著功效。

7. 滚动式深挖法

初查一条线索，办成一个案件，不能说明什么。初查一条线索，挖出一串、一窝、一群职务犯罪案件才显初查的真本领。滚动深挖一直是侦查实践中积极提倡的侦查方法，它强调的是在突破阶段要注意深挖，促进案件侦查工作的滚动式发展。这种不注重在初查中发现，而只依靠突破阶段的强攻硬取，即使深挖出一件、两件，甚至一窝、一串案件，其依靠运气所占的成分比较多，冠之于"主动深挖"有些勉强。从这个意义上讲，称之为顺便"带"出一些案件尚可。

滚动式深挖，特别强调其主动性、目的性。应当在初查活动中就牢固树立"滚动深挖"的理念。在初查一条线索、重点初查一个对象的基础上，主动出击，通过收集和获取广泛的情报信息，发现和锁定更多的初查线索和更多的初查对象，这才是"滚动深挖"的真实含义所在，也是发现集约型线索的快捷方法。

8. 层进式推进法

层进式推进法，其实质就是"系统抓、抓系统"、"行业抓、抓行业"侦查理念在初查活动中的具体实践。在查处系统型、行业型、窝串案的初查活动过程中，利用涉案对象职级高低不同的特点，先从职级较低的涉案对象查起，逐步向职级中层、职级高的涉案对象层层推进。这种方法有利于初查工作的保密需要，尽可能地减少办案阻力，也有利于从小的开始查起，逐步发现和挖掘职务较高、犯罪数额较大的涉案对象，从而推进初查工作的顺利进行。

9. 选择性排除法

万事开头难。查处区域型案件线索，其最难之处就在于初查早期，涉及该区域的情报信息缺失，线索零散。区域内涉案情报信息或线索无法形成集中爆发的态势。因此，开展区域型线索的初查工作必须充分考虑到两重因素。

（1）有目的地选择初查对象。区域内可以作为初查的对象很多，只要是国家工作人员有可能存在职务犯罪事实的，原则上都可以设想为初查对象。也许这一观点过于抽象、突兀，有怀疑一切的"左"倾思想存在。有可能存在职务犯罪事实是选择初查对象的标准，必须根据该区域的实际情况，结合侦查人员的丰富经验综合考量得出结论，有选择地选准初查对象，然后开展初查工作，充分运用发散性思维，广泛收集和获取各式各样的情报信息。

（2）有目的地选择初查对象遇到困难的时候，可以将一些目标暂时假设为初查对象，然后有针对性地开展初查工作。在收集和获取大量情报信息的基础上，通过分析和研判，排除原先假设中不正确的初查对象，结合有目的选择初查对象的方法，通过分析研判，剔除原先选择不正确的初查对象，重新选择和决定初查对象。以此往复，推进初查工作的蓬勃发展，最终形成"区域抓，抓区域"的局面。

10. 捞针式普查法

或称"穷途末路法"，许多基层检察院经常会出现线索缺乏的尴尬情况，这显然与现阶段我国职务犯罪高发、频发的实际情况不相符合。究其原因，主要是侦查人员发现线索、收集和获取情报信息的能力不足造成的。到了"穷途末路"时，会产生盲目初查、盲目办案的现象，到头来仍然是竹篮打水一场空。

大海里捞针难于上青天，无方向、无计划是其困难的根源所在。侦查人员应当静下心来，耐心分析当地办案的现实状况，选择职务犯罪易发多发的行业、系统进行普查式初查，从中发现，捞起一把针来，不失为"穷途末路"时的一剂处世良方，从而开辟出职务犯罪侦查工作的一片新天地。

在初查活动中，初查的方法不能一以贯之，单一使用。方法与方法之间也无好坏之分，应当相互融合，相互贯通。在使用一种初查方法时往往穿插着多种初查方法。合理使用初查方法，更有利于初查工作的顺利推进。初查方法枚不胜举，在此，仅以十法一窥全貌。

其实，初查的过程，也是不断发现新线索的过程。前述第二章第一节线索的发现途径中所列举的各种线索发现方法也是初查的主要方法和主要内容，在此不再一一赘述。初查的方法只是一种思路，不能生搬硬套，应该根据线索的真实内容，结合办案的实际灵活运用。

（二）特定方法

初查的特定方法意味着是在特定场合、特定情况下使用的方法，不具有普遍适用性，体现了特定的初查背景和范围，与初查时机相关。

1. 物色特定知情人

特定知情人不同于"卧底"，他是检察机关为了初查工作的实际需要，经严格排查并挑选，能够为侦查部门提供有益于初查工作开展的专门收集情报信息的有关人员。一般是指与初查对象比较熟悉，或者对发案单位比较熟悉的人员，比如领导的秘书或司机，单位的财务人员等。现阶段检察机关在查处职务犯罪案件中，由公民实名或者匿名举报经初查最终成案的比例，通常只占检察机关立案总数的20%左右，更多的则是侦查部门通过在办理案件过程中的滚动深挖和依靠自己主动发现线索查办案件。举报成案率低的直接原因，主要是目前权钱交易发生的行业、系统或者地域，如果不是职务犯罪核心圈内的人员，对于某些能够直接或者间接证明存在着利益输送的犯罪事实通常是无法知道，也是没有渠道获取的。举报人只能对自身听到或者看到的一些表面的某些不正常的现象作出反应，而对于实际状况却一无所知。因此，在长期的办案实践中，许多地方的检察机关有意或者无意中都相继自觉、不自觉地形成了为办案工作服务，签协了一些了解特定行业、系统潜规则或者政治生态及权力运作规律的特定的知情人员。有些检察院还形成了一些规章制度，如信息员、联络员等。但是这种模式因为是在明处，很大程度上限制了特定知情人员的主观发挥程度。因为某个领域只要有案件发生，在目前我国各种信息保密制度不够完善、保障制度不够健全的情况下，信息员承受的压力可想而知，要想推广这种做法的难度也较大。实际办案中发挥作用较大的还是侦查部门中一些经验丰富的侦查人员，在长期工作中通过工作和私人关系建立起来的一些秘密沟通渠道。物色特定知情人必须强调以下几个方面：

（1）长期培养。特定知情人之所以能够为侦查部门提供对初查工作至关重要的一些情报信息，前提是建立在充分信任对方的基础之上的，并且这种信任是双向的、互动的，又是十分私人化的，不能大张旗鼓、公开化。而信任又是一种需要时间来检验的东西，一时的交往有时无法看清一个人的真实内心世界，因此必须是侦查人员有意识地在某些行业或者区域内精心选择和确定的，而不能是为了某个特定案件的需要加以临时物色，如同学、亲戚，同乡等。特定知情人可以是在侦查工作中结交的政治过关、真诚可靠的朋友，如建设、工商、税务等部门的机关干部；可以是以往办案中的污点证人，如侦查部门以往处理过的或依法未作处理的，有违法违纪污点可以利用的涉案人员；可以是某些特定行业的从业人员，他们可以触类旁通地了解到该行业潜规则；也可以是同业中的竞争对手。侦查人员在初查工作过程中，应当择优选择，宁缺毋滥，并与之保持长期的正当交往，一旦启用，他们就会源源不断地为初查工作提供各类重要的涉案情报信息。

（2）反复考验。物色特定知情人必须严格保密，侦查人员启用特定知情人协助开展收集和获取情报信息，必须报经检察长同意。秘密启用特定知情人有助于收集和获取侦查人员按正常途径无法收集到的涉案情报信息；有助于初查工作的深入扩展；更有助于线索突破程序的突然启动。它对案件最终交付公诉和审判都将起到不可估量的作用。

启用特定知情人应当先易后难地进行，有一个逐渐培养、提高的过程。首先，让其做一些比较简单的工作，收集较为容易获取的情报信息，比如收集某行业外在的规律性信息等。其次，逐渐培养其收集情报信息的能力，由表及里地收集难度较大的情报信息。最后，在反复培养的过程中，增进其收集情报信息的水平，获取初查中侦查人员难以收集到的情报信息，循序渐进，不能操之过急，促使其从被动式地接受任务到自觉地主动提供情报信息或线索的转化。

启用特定知情人必须对其进行反复考验。一是考验其对这项工作的认知程度。比如知情人员是否愿意接受；其开展这项工作的积极性如何；是否有能力接受此项任务等。二是考察其政治觉悟，对待朋友是否能够做到忠诚。三是考验其是否能严守保密纪律，如口风是否严实，有否出卖初查信息的可能等。实践中，可以先让其参与一些成案价值不高的线索的初查工作，考量其所提供的情报信息是否能证明一直是真实和有用，方能将初查中侦查人员最想了解的情报信息托付其去完成。

启用特定知情人应当为其保守秘密，收集涉案情报信息的前提完全是出于自愿。侦查人员应当根据其能力的大小，不易勉强托付其自认为困难的任务。侦查人员应当设身处地为特定知情人着想，保障其政治安全、人身安全。特定知情人非同于"卧底"，"卧底"肩负着使命和职责，而特定知情人只是出于一种自发的协定。难以收集的情报信息即使不能获取也绝不能让其冒险，万一发生不愉快的事情，会给其造成不必要的伤害。

（3）严密传承。对于特定知情人员来说，以中国目前人情社会的现状，通常状况下，只要不涉及自身，一般不会去担心讲述的内容具体的影响，考虑最多的倒是这些信息的泄露者。因此，侦查人员在初查过程中及以后相当长一段时间内必须充分考虑到特定知情人的合理顾虑，对于信息源自身也要严格保密，不得扩散。有时还需要创造一定的社会气氛，让普通大众感觉到侦查人员是从其他的渠道获取的这些情报信息。鉴于检察机关部门之间人员流动的工作需要，侦查人员必须调离岗位时，应当向侦查部门负责人说明情况，做好某些比较重要的特定知情人员的处置和交接工作，否则有些初查工作就会受到很大影响。

特定知情人，不应当将其看得过于神秘。实践中侦查人员向有关亲戚、朋友等熟人了解某些情报信息实质上就是物色特定知情人的雏形。特定知情人利用其自身的认知能力，或对周围环境熟悉的便利，将情报信息提供给侦查人员，是其作为公民应当享有的举报、控告权利；或者利用其职务所处的便利地位协助侦查人员收集和获取情报信息，并未对犯罪事实或者犯罪嫌疑人造成颠覆性的伤害，是其崇高的道德、责任的体现，前提均是出于自愿。

物色特定知情人为初查工作添光加彩，拓宽了初查工作的视野，经常会带来意想不到的效果。

2. 跟踪

通常来讲，定点定人跟踪对于侦查部门来说在司法实践中运用不多。相对于公安部门，检察机关不仅没有强大的技术装备、人员、信息等支持，而且所要办理的案件性质又不太一样，法律上的办理程序和要求也大相径庭，所以经常被侦查部门所忽视。跟踪一般包括初步的接触或者有针对性的定点跟踪。在某些特殊状况之下，在条件允许的范围之内，侦查部门在初查活动中运用定点定人跟踪的方法，经常会收到意想不到的效果。结合一些成功的办案实践，可以在以下情况下使用：

（1）初查对象具有固定爱好。对于初查对象有固定爱好的，侦查人员可以在初查对象经常出没的地方，采取隐蔽的方式进行一定的监视和跟踪。掌握参与活动的人员范围；活动的起始与持续时间；活动结束之后是否另有"节目"等情况。诸如进行赌博、钓鱼、高尔夫时，侦查人员完全可以据此采取必要的监视和跟踪，甚至可以在不暴露身份的前提下参与其中；对于有情人的初查对象，可以在其经常出没的酒店、宾馆或者单身公寓等场所进行跟踪和守候，必要时可以对某些特殊的地点进行检查，收集痕迹与物证等证据。

（2）初查对象参与活动的节点。一般来说，跟踪的机会经常会出现在重大工程的招投标等场合。当甲方安排参与招投标评比的专家全部到位，在某个特定时间和地点进行招投标活动时，原则上规定甲方重要人员和专家不允许与投标方的有关人员进行私下接触。但现实中有时却并不如此，侦查人员在条件允许的情况下，对甲方拥有决策权的有关人员或者有重大影响力的专家实施必要的跟踪，密切监视相关人员有无违反规定、纪律的个人私下活动，有无在招投标评比这样的特殊时间、地点与投标方有关人员的秘密接触。鉴于评比活动的时间有限，地点一般都会相对集中在宾馆或者冷僻的度假村等场所举行，相对来说有益于对特定人员实施短时间和较小区域的定点定人跟踪监视。

（3）重大节假日的个人活动。通常国人最为看重中秋和春节等节假日。初查对象在这些特殊的时间段与哪些人在什么场所进行怎样的私人活动，都是初查过程中必查的重点内容之一。除了根据手机查询信息进行必要的排查分析之外，掌握有现实的照片和视频资料加以佐证，对于今后正式接触初查对象时对其心理产生的震撼和冲击力无疑是巨大的。

现今由于公车改革，自驾和代驾逐渐流行，通过公安机关的路面监控系统，很容易掌握到具体车辆的活动位置。侦查人员据此可以在具体的酒店、会所或者住宅等附近进行蹲守，注重发现与初查对象一起出现的人员特征、关系的亲密程度，结合其他情报信息，可以从中发现更多的涉案人员。

另外，侦查人员可以利用节假日的特殊情况，在初查对象的住所附近蹲守，观察有否私人拜访、逗留等情况。

（4）线索突破前的一般跟踪。首次询问、谈话中，侦查人员与协助调查对象从未谋面的场景在司法实践中经常出现，这种侦查方式值得检讨。在线索突破以前，侦查人员利用 1 天至 2 天的时间，对协助调查的人员进行秘密跟踪对于接触对象是有帮助的。首先，侦查人员可以在协助调查人员不知情的情况下先行接触，在协助调查期间就能占得先机，心理上处于优势地位。其次，侦查人员可以预先了解协助调查对象的生活习惯、活动规律。最后，侦查人员可以直观地了解协助调查对象的面貌、行为规范和性格脾气，做到心中有数，提前分析，有利于缩短首次询问、谈话中相互试探摸底的时间。

采用跟踪的特定方法应当慎重进行。一般掌握在初查的后期阶段，侦查人员对涉案人员可能涉嫌职务犯罪的事实已有初步的了解之后再进行较为适宜。

跟踪必须秘密进行，绝不能轻易暴露身份。在条件允许的情况下，应当配备高科技的录像、拍照设备。在突破阶段出示录像片段或照片，能够发挥其意想不到的效果，加快突破涉案对象的心理防线，从而推进线索突破进程。

3. 化装初查

有些线索反映初查对象在经济往来过程中可能涉嫌收受回扣、好处费的。对于此类线索，初查中可以采用化装侦查的特定方法。前提是侦查人员根据已有情报信息的分析，对该行业或者领域的某些潜规则已经有所了解。为了证实自身的内心确信，通过伪装一定的身份与特定的业务人员进行接触，有技巧性地获取有关是否存在贿赂和贿赂比例等明确承诺的情报信息，并且进行秘密摄像或者录音。具体情形类似于记者的"偷录暗访"，此种录音或者视频资料的获得对于揭穿询问、谈话中有关涉案人员的无理谎言，彻底击垮其心理防线能起到一招制敌的作用。例如，2005 年某区检察院接到举报称：该区某局副局长李某在负责向邻县家具厂采购办公桌椅的过程中，按照总价 10% 的比例收受回扣，有涉嫌受贿犯罪的嫌疑。该检察院决定以化装初查的方式试探虚实，遂派员前往邻县家具厂"洽谈业务"（事先征得某事业单位负责人同意后，印制了该负责人名片）。侦查人员在与负责销售的副厂长钱某某"洽谈业务"过程中得知：该厂确实向某区某局供应过办公桌椅，并许诺可以提供 8% 至 10% 的好处费，如要更高的比例则可以另外商量。侦查人员对全过程进行了秘密录音，在获知这一重要情报信息后迅速借故离开。当天下午下班前，另一组侦查人员则请该副厂长到检察院协助调查。调查初期，该副厂长拒不交代，当化装侦查的侦查人员出现时，该副厂长当即傻了眼，稍作犹豫便立刻交代了其向李某行贿数万元的犯罪事实，据此该案线索得到了迅速突破。

在侦查实践中，采取化装侦查的方法时应当注意以下几方面：

（1）必须按行动的具体要求选择合适的侦查人员。化装初查在具体的实施过程中，必须根据具体行动的特质选择特定的侦查人员。如需要扮演商人进行商贸谈判的，就需要选择年长一些，社会阅历相对丰富、应变能力相对较强的中年干警参与比较妥当；如需要扮演技术类的商务营销人员时，像电子软件、机械化工类等，就必须安排对这些特定领域有所了解，甚至有专业背景的侦查人员参与其中；如需要扮演一定层次行政领导的，最好安排确实有一定职务，气质和形象都比较符合的侦查人员参与办案，并辅之所谓的办公室主任、秘书、司机之类的角色加以配合。如此等等，就是必须一切从实际出发，根据具体任务的特点确定最适合的侦查人员去完成初查工作。

（2）行动的任务必须尽量符合单一的原则。化装侦查毕竟不是检察机关侦查部门经常使用的一种特殊的初查手段，绝大多数干警也没有经过类似的专业化训练，基本上就是依靠自身的侦查经验和生活工作阅历等来完成规定的初查任务。因此，除了在执行任务前要进行精心谋划、反复演练外，任务的本身就要设计得简单扼要，避免复杂化，以免难以具体操作。对于需要秘密使用的技术设备等，也要本着简单实用的原则，尽量减少操作的难度和复杂性，增加照片或者视频资料的可辨识度。

（3）安全第一的原则。化装侦查由于是以不暴露身份秘密的方式获得一些初查信息的特殊手段，是在陌生的地域与陌生的人员进行的私下接触。但是再周密的计划也不能完全涵盖可能发生的所有变化，而所有的安排都必须将侦查人员的人身安全放在第一位。因此，在现场参与行动的侦查人员必须要根据当时的实际情况变化来选择最恰当的方式，不能秘密摄像的就秘密录音，实在无法录音时也只能作罢，不必一味强求侦查人员必须完成原定的全部任务。而且，在外围也必须有足够的其他侦查人员来接应，保持通讯联系畅通，如有意外或者任务完成则立即离开，速战速决，及早返回，以免引起不必要的麻烦。

在知道具体行贿嫌疑对象时，通过化装侦查的方法还能达到调虎离山、诱敌深入的目的。比如约请行贿嫌疑对象，特别是约请外地的行贿嫌疑对象时，在征得其同意后到可以控制的地点（如咖啡厅、宾馆等地）"洽谈业务"，无论业务能否谈成、情报信息能否获取，都应及时出示相关证件，请其到检察院协助调查，起到震慑的作用。当然，将其请到检察院后，应当及时通知其家属或者所在单位，告知其去向。

4. 控制下交付

控制下交付是一种极具风险的特殊初查方法。2000 年第 55 届联合国大会通过的《打击跨国有组织犯罪公约》第 2 条第 9 项规定，"控制下交付"系指在主管当局知情并由其进行监测的情况下允许非法或可疑货物运出、通过或运入一国或多国领土的一种做法，其目的在于侦查某项犯罪并辨认参与该项犯罪的人员。该规定也就是指侦查机关发现了犯罪，可以不当场抓获，而是对其加以充分的监控，让其在监控下继续实施，当犯罪行为又涉及其他有关嫌疑人时，再将其抓获的侦查方法。这种方法当前在我国公安、海关侦查毒品犯罪、走私犯罪案件中较为常见。

关于控制下交付方法的使用，我国无论是法学理论界还是司法实务部门都对其行为的适法性、风险的可控性等方面存在较大争议。现行《刑事诉讼法》、《诉讼规则》等法律对职务犯罪侦查中能否使用这一方法没有给出明确规定。20 世纪 90 年代初，某甲向某市检察院举报某局工作人员乙向其索贿。甲当着检察人员的面与乙通了电话，约好当天晚上去乙家办事。当天晚上，侦查人员跟着甲来到乙居住的楼下，看着甲拎着事先装好数万元现金的袋子走上了四楼乙家。待甲从楼上走下来后，侦查人员随即进入乙家依法搜查，但是却一无所获。事后查明，甲在上楼时将装有现金的袋子从楼梯间的卫生间窗户扔了下去，然后才空手进入乙家的。这个案例是不成功的，原因在于没有实施有效、严格的控制。

在职务犯罪侦查中，使用控制下交付的方法虽然处处受限，但是随着经验方法的不断积累，职务犯罪侦查工作的不断深入，而职务犯罪主体反侦查能力也在不断地提高，侦查与反侦查的较量将愈演愈烈。在不远的将来，使用控制下交付的方法不仅成为可能，还将成为必然。控制下交付不同于"钓鱼执法"，"钓鱼执法"是指当事人原本没有违法意图，在执法人员的引诱下，才从事了违法行为。这种方法如果运用不当，还将诱使他人犯罪，引起社会问题。

职务犯罪侦查工作应当借鉴我国香港廉政公署的成功经验。控制下交付是其在侦查贿赂犯罪时最常使用的一种特殊侦查措施。当涉案人员向廉政公署报告称有人向其索贿或者有人拟向其行贿时，廉政公署会安排该当事人继续与犯罪嫌疑人接触，在廉政公署专门机构的控制下，让该当事人按对方的要求向其行贿或接受贿赂。如果是行贿，廉政公署还会为当事人准备相应数额的现金，并做上特殊记号。当行受贿双方在廉政公署的监控下开始交易时，调查人员已经对整个交易现场进行了秘密录音录像以固定直接证据，现场抓获犯罪嫌疑人。

由于控制下交付方法使用的难度极大，侦查人员又没有经过专门的培训，如果有其他方法可以解决的情况下，一般不宜使用控制下交付。确有必要使用时，应当牢牢把握以下原则。

（1）务必要查明有关当事人的真实意图。控制下交付在职务犯罪的侦查中一般都集中运用于贿赂案件。必须查明有关当事人愿意与侦查部门密切配合的真实原因，以及潜在的受贿嫌疑人所收受贿赂的可能性。查明潜在的受贿嫌疑人索取重大贿赂是前提，而后查明产生矛盾的原因是什么、是否部分已经交付、有关当事人为什么会甘愿冒风险、是否有已经交付特定标的物的录音或者录像等。只有尽可能地排除合理怀疑，才能确信有关当事人不是为了打击报复潜在的受贿嫌疑人。在侦查部门不被成为有关人员之间恶斗的法律工具的前提下才能使用。

（2）必须要有周全的行动计划。控制下交付这种介乎于初查或者侦查的行为，它一般需要大量的侦查人员的联合协调行动才能完成。因此，事先的计划必须详细周全，对各种可能的情况都要充分考虑并制定相应的应对方案，如地点的选择、技术装备的配置、监视人员的布控、外围的观察人员、有关特定标的物的特殊记号、指挥协调人员及通讯保障、发生意外状况下的应变对策等。所有这些都构成了一个相当复杂的系统性工程，必须做到丝丝入扣，分毫不差。唯有如此，才能保障行动的安全，减少风险意外的发生。

（3）必须遵守适法性原则。控制下交付的交付行为，必须是潜在的受贿嫌疑人自愿发生或迫切希望发生受贿事实，而行贿对象又不是在侦查人员的劝说和诱导下勉强接受的，并且证明这些事实必须有实时证据（录音或录像）证明，并经检察长批准。执法者的执法行为是为了查处犯罪，而不是制造犯罪。侦查人员必须时刻监控交付的全过程，而对于是否立即对潜在的受贿嫌疑人采取行动或者暂缓采取行动、是否予以后续跟踪监视等措施加以应对等，都必须在第一时间内作出及时的决策，以此保证行动的合法有效性。

二、情报信息的分析与研判

从司法实践看，初查工作总结起来就是要做好两个方面的工作：一是尽量从外围收集和获取情报信息材料；二是对已经收集和获取到的情报信息材料进行仔细的分析研判。在初查过程中收集资料和证言等相关证据非常重要，但同时又是极其困难和难以获取的，关键在于侦查人员对所获取的情报信息材料的分析和研判。它对于初查线索是否能够最终成案起着决定性的作用。它不仅要求侦查人员具有扎实的法律知识功底、丰富的侦查实践经验，还需要有相当的社会人际交往阅历，有时甚至还要有那么一点灵感或者"歪点子"。如果说对外调取情报信息材料需要侦查人员有一种好动和不安分的性格，对收集和获取的情报信息材料进行分析和研判则需要侦查人员有一份沉稳和安静的心境，侦查人员必须是集两种极端性格的综合体并始终处于某种平衡状态。一个善于初查的优秀的侦查人员必须达到三方面的要求：一是外调能力出色；二是静得下心、坐得下来；三是要有敏锐的分析判断能力。说起来容易做起来难，要想寻找全能型的初查人才难上加难，每个侦查部门都要立志培养两名至三名这样的能手，初查工作才能顺利、有序开展，做到"手到擒来"。

（一）基础性材料的分析与研判

基础性材料一般是指初查对象的基本情况，如任职、家庭及近亲属、社会背景、就业状况、财产、通信等内容。其直接或间接地反映了线索所指向的事实是否存在、是否可能构成职务犯罪等。它是侦查人员在初查过程中必须尽早完成的基础性工作。鉴于本书第三章初查的基本内容多有涉及基础性材料，这里就简要谈一谈在司法实践中常用的思维分析方法。

1. 关于初查对象人口信息等方面

初查对象人口信息主要是指从公安、党委、边检等部门收集和获取的围绕初查对象人口信息方面有关的一些情报信息资料。对于这类情报信息材料的分析与研判，举例进行说明。例如，家庭成员、婚姻状况等变动情形；出入境频繁，则必须了解原因，是公务还是私人行为，私人原因则继续追查具体航班号、同乘人员情况，是否参与赌博等非法活动；有驾照但无家庭用车，则查其是否会长期变相借用企业、私人的车辆；向组织上隐瞒一些重大事项如子女出国、婚丧嫁娶、购买住房、投资等，则需追查出国保证人、保证金来源，费用如何解决，住房问题上是否存在低价，是否在其他公司有股份或者干股，是否利用家庭重大事项借机敛财；单位党组或者其他重要岗位的干部都上缴过贵重礼物，唯其缺漏，则其廉洁性大打折扣，受贿嫌疑性明显加大；其为裸官，则必须对其配偶子女进行全方位的调查，主要是出国的原因、时间、手续办理、目的地国和财产的转移状况等事项。

2. 关于初查对象财产信息等方面

初查对象财产信息主要是从银行、证券、保险等金融机构及房产、车辆等部门收集和获取的有关初查对象个人及其家庭或者近亲属的资产类情报信息材料。对于这类情报信息材料的分析与研判，举例进行说明。

（1）银行：必须观察是否有大额的现金收入或者支出、转账或者转出，分析其合法收入的来源、规模和发放规律，分析其可能的收入来源或者支出方向，进一步结合必要的原始银行凭证进行查询，证实自身合理推测。对于大额的暂时无法查清的现金收入，有可能的话需查询此笔交易的柜台操作员操作的前几笔业务的原始凭证，力争找到源头或者排除合理怀疑。尤其是要注意初查对象是否在外单位或者公司、个人处进行投资，甚至发放高利贷或以借为名行受贿，着重注意调查初查对象与接受资金者的关系。对于出现的与购房、支付宝、银联转账、网上交易等有关的银行业务，必须及时跟进，查清此后发生的业务与初查对象的关联性。对于上述的大额资金的进出，无论是现金或者转账等各种形式，都要注意每一笔交易发生的时间点上初查对象与相关人员的通信信息，分析是否存在银行交易时间点与特定人员通讯联系的关联性。同时对于这些银行的记录，还要及时地按年度进行必要的梳理和分类，以确定其收入或者支出与合法收入间是否存在重大差距。对于初查对象在外地也有银行账户的，必须尽早查询相关的银行流水及原始凭证，查明为何在外地设立账户的真实原因，以确保资料的完整性。

（2）证券和保险：必须关注其投入的金额，如是证券投资买卖，则必须弄清其每年投资的盈利和亏损情况、盈利和亏损的原因、买卖股票的种类、长期持有还是短期操作、资金的来源和最终去向（必须结合初查对象的相关银行信息共同分析）、是否存在借贷炒股或者挪用公款炒股（必须结合相关财务资料共同分析）等情况。如严重亏损后是否仍有大额现金存入（如有则涉嫌受贿贪污的可能性大大增加），如果经常盈利则考虑是否有内幕消息或者存在"老鼠仓"的问题，查明资金的最终流向，是自己控制还是归于他人。保险方面主要还是资金的来源，现金还是转账，是否存在违反财务制度或者私分国有资产甚至群体贪污等问题；被保险人或者受益人是否真实，是否借保险为名进行受贿等不法活动，已经兑现的资金最终由谁来进行申领。以上内容都是侦查人员需要高度关注的情报信息资料。

（3）房产、车辆（交通工具）：现今国内群众大部分的资产主要集中在房产的居住和投资上，包括住宅、门面、办公用房和车辆（交通工具）等方面。

首先，侦查人员需要关注购买房产的时间、种类、面积、单价、地段，以判断是否存在低价购房、是否存在支出与合法收入明显不符等现象。必要时，侦查人员可到实地观察，摸清临近房产的价格进行比较。

其次，重点关注购房资金的来源。对此必须谨慎，万不得已不去房产公司查询。虽然房产销售经理和老总最了解实际情况，但如果确实存在问题，他们往往又是直接的涉案对象。确需询问他们时，尤其要注意可能存在只支付少量现金或者不付，进行楼花炒卖等行为。顺着资金来源这一主线，可能发现借贷或者违法的资金。对于经常买卖房产借机炒房的，更要关注其与转让房产的上下家之间的关系，是否存在借合法关系行受贿之实。

再次，要关注初查对象近亲属和有业务的关系密切人员的房产情况。尤其是资金来源、装潢情况、出租和租金的归属等。分析是否可能存在以他人名义购置房产，或者以借为名将房产出租而收益归己，甚至以借为名长期占用他人房产（是否有改动、装修等实质处分迹象）等情况。

最后，主要是调查车辆（交通工具）购置的公司、时间、金额、购买方式（现金，转账还是按揭）。并且与初查对象的银行等方面的资料作对比分析，判断是否有他人付款的可能，是否有长期借用他人车辆个人使用的情况。结合车辆的年检、保险费、过境费、油费等相关费用的交纳情况综合分析是否属于新型受贿犯罪。对于转让车辆的上下家，不仅要分析两者的关系，还要注意车辆的实际使用年限、公里数等状况，并与二手车市场的价格作综合的比较，判断有否借机进行利益输送行为。

3. 关于初查对象通信信息等方面

初查对象通信信息主要是指侦查人员从移动、电信、联通、铁通等通信运营商处收集和获取的话单记录，可以较为清晰地了解初查对象究竟拥有几个通讯号码，经常与自身及其家庭通讯联系的固话或者手机号码。

首先，侦查人员必须确定此号码是否为初查对象真实使用的号码。确认后，再通过有关话单分析系统进行分类排比分析，如那些通话联系最多的号码名单；晚上 10 点之后经常联系或者进行短信、微信、飞信联系的号码名单；春节期间或者中秋、元旦等节假日经常联系的号码名单；出国期间经常联系的号码名单等。

其次，根据实际需要，从上述排列中选取一定数量的号码去相关的通讯公司进行二次查询机主资料，以确定号码使用人的真实身份和社会背景。尤其要着重注意的是晚 10 点之后短信相当多的号码名单，或者中秋、春节期间通讯联系较多的号码名单。同时，还需要对初查对象曾经住宿宾馆的时间与之后一段时间内与其频繁重复出现的通讯号码进行比对；结合其购房付款日期，大额现金存入、支取或者转账之日的时间点与其通讯话单进行比对。注意那些频繁重复出现的通讯号码，从中分析、研判初查对象关系紧密或者有着密切经济交往人员的情报信息材料。

最后，侦查人员要严密关注基站代码的作用。实际上它是准确反映初查对象一段时间内活动轨迹最真实的记录证明。如果有可能的话，通过相关通讯公司的帮助，将其在本区域内的所有基站的分布及其代码进行复制，然后再标以恰当的地址，便可以清晰地反映出有关人员的活动轨迹图。对于晚 10 点后基站代码与其家庭住址不一致的，极有可能证明其另有住处。如果初查对象有"第三者"，也可判断出其约会地点是在宾馆或者出租房小区等。对于经常在外有宴请活动的初查对象，通过晚上 6 点到 10 点的基站代码比对分析，也可基本确定其活动的大致场所和范围。配以话单分析系统，也能准确判断出聚会参加人员的大致情况。对于一些外地人员，通过基站代码的分析，也可基本判断出其惯用的交通方式是公交、火车、飞机还是私家车等。

（二）书面资料的分析与研判

在不暴露初查真实目的的情况下，从有关部门调取一定的书面资料是初查活动中的重要工作。比如工商、建设、交通、税务、审计、水利、土管等部门提供的一切有利于查明涉案事实、线索内容的书面资料。无论其是否能排除某项事实，还是能直接、间接地证实某些事实的存在，对初查工作都是非常有益的。

1. 关于初查对象涉及的相关单位及个人的经营活动方面

主要包括工商、税务、审计、经信委，农业、发改委等部门提供的反映有关公司、企业及个人生产经营活动的书面资料。

首先，侦查人员应当了解涉案单位或者个人是否盈利，应当将该单位的工商税务信息与其主要的开户及贷款银行中反映的财务资料进行必要的对比。在实际经营活动过程中，某些公司、企业有时会有三套完整的财务资料，分别用来应付税务部门、贷款银行及相关小股东。从侦查实践的经验分析，通常公司、企业负责人对于小股东披露的财务信息相对来说还是较为真实的。如果某单位自设立以来，小股东们屡次跟随着大股东进行增资扩股，通常该单位的经营状况一般是较好的，而且普遍会进行分红。在目前的经济活动中，鲜有经营者愿意在财务资料中体现分红，更多的是通过虚增成本等方法套取现金给相关股东予以补偿奖励。然后要看其成本或者财务、经营费用等是否符合该行业通常的平均水平。如果出现异常，那么该单位通过虚增费用或者不合理地抬高成本转移利润的概率就相当高。

其次，对于公司企业的某些特定的支出或者收入要特别给予关注。比如，负责人和有关重要的经营人员出现经常性的大量借用备用现金，那么至少说明他们经营活动中喜欢使用现金。假如有不正常交易，也应当喜欢用现金的形式。

再次，了解公司企业有否经常性获得大量的政府性财政补贴，如农业、科技、技改、能源等财政补贴。这时就要将这些收入与相关的审计资料融合在一起进行仔细分析：该单位究竟是什么时间、以什么样的形式和要求获取这些补贴的、有否弄虚作假。现实中，公司、企业为了获取相关的财政补贴，很大程度上会采取虚假或者部分虚假的方法骗取补贴，原因之一是中央财政对于这方面是有大量转移支付的，地方只是进行相应配合。

最后，要了解公司企业经营活动的领域和范围，是否有超范围经营或者进行非法经营的业务活动。这些活动是否要经过哪些部门的审批和核准，然后将公司、企业负责人的通讯与特定政府部门有关人员的通信信息通过比较，以便确定他们是否交往过密或者存在某些不正常的现象。

2. 关于初查对象涉及的相关公司、企业的建设工程等方面

主要包括建设、交通、水利、土管、公共资源交易中心等部门提供的反映有关单位建设工程的施工运营的资料。

首先，侦查人员应当了解该建设工程如何获得。如果是通过招投标或者邀

请招标的程序获得的，那么应排摸该单位负责人等与甲方负责人或者有关评委以及其他相关的投标单位负责人的通讯记录，对于投标单位间的价格进行逐个分析，综合分析判断是否存在违规行为。如果项目为私营企业或个人的，也不应急于认为没有问题存在，要综合分析项目负责人与甲方负责人以及与之共同接触的国家工作人员之间的通话记录。如果数个项目都有同一特定的国家工作人员出现，则该国家工作人员与项目负责人之间的不正常往来的嫌疑就相当大。如果涉及的为土地项目，则要分析数个竞买人之间在竞拍前后特定时段的通讯联系，以及他们之间的竞买价格。一般来讲，现今土地拍卖当中相互串通低价中标的现象比较突出，而大多数情况下拍得方会支付相当大的利益给陪同竞买人。这些利益一般不会在公司财务上体现，这也为侦查部门和侦查人员提供了查办职务侵占或者非法挪用公司资金的时机，有利于为线索的突破提供助推类证据。

其次，在工程的施工过程中，密切关注项目负责人与甲方直接的工程管理者之间的关系，进一步密切关注其与有关设计、监理等人员之间的交往。通常情况下，项目施工方如果要采取变更或者偷工减料等方法、增大工程量或者虚报支出等形式增加利润，则必须同时与有关设计、监理人员之间保持高度的默契，否则其目的将无法实现。同时，还要高度关注有关项目的分包和重大原材料的采购。现实中，直接插手公开的招投标的行为意味着要承担较大的风险，因此有关国家工作人员经常会插手相关的利润丰厚的分包小工程和原料的采购或者机械设备采购辅助配套项目。仔细分析其中人员的通讯联系等，对于拓展初查视野益处良多。

最后，工程的验收和款项的结算阶段。除了对于那些质量问题频发却验收正常的工程一定要多加关注外，那些虽然表面一致平静无事，但也必须综合分析有关工程质量验收人员以及监理人员与项目负责人之间长久以来是否存在特殊关系。比如，交往甚好却故意对外表现出关系冷漠的，故意造成假象则权钱交易的可能性更大。在款项结算方面，除了关注工程款结算拖拖拉拉、吃拿卡要的情形之外，还要密切关注项目负责人与有关中介审计机构人员、财政审计单位人员之间、甲方工程负责人相互间的关系及通讯联系。如发现异常，则他们之间不正常的利益输送就有较大的可能性存在。

3. 关于初查对象涉及的中介机构或其他单位、人员等方面

主要包括公证、咨询、监理、拍卖和其他有往来的公司、企业等，对于这些与初查对象有较深关系的单位，他们之间往往存在着千丝万缕的复杂关系，稍有不慎就会走漏风声，会对以后的侦查活动造成一定的阻碍。

首先，侦查人员在初查过程中需要向上述单位了解或调取资料时，必须做

到的是隐藏初查的真实目的，不能直接指明需要调取与初查对象有利害关系的资料。司法实践中，通常采用一次性调取某年度或者大量资料的方式来迷惑对方，从而保证初查活动的相对秘密性。

其次，要分析这些单位或者个人与初查对象的关系密切程度。如果业务联系时间较长、数量较大，涉及的利益对于这些单位或者个人至关重要，则需要认真考量其提供的书面资料的真实性或者完整性。实例中经常会出现相关单位或个人为获取一定利益协助初查对象出具不正确或者虚假的书面资料，事实上成为某些不当或不法行为的协助者。如在拍卖活动中利用拍卖形式以高价拍卖的方式进行行贿；或者在拍卖某些政府资产时，在拍卖信息发布的时间、地点、版面等环节做文章，将拍卖物指向性地卖给特定人。因此，巧妙而准确地寻找到其弄虚作假的关键之处就成为初查活动中对付此类中介机构的利器。

再次，对于相关公司提供的财务资料，存在与初查对象有密切联系的部分，必须结合该行业的普遍特点及相关潜规则进行深入、细致的分析判断，从中查明单价是否合理、数量是否真实、是否存在业务往来、是否有大量的经营费用和现金支出、是否存在转移利润而后巧立名目加以现金套出的情况发生、是否存在虚开各种发票（增值税发票、货物发票、假发票等）现象、是否存在假立名目进行股东红利的发放等。只有深入地对有关财务资料进行交叉和横向的核实，才能不被某些经营者制造的虚假财务表象所迷惑，而他们与初查对象之间真正的职权业务联系或者利益输送才能比较充分地得以暴露。

最后，关于一些对初查活动有帮助的相关人员的秘密访谈，一定要注意方式方法，原则上要尽量照顾到他们的意愿，让其畅所欲言。对于一些不符合常理，或者明显地与该行业、系统盛行的一些潜规则不相协调的事实，必须深入地进行交谈，以厘清事情发生的原由、经过、结果以及因果关系，从而对某些事情性质形成正确的法律判断。如公营业务不开具发票就可能存在收入不入账私吞公款嫌疑；钱款汇至毫无联系的单位可能存在挪用公款嫌疑；单位领导催财务人员支付相关款项表明其与有关人员私人关系不正常；男女之间在情人节前后偷偷约会表明关系暧昧；领导直接插手具体工程表明有极大的利益介入可能等。凡此林林总总都需要初查人员在工作生活中不断地学习观察，关注当下流行的事物和通行做法，查微析疑，才能真正使初查工作达到精细化的要求。

三、初查中的谋略方法

所谓谋略，就是在充满活力对抗的领域中，以斗智为手段，以趋利避害和克敌制胜为目的，施计用谋的思维过程和结果。

谋略的概念告诉我们,谋略是在一定条件下发生的,通常是在力不能胜,或力虽胜而不愿用力,或忧虑日后无力时如何在抗争中确保与争取已方的最大利益的条件下,寻找不用力、少用力、巧用力的智巧办法来解决问题。通俗地讲,谋略就是高级的手段与方法。

(一)瞒天过海,顺手牵羊

现如今,职务犯罪侦查工作已经不是单纯的一个地方检察院或者一个区域检察院所能解决的孤立工作。随着社会经济整合度的不断提高,各地检察机关侦查部门在职务犯罪案件的侦查过程中,经常会遇到潜在的行贿人或者受贿嫌疑人存在相互交叉重合的现象。有些行贿人不仅向当地有关国家工作人员行贿,也会向其他外地区域的国家工作人员行贿。这就要求不同区域之间的检察机关加强相互之间的信息交流,必要时更需要相互间的协同作战。

实践中,侦查部门经常会碰到外地检察院侦查人员来本院要求协助调查相关事项的情况。有时是要求协助查询银行,有时是要求帮助查找相关的涉案人员,有时则要求协助突破涉案行贿人或相关知情人,有时甚至要求将涉案行贿人或相关知情人带回外地检察院协助调查。遇到上列情形时,侦查部门必须抛弃狭隘的地方保护主义思想,积极予以支持和配合。同时,侦查人员也应当拓宽思路,思索"行贿人除了在外地行贿外,是否有可能在当地行贿"等问题。某市检察院有一条不成文的规定:凡是外地检察院来院要求协助调查的,无论是在本院接受谈话、询问还是要求将涉案行贿人或者相关知情人带回外地协助调查的,都必须由本院侦查人员先行与其作短暂(时间根据需要而定)的谈话。借外地检察院调查之实,"瞒天过海",行挖掘本院管辖的案件线索之事,顺便带出本地国家工作人员涉嫌职务犯罪的案件线索。长期坚持,该院以此方法查处了一批数量可观的职务犯罪案件。同时也顺便为外地检察院侦破案件铺平了道路,既方便了协查部门,又使自己得到了实惠。

在实际操作中,应当注意三个方面:一是鉴于外地检察院要求协助调查的偶然性和突然性,围绕涉案对象展开迅速及时的初查工作。了解涉案对象是否在当地存在经营活动、重大工程事项;了解涉案对象是否与当地某些国家工作人员有着较为密切的工作关系或私人来往,以此判断是否在当地存在行贿的可能。二是向要求协助调查的外地侦查人员了解情况,借鉴外地检察机关查办此类案件的经验,发现本地区同行业、同领域中趋同性潜规则,拓宽案件线索来源。三是借助外地检察院已经掌握涉案对象的犯罪事实或者要求将其带回外地检察院接受调查的天时之利,以及涉案对象希望本地检察院能够帮助其解脱困境或者减轻罪责的心理依赖感,检察人员可以据此迅速促使涉案对象交代涉案事实。必要时,还可以对其采取果断的措施,不仅能够证实侦查人员的预先判断，还会经常有意想不到的犯罪事实被发现，从而达到事半功倍的效果。

（二）声东击西，暗度陈仓

在当今社会高度信息化的时代，初查活动要自始至终保持绝对的秘密性，在通常情况下确实是很难做到的。在初查过程中，侦查人员经常要到银行、通讯、房产、证券等相关部门进行查询；也要到税务、工商、建设等相关部门调取一定的书面资料；还要到一些单位和公司进行询问和走访。所有这一系列的初查活动，虽然或明或暗，但终究不能保证侦查人员所接触的有关人员都不走漏一点风声。在更多的情况下，潜在的受贿嫌疑人或者潜在的行贿嫌疑人不可避免地会感知到一些初查活动的风声。但是，其对于侦查部门到底具体针对谁在初查或者具体初查的事项可能会产生判断上的失误，从而在正式启动突破程序时会备感突然，应对无术。

有鉴于此，在具体的司法实践中，侦查人员在接触不太可能透露信息的部门时，可以直接提供真实需要查询的人员名单，如公安、民航、边检等部门。初查人员有条件可以直接自己操作完成的，则尽可能自己完成，如工商、公共资源交易中心等部门。必须要查询和了解的重要信息，如银行、证券、保险等机构，侦查人员通常可以舍近求远到省级机构寻求帮助以进行查询，尽量保证初查工作的保密性。

对于那些必须要在本地查询、调取的资料，侦查人员可以采取将许多线索的涉案人员清单，交叉打乱后以混乱和零散的形式予以查询和调取，避免使相关人员比较简单地就能从中分析判断出侦查部门的意图。有时还可以采取基层检察院和市级检察院互相配合初查的方法，以搅乱潜在的行贿嫌疑人或者潜在的受贿嫌疑人的思维；有时还可以有意无意地对外散布一些口风，宣称要在哪些行业、系统、区域等范围进行调查，或者是借用执行某项上级院交办的任务的名义，对外释放足量的迷惑信息，从而彻底隐蔽侦查部门真实的初查目的和意图。只有侦查部门的初查行为不为潜在的行贿嫌疑人或者潜在的受贿嫌疑人真实了解，并且让他们对于侦查部门查谁、查哪里、怎么查、什么时候查等一些关键性问题产生重大的判断失误，初查工作才能做到忽东忽西，达到暗度陈仓的目的，才能为今后的线索突破工作在深度和广度上创造有利条件。

（三）浑水摸鱼，离间连环

俗话讲，在商言商，在同一个行业、系统之内，他们基本遵守着一些约定俗成的潜规则。但是事物总是存在正反两个方面，有利益的地方始终产生矛盾。在一个行业、系统、区域，事实上也确实或多或少地存在利益相对的所谓的官场小圈子，在具体线索的初查过程中侦查人员应当善于发现矛盾、利用矛盾，并对这些矛盾加以具体分析，以期最大限度地挖掘出一切有利于初查的情报信息。如对于潜在的行贿嫌疑人、本身交往的小圈子以及所处行业、系统的潜规则，虽然可以从通讯信息或其他渠道加以了解，但绝没有处于同行业或者系统的潜在竞争对手所掌握的情况来得清楚，而掌握上述准确的情报信息又是侦查部门在初查活动中的重中之重。如果侦查人员能够对于相关行业、系统的商业特点，运营规律，从业人员的态势和发展历程以及潜在规则的运行等不为外界所了解的内幕加以充分掌握，再辅之以知晓相关国家工作人员的公权力可能会运作其中，那么对于隐藏在相关人员之间的权钱交易的黑幕也将呼之欲出。又如对于潜在的受贿嫌疑人，无论他是有意还是无意，事实上都会在不知不觉中或深或浅地卷入到不同的官场小圈圈之中，而不同的圈子之间难免会发生一些或大或小的摩擦。因此，侦查人员只要能及时地了解某一行业、系统、地域的真实政治生态，从中发现初查对象的一些对立面，并通过行之有效的方法去接触这些人员，推心置腹地与他们进行交流（以隐藏真实目的为前提），就能了解到初查对象的家庭背景、社交网络、性格特点、密切人员以及财产状况等侦查部门在初查活动中急需了解掌握的情报信息，并为今后的侦查工作打下良好的基础。

（四）欲盖弥彰，调虎离山

初查工作要求我们在秘密的状态下进行。敌在明，我在暗，有利于初查活动的秘密进行，确保初查活动能够取得最后的胜利。然而，犯罪嫌疑人虽在明处，却又占据着比较有利的地理位置，在他的职权范围下有意或无意地掩盖着初查工作亟须收集和获取的大量的情报信息。为了初查工作的保密性，有必要将其调离或者暂时调离原有岗位。这种时机的把握存在着两种情况：其一，当我们有能力主动将其调离时，可以主动将其调离，从而顺利地获取到我们需要的情报信息。其二，当我们无能力将其主动调离原工作岗位时，可以等待时机，比如其开会出差、培训或者调动工作岗位后，再行获取我们需要的情报信息。

（五）打草惊蛇，欲擒故纵

打草惊蛇的原意是指打动草惊动了藏在草里的蛇。现都用以指做事不周密，行动不谨慎，而使对方有所觉察。欲擒故纵则是故意先放开敌人，使敌人放松戒备，充分暴露，然后再把他捉住。打草惊蛇是手段，先纵再擒是结果。

初查活动一以贯之地强调必须秘密进行，这是初查活动得以延续、深入、成功的基本保障。然而，初查活动从一开始就注定其始终处于动态变化的过程。俗话说得好，计划不如变化来得快。侦查人员对于变幻莫测的初查过程应当时刻保持警惕，适时地有针对性地调整初查计划。不能仅仅因为保密需要而墨守成规，使初查工作陷入被动而受阻的境地。

主动地泄露初查秘密自有党纪国法惩处，而有时无意间地泄露初查行踪或信息却在所难免。有些初查行为必然会引起初查对象的警觉，如某国家工作人员涉嫌贪污犯罪，必须调阅其经管的账册时就必然会引起他的警觉。有时候某些初查对象消息过于灵敏，如在查询银行过程中，让初查对象或涉案行贿人偶然得知侦查人员行踪就会使其产生灵敏的反应。有些情况的发生，侦查人员可以通过预先的判断就能加强防范。而有些情况的发生，虽然不能预测，侦查人员应当时刻提高警惕，及时发现，及时处置。

事物总是有其两面性。泄露初查秘密，一般情况下会产生不良的后果，而有时也会产生积极的效果，关键在于侦查人员如何把握和控制局面。在条件允许、准备工作充分的前提下，侦查人员可以变被动地秘密初查为主动地出击式初查。在报经检察长批准后，有意地、主动地传递出一些初查信息，打草惊蛇，收到欲擒故纵的效果。

故意地、主动地对外透露一些真实的初查信息必须要有限度。一是故意泄露的初查信息必须是真实的，但这些信息又必须是不完整的、模糊的。从逻辑思维角度分析也是点滴存在，支离破碎的。二是故意泄露的初查信息只能在个别方向上是明确和肯定的，而不能泄露具体的涉案事实和详细的细节。如可以通过特定的关系或渠道传达"某人已经涉案，且已无法逃避刑事处罚，如想从轻或减轻处罚，只有自首是其唯一出路"的信息，但绝不可披露具体的犯罪事实和涉案细节。三是必须充分预测故意泄露初查信息后可能引起的反应，采取必需的措施，积极引导结果朝着有利于初查工作发展的方向倾斜。

故意地、主动地对外透露一些真实的初查信息可以适用于以下情形：

1. 在查处行业型、系统型、区域型案件中，可以通过涉案对象所在单位组织或者涉案对象委托说情、打听案情等人员，故意泄露一些初查信息，旨在敦促重点或关键环节涉案对象投案自首，从而迅速撕开口子，使案件向纵深、横向极速推进。

2. 对于一时难以获取实质性证据的初查对象，通过他人或者直接向其透露某些初查信息，促使其采取相关的反应，如退还所得赃款、转移或隐匿证据、转移或隐匿赃物、与他人串供等，从中发现和收集再生证据。

3. 在采取打草惊蛇策略时，应当提前做好准备，采取相应措施。如某市检察院在准备对涉嫌贿赂犯罪的初查对象马某某进行突破前，一边通过适当途径将对其正在初查的信息让其获知，一边组织侦查人员在其住宅附近进行蹲守。某天晚上 10 点左右,马某某驾车前往其妹夫家中密谋,从汽车后备厢中取出两大包东西上楼。侦查人员待马某某离开后,依法从其妹夫家中起获马某某带去的大量现金和赃物,案件得以迅速告破。

4.采取打草惊蛇、欲擒故纵的谋略,必须以初查中已经收集和获取的大量情报信息材料为前提,且对突破初查对象已经做到胸有成竹。一旦发现有不利于初查工作的事项发生或者谋略的运用不起效果时,应当及时决策,通知涉案对象到检察院协助调查,且务必突破成案。在突破前已先行知晓(知道时间不宜过长)检察机关已经对其犯罪事实进行调查的绝大多数涉案对象,往往会处于惊弓之鸟的状态,惶惶不可终日,一旦通知其协助调查,其彻底交代犯罪事实的速度会比其他涉案对象更快。

(六)擒贼擒王,"虎蝇"兼取

党的十八大以来,反腐的力度越来越大,既要打"老虎",又要拍"苍蝇"的战略深入民心,这也是职务犯罪侦查工作必须遵循的思路。擒贼擒王谋略正是这一思路的具体体现。挽弓当自强,用箭当用长,射人先射马,擒贼先擒王。要想了解对方的整体力量,必先捉住敌方首领,一旦攻克敌方堡垒,就会使敌人不战而溃。

在初查活动中,遵循这一谋略就是要求我们紧紧围绕涉案重点对象。对于职级高、犯罪数额特别巨大的嫌疑人展开情报信息的收集工作时,要确保老虎不漏网,同时兼顾广泛收集和获取其他涉案嫌疑人的情报信息,从而进一步扩大办案成果。

(七)敲山震虎,内部分化

敲山震虎是威慑战略的一种表现形式,它是展示己方实力,迫使对方屈服的手段,达到不战而屈人之兵的目的。

敲山震虎这一谋略的运用,必须以体现己方实力为先决条件。在初查活动中,一般在初查后期阶段使用较为妥当。到了初查后期阶段,初查工作已经趋于完善,收集和获取的情报信息足以展示侦查人员的实力,突破案件的条件已经成熟。此时采用此计谋可以加速分化嫌疑人之间、嫌疑人与利益关系人或行贿人之间的内部矛盾,催化线索迅速向成案转化的过程。例如,某基层检察院发现该院管辖的市公路交通管理部门下属的两个检查站存在群体性受贿的线索,在初查中收集和掌握了大量情报信息,为了减少打击面和减轻负面影响,先行突破了一名主要行贿人和一名主要受贿嫌疑人,起到了敲山震虎的作用后,适时召开投案自首动员会,迅速化解了嫌疑人之间可能的串供行为,迫使 41 名检查站人员全部投案自首,达到了不战而屈人之兵的真正目的。

（八）三十六计，走为上计

三十六计，走为上计。释义原指无力抵抗敌人，以逃走为上策，指事情已经到了无可奈何的地步，没有别的好办法，只能出走。出自《南齐书·王敬则传》："檀公三十六策，走是上计。"其指战争中看到形势对自己极为不利时就逃走。现多运用于生活、工作、社交之中，如果形势对自己不利、敌强我弱时，就选择暂时退却，重新再来，或另谋他法。走为上是一种计谋，是一种智慧，是以退为进，寻机制人的策略。职务犯罪往往牵涉到各种利益集团，有时线索刚刚开始初查，犯罪嫌疑人还没有被控制，已经有人来打探消息甚至说情。有时候如果遇到的阻力过大，压力无法承受，线索就会积压下来，甚至永远石沉大海。面对此种情况，刚正不阿、秉公执法不失为一种选择，但往往会造成两败俱伤的结果。对于此种情形，广大侦查人员自有感触，难言之隐，无从苦诉。

侦查实践告诉我们，初查在某种意义上就等同于没查。一般情况下，初查无法获取实质性证据材料，因此就无法证实初查对象构成犯罪。当有人问侦查人员"他犯了什么罪？有证据吗？拿出证据来"时，侦查人员往往无言以对。如果回答："我们有很多情报信息指向他可能涉嫌职务犯罪。""可能有"反之就是可能没有，人家不会信服，还会以初查对象为地方经济发展作出贡献为由辩解。刚正不阿、秉公执法是侦查人员必须坚持的精神和原则，但走为上计，迂回前进，以求东山再起也不失为一种谋略的运用。例如，2009年，某市检察院决定对下辖的某县级市副市长李某展开初查活动。当李某得知这一消息后，即四处活动打探涉案信息，并四处联系有关人员给检察院施加压力（这恰恰说明李某心虚，有涉嫌重大职务犯罪的可能）。该市检察院为了避其锋芒，决定先对另一批系列案件开展全面的突破工作，用无声的行动向其传递"我们没时间查你"的迷惑信息。待风声过后，该市检察院决定重新秘密启动对李某的初查工作。2010年5月，该市检察院以迅雷不及掩耳之势，同时控制多名涉案行贿对象，无一例外地指向李某涉嫌重大职务犯罪，最后查证其受贿100多万元。办理李某案件的过程中，也得到了当地党委、政府和人民群众的一致支持和好评，嘈杂之声消失殆尽。

在这种情况下的"走"，并不是因为力不可支，而是出于迷惑敌人的需要，这是一种以迂为直的迂回战术。通过伪装的退却，可以诱敌深入，使其误入"重地"，进而被我们"聚而歼之"；通过伪装的退却，可以诱进分敌，使我们能够各个击破，以少胜多；通过伪装的退却，可以"能而示之不能"，给敌人以弱小、恐惧的假象，助长敌人骄傲轻敌的心理，使其不加戒备，给我们突然袭击带来可乘之机。"以退为进"的策略表面上看来似乎脱离战场，躲避同敌人的直接接触，属无为之举，其实本计包含着很多积极的作用：避免决战，诱进分敌，变换环境，拖垮敌人。这在职务犯罪初查中"上"就是上上之策。

在初查工作中运用此计，我们必须把握以下几方面：首先，暂时的"走"是一种策略，必须以后续的跟进为前提，"走"必须为后续更好地初查、突破线索做好准备。其次，绝不能但凡遇事就知难而退，必须是在"走"不下去的情况下，当遇到阻力、压力超过所能承受的程度时，才能暂时采取的策略性措施。最后，"走"绝不能一走了之，否则有违侦查工作职责，必须以迂回前进的坚定决心作为保证。谋略的运用是一把"双刃剑"。成，则能促进初查工作的深入开展，促成线索迅速转化成案。败，则会给初查工作及其以后的侦查工作带来负面影响。关键在于时机的把握、处置的坚决。

第三节　初查模式与机制

随着职务犯罪侦查工作的不断深入，新的情况和问题也在不断出现。潜在的职务犯罪嫌疑人反侦查能力的逐步增强，公民人权意识和法律保障的要求进一步提高，检察机关侦查部门的技术侦查措施的停滞不前，资讯高度发达导致的信息传播异常迅速等原因，都给检察机关查处职务犯罪带来新的挑战。为了应对越来越复杂的反腐败斗争形势，侦查部门在现有法律规定的要求和框架内对于初查模式和初查机制的总结、研究及实践也在不断地加以丰富和创新，以期解决初查工作中所遇到的"瓶颈"和难题，切实地提高办案的质量和效率。

一、以初查对象涉及的职权范围划分

（一）个案初查的方法

个案初查的方法主要是指初查中所涉及的对象仅限于孤立的国家工作人员个人，其可能产生职务犯罪的权力行使范围也仅限于个人，仅仅依赖其自身职权就能够完成职务犯罪法律构成要件的所有内容，并且在现有情报信息和目前所能预测到的初查视野中，涉及其他国家工作人员的可能性也极低，对于此类线索的初查，侦查部门一般会将初查焦点聚焦于直接的初查对象，轻易不会予以扩大，以节约司法成本，提高办案效率。对于此类线索不宜久拖不决，应当定人、定时、有针对性地开展初查活动。有就有，没有就没有，采取短、平、快的方法及时初查、及时突破、及时成案。例如，某残联中心负责基建的杨某已 58 岁，从其履历上分析，55 岁之前未掌握实权，55 岁至 58 岁之间仅负责了奥林匹克体育中心一个基建项目。侦查人员认为其主要犯罪事实应当集中于 55 岁至 58 岁之间，55 岁之前不太会有大的犯罪事实存在，且也没迹象表明与其他人有共同犯罪可能，线索无发展潜力。侦查人员遂采取立竿见影的初查方式，只花了半个月的时间进行了有针对性的初查，最终查获其收受贿赂 8 万余元。

（二）行业、系统型窝串案初查的方法

行业、系统型窝串案初查主要指线索初查的重点涉及某个具体的行业、系统或者国家机关、国有企事业单位、公司等范围内的多名或者一批对象。在这些行业、系统或单位内，职务犯罪现象已形成一种常态或者半公开的潜规则，泛滥于其间的职务犯罪的权力运行状态非单独一人，而是通过上下勾连，左右互补的形式构成了网格状的结构。在初查这类线索中，只要是权力运作的职权范围之内所涉及的国家工作人员，都应当成为侦查部门初查中重点关注的对象。

此类线索的成案率高，成效大，初查得力将满足一个基层院一年的工作总量的需求。对于此类线索的初查应当作为重点线索，当精心组织、周密计划，集中精力组织初查。初查人员应当固定，可以是两人一组专项初查，也可以两组、三组人员集体初查，务求初查的成功率。

（三）区域型系列案件初查的方法

区域型系列案件初查主要是指线索初查的重点集中于某个区域，司法实践中较为突出地表现在查处领导干部职务犯罪线索中。只要是该领导干部重要职务变迁所涉及的区域和单位，其密切交往的同级领导、同事、秘书、部属等人员，在某个区域范围内形成了职权相互利用或者进行利益相互交换的网格状权力运行状态。从某种意义上讲，就是在特定区域内形成了操弄国家权力与所辖区域内企业或个人之间进行权钱交易，输送不正当经济利益的权钱交易的利益圈子。对于此类线索的初查必须要谨慎处置，有计划、有步骤地开展。此类线索涉及面大、易受到的阻力、压力也大，反之最终取得的办案成果也大。因此，早期排摸线索时，鉴于保密的需要，只能指定专人负责初查。待线索拓展，形成一定规模时，再对线索进行分块，将分割的部分线索内容交由其他侦查人员负责初查工作。以解初查内容过多、工作量过大的矛盾。

二、以初查的时间跨度划分

(一) 短促突击式初查方法

实践中，有时会发生突发性的线索暴露现象。对于此类案发突然、案情相对明确、时间任务迫切的线索可以采取短兵接触。突击初查的方法主要有以下三种：

1. 单位发现职务犯罪案件线索后移送到检察机关，侦查部门应当根据线索的轻重缓急采取相应的应对措施。对于线索内容明确、情况紧急的，应当采取短促突击式的初查方法。集中侦查部门优势力量在数天内迅速地完成必要的初查工作，以期获取和固定必需的证据材料。在确有必要的情况下，侦查部门还应先期控制涉案对象，边立案侦查，边同时开展外围的证据收集，收集与案件有关的情报信息。

2. 在线索的初查过程中，有时会发现涉案对象、涉案行贿人或者利益相关知情人藏匿、毁灭证据、串供、逃跑等紧急情况。侦查部门应当当机立断，中止初查活动，直接进入线索突破程序，尽快侦破此案。

3. 对于涉案对象主体单一、涉案内容比较明确、初查内容较为直接、简单、发展潜力不大的涉案线索，也可以采取短促突击式初查的方法，节省人力、物力，尽快查明全案。

(二) 正常期限程序式初查方法

在正常的初查期限内，按照正常的程序按部就班地完成初查任务，是最标准、最理想化的初查方法。也就是线索经评估、领导批准后交由侦查人员负责初查，侦查人员根据制订的初查计划，在规定的初查期限内（2~6个月）循序渐进地开展初查工作以完成初查任务，最终撰写初查终结报告，提出处理意见（或中止、终结初查活动，或转入突破、立案程序）。

在实践中，这种方法是最为常见的初查方法。但是，作为一名优秀的侦查人员，会随着初查工作的不断深入，初查所涉及的内容会发生重大的变化。有时会发现更重大的犯罪事实、其他涉案对象，有时发现的涉案对象较原先的初查对象更为重要。初查的内容越来越多，初查的范围越来越广，这就要求侦查人员根据初查工作的进程，不时地调整初查方案，重新制订初查计划，甚至另行撰写初查请示报告，重新计算初查期限。

(三) 专人长期经营式初查方法

目前职务犯罪的表现形式更多的是行业型、系统型、区域型的多人交叉纵横型的窝案、串案、系列案件，其表现的隐蔽性、复杂性、对抗性等特点相当突出。在现有法律保障和技术条件都未达到十分完备的情况下，对于此类大型的线索都应当安排合适的侦查人员组成一个初查小组，通过长期经营的方法来完成线索的整体初查任务，以期达到立案的标准或者达到对线索可以进行突破的程度。

对于某些起初反映涉及的目标较小、经评估后预测有较大发展前景的线索，或者一时的条件远未具备初查要求的模糊线索，或者对于当年度办案形势来讲，办案时间和办案力量已不允许安排的情况下，也必须顺延至下年度处理的线索，侦查部门都应当物色专门的侦查人员对这些线索进行长期经营。即使个别侦查人员调离岗位，也不会直接影响线索初查的进展。

三、以初查的主体结构划分

（一）单一侦查主体的初查模式

依靠某个检察院内部的某个侦查部门的侦查力量，单独完成对某条线索的初查工作，直至立案、侦查、移送审查起诉的模式，是一种传统的也是当前大部分基层检察院常用的初查模式。

此种初查模式主要适用于涉案对象职级不高、涉案人数不是太多、涉案内容较为简单、干扰阻力较小的线索。依靠某个检察院单个侦查部门的侦查力量就能完全胜任对线索的初查工作。如果单个侦查部门的侦查力量不足时，可以提请检察长批准，调配本院其他部门的精干力量共同组成专案小组开展初查，直至完成线索的查处任务。

此种模式的不足之处主要体现在两个方面：一是初查思路、初查眼光具有局限性。无法学习、借鉴其他检察院先进的初查思路、办案经验。二是办案力量单薄、无力承担大型线索的初查任务，体现在对线索的深挖、进一步拓展上力不从心，只能局限于实现管辖内案件线索的初查任务。

（二）侦查一体化的初查模式

侦查一体化模式就是以省级检察院为指挥，以市级检察院为主体，以基层检察院为基础的上下一体的侦查模式。将侦查一体化模式引入初查之中，就是要将侦查机制前伸到初查中去运用。涉及全省性的大型线索由省级检察院全面指挥、全面部署、全面协调。而一般情况下，涉及全市性的线索较多，市级检察院应当承担起指挥协调的重担。对于涉及全市性行业型、系统型、区域型的线索，由市级检察院统一指挥协调，涉及管辖的基层院相互配合的方法，既各自负责管辖对象的初查工作，又相互配合，结合谁有利就由谁负责获取情报信息资料的原则，发挥各自优势，充分拓展初查内容和初查范围，最终实现资源共享、办案成果共享的多赢局面。

　　这种模式的优势在于四个方面。第一，最大限度地调动基层检察院的积极性，发挥基层检察院对当地情况较为熟悉的有利条件，以最稳妥的方法开展初查工作。第二，排除干扰。遇到困难阻力时，由上级检察院出面协调有利于线索初查的顺利进行。第三，加强初查力量，有利于线索初查内容和初查范围的不断拓展和延伸，取得办案的最大效果。第四，在初查过程中，有利于各基层检察院在上级检察院的指挥协调下，相互学习、相互交流初查经验，提高初查的能力和水平。

第六章 线索的长期经营

1995 年，某基层检察院接到群众举报称：该市自来水公司主要负责人存在经济问题。随后，该院前后两次组织初查均未果，作缓查处理。1998 年，当得知该公司投资逾 2 亿元人民币进行扩建改造的信息后，遂第三次决定对该线索重新启动初查，并指定专人负责对该项目进行专项跟踪调查，进一步扩大对情报信息的收集，不仅了解了该工程主要负责人的构成情况和该工程的主要建设内容，而且掌握了建设单位及其主要负责人的基本情况。1998 年 4 月，工程竣工后不久，该院组织人员对这条线索展开了突破工作，一举侦破了该公司主要负责人等多人涉嫌受贿犯罪的窝串案。在查获了他们在这一扩建工程中收受贿赂犯罪的同时，也查清了他们在 1992 年至 1995 年之间发生的受贿犯罪事实。

这条线索前后三次，历时五年的初查工作给予我们强烈的启示作用。对于某些线索，鉴于其复杂性、隐蔽性，侦查人员必须保持忍性，耐心地、长期地开展初查工作。2001 年，笔者大胆地提出了线索的"长期经营"这一概念，并在此后 10 多年的时间里进行了长期充分的实践和论证，取得了良好的成效。

第一节 长期经营的理念

经营一词，在现代用语中常常出现在经济领域。但本词原意实为经度营造，出自《诗·大雅·灵台》："经始灵台，经之营之。"引意为筹划营谋。对线索的经营就是对线索的筹划营谋。所谓线索的长期经营就是在线索的初查过程中，在广泛收集各类与职务犯罪有内在联系的情报信息的基础上，不断扩大初查范围，增强初查的深度和质量，发挥侦查人员的主观能动作用，充分运用初查谋略，对大量收集来的原始情报信息进行保存、整理、分析、研判、筛选，并作进一步的加工处理，从而促使其成为有价值的证据资料，为侦破案件打下扎实的基础，并在长期谋划的过程中择机创造条件，扩大战果。

如何正确有效利用有限的线索，是每一个侦查部门面临的实际问题。为此，侦查部门负责人以及办案骨干对接手的每一条线索，从准确性、可行性、真实性、价值性等方面逐步进行评估、分析和选择，有针对性地对可查性强的线索进行初查。对一时难以成案的线索采取"放水养鱼"的策略，即使对不能成案的线索也不可轻易放弃。

一般来说，从情报信息的收集、管理到经营，线索的初查直至侦破案件，由于职务犯罪的复杂性、隐蔽性和其自身固有的特性，除了投案自首等极个别案件外，均不可能顺利攻破，"一夜"功成。因此，侦查部门在对线索进行初查的过程中很难指望一朝一夕就侦破案件，尤其是对疑难复杂线索必须树立起长期经营的理念。长期经营的理念包含两个层面的内容：一方面，对于一般的情报信息的长期经营，举报中心应当负起主要职责。基础情报信息的收集工作，本身就是一项乏味、单调的工作，只有长期坚持不懈地对情报信息进行反复不断的收集、整理、分析、比照、筛选，才能从中发现有价值的线索，为侦查部门提供有力武器。另一方面，侦查部门在对线索进行初查的过程中也很难凭借一朝一夕就能侦破案件。因此，必须树立起长期经营的理念，特别是针对疑难复杂线索或大规模系列窝串案线索，更不能逞一时之勇。只有在长期经营的过程中，积极发挥侦查人员的主观能动性，充分运用初查谋略，不断获取更多的情报信息，选择恰当、适合的时机，才能达到突破线索、扩大战果的目的。

一、长期经营的适用条件

树立长期经营的理念，必须深刻领会其内在含义，处理好各种关系。

第一，长期经营首先要解决的问题是线索的适用问题，哪些线索需要长期经营，哪些线索不需要长期经营。侦查实践表明，基层院查办的案件基本上都是不经过长期经营的。这就带来许多的弊端：初查的时间过短、初查的内容不够全面、突破的准备工作不细、造成仓促上阵，对案件的突破带来许多麻烦，办案过程不流畅，即便成案，质量也大打折扣。

第二，以事查事、就案办案。案件虽然办成，但数额不大，容易办成个案；由于初查的深度不够，较难办成窝案；或者由于初查的广度不够，不易办成串案。

第三，初查的质量不高，案件很难突破。司法实践中也存在多条线索连续突破均未能取得成果的情况，这样的情况恰恰证明了是由于初查质量不高造成的。一旦出现这样的情况，既浪费了人力、物力，影响了办案周期的顺利伸展，又影响了侦查干警的士气，影响到办案效果。

第四，由于初查内容掌握得不够多，审讯中无的放矢，易造成拖延审讯时间、不文明办案等现象的发生。有时会直接影响到对是否立案，是否采取强制措施等决策的决定，使办案陷入被动的境地。总之，我们认为除了初查目标明确、检举的事项专一或者简单的线索外，大部分线索都应当树立起长期经营的理念。

一般来说，适用于长期经营的线索主要包括以下几种类型。

（一）不易查处的线索

侦查实践中，有些线索容易查，而有些线索不易查处，情况各不相同。这要根据线索内容的实际情况加以鉴别。同时取决于侦查人员对线索的分析研判能力。对于线索的难易程度，具体情况具体经营：

对于举报信内容三言两语、内容空洞、暂时没有着落点的线索，从表面看上去完全没有什么价值，一般都作缓查、存查处理。但我们认为，对于此类线索应当引起重视，不能轻言放弃。其实对于线索本身而言没有价值大小可言，我们应当透过表面看实质。对于此类线索的经营由举报中心经营较为合适，通过对它们的长期关注、整理、跟进，一旦有新的情况出现，或者主动地去发现一些新的情报信息后再行启动初查程序。

（二）疑难复杂类线索

疑难复杂案件或线索在办案实践中经常会被提及，有时甚至作为侦查人员怠于办案的借口。许多案件线索都被冠以疑难复杂的帽子。其实疑难复杂没有一个标准的界限，是因人、因时、因事的不同而理解不同的。对于疑难复杂线索的长期经营中有以下几种情况。

1. 线索背景复杂。"关系网"纵横交错的线索，草率初查易造成初查意图的过早暴露，人为增加阻力，有时甚至不得不中止初查，甚至出现线索永远灭失的后果。

2. 线索内容较多但不够翔实，情报信息间相互联系不够紧密，犯罪程度不够清晰，法律关系较为疑难复杂。

3. 初查对象位高权重，在当地有一定知名度或在本单位、本行业有较高的权威性，且举报内容不够翔实的线索。

4. 时机不够成熟，如初查对象负责的工程建设、项目招标正处于关键敏感阶段。

5. 初查对象长期声誉较好，且为当地经济社会发展作出过重大贡献的线索。

6. 初查对象有一定职位，且该单位、该行业正处于本地区经济发展引领地位。

7. 该线索处于重大事件或者敏感时期之中时。

8. 涉案单位人员重大调整，或者检察机关直接领导调整时。

疑难复杂的情况不能一一而足，总之，对于此类线索的初查必须坚持长期经营的理念，周密布置初查计划，严格保守初查意图和初查秘密，通过深入细致的初查工作，长期经营，时刻准备，一旦时机成熟，疑难复杂点消退，及时迅速组织力量突破案件。

以上两类线索主要是针对个案的长期经营，而笔者所要阐述的长期经营理念主要是针对下列窝串案和系列案件而言。

（三）共性案件线索

2002年笔者提出了职务犯罪"共性案件"的概念。所谓共性案件就是指在某一单位、某一行业中查找"潜规则"等带有该单位、该行业共同特征的案件线索；或者通过挖掘共同行贿源头侦破案件，不仅如此，且能带来连锁效应，在该单位、该行业挖掘出窝串案的案件或线索。这些线索或案件正好符合当前"行业抓、抓行业，系统抓、抓系统"的反腐败工作机制，也可称谓行业型线索或系统型线索。

（四）区域型线索

简单形象的比喻：如果将单个的案件、单一初查对象的线索看作是一个点的话，那么行业型、系统型线索挖掘窝串案就是一条线，而区域型线索正好是多线结合的一个面，甚至是一个立方体。单一初查对象的线索只能查处一个人或一个案件，行业型、系统型线索则能查处一批窝案或串案，而区域型线索查处的则是一个整体区域内的系列案件。在腐败问题多发、高发的经济发达地区，基层院完全可以将一个乡、一个镇等作为整体初查的目标展开，市级院则可以将一个县、一个区、一个开发区或高教园区等作为整体初查目标展开，这就是区域型线索。

二、长期经营的时间把握

长期经营并非是漫长、无目的、无限制的行为，而应当是有目的、有计划、有步骤、有限制的初查行为。一般来讲，每个基层院或市级院均会根据上级检察机关的考核目标，结合各地的办案实际，每年完成一定数量的办案任务。因此，长期经营中的时间一般拟定为6个月为宜。

（一）长期经营线索的初查时间须与侦查周期相吻合

长期经营的线索初查时间定为6个月的原因在于与职务犯罪侦查工作的周期基本吻合。今年的案件，去年初查；明年的案件，今年初查；后年的案件，明年初查，符合侦查工作节拍及规律。依次类推，推动本地侦查工作有序、健康、循环、良性发展。

（二）长期经营线索必须与长期搁置线索相区分

长期经营绝不是将线索长久地搁置，消极地等待线索成型或者消极地等待突破时机的到来。这种消极搁置的方法是不可取的。长期经营必须要保持积极的态度，在长期经营所需时间得到充分保证的前提下，有计划、有步骤、有目地开展初查工作，以利于广泛地获取大量的情报信息资料，主动地寻找突破案件的时机，促使初查线索尽快地成案。

（三）长期经营线索的初查工作量与经营时间的平衡

长期经营线索的初查工作量与单一线索的初查工作量相比，肯定要大得多，有时更要成倍、成几倍地增长。由于初查工作量大这一特征所决定，对有些长期经营的线索在初查时间的把握上应当作适当的延长。工作实践表明，一般以2年为界较为合适。经营时间过长太长则会造成"炒冷饭"或错失突破最佳时机的可能，甚至由于情势变化，反而对侦查工作不利。

（四）多条长期经营的线索可同时进行

长期经营的发展方向会存在不确定因素。由于长期经营的时间保证，初查的内容和初查的工作量就会逐渐递增，绝大多数情况下，线索的发展方向和触角就会不断延伸，有时还会涉及其他行业或区域，从而无法保证初查工作的按时完成，影响到年度办案工作的适时开展。因此，同时布置2~3条线索的长期经营是完全必要的。一方面，能够使每条长期经营的线索保质保量地完成初查任务，做到成熟一条、查处一条。另一方面，不会影响到侦查工作的整体情况。

（五）正确处理好长期经营与"放水养鱼"的关系

当前社会上有种言论认为，这个人已经被举报了几年，如果前两年就把他查处，事情就不会这么严重了；到今天才查处，数额那么大，不知道要判多少年呢。"放水养鱼"与党和国家反腐败精神背道而驰，这种情况是检察机关和每一位侦查人员绝对要摒弃的行为。但是要必须指出的是，侦查工作是错综复杂的，如果提前两年查处就会存在多种可能性。一是其尚未构成犯罪，没有查处的必要性。二是其犯罪数额较小，又会引起社会上其他的非议，如这么小的案件你们也查等。三是如果此人职位较高，犯罪数额较少，就会平添干扰和阻力，侦查工作难以开展。所以，我们必须树立正确的执法观念，树立正确的长期经营理念。

1. 坚持有案必办，查案从速，坚决杜绝积压案件线索情况的发生。一是坚持有案必办。有案必办就是要解决敢于办案的问题。无论案件查处的难度再大，查处案件的阻力再大，还是嫌疑人的职位有多高，作为战斗在反腐败斗争第一线的检察机关都要坚持原则，敢字当头，勇于克服困难，排除阻力，坚持"办案才是硬道理"，坚决查处腐败案件。二是要善于办案。一方面，要坚持查案从速，但查案从速并不意味着盲目地办案，这就要求我们充分地做好突破案件前的准备工作，要求我们充分地做好初查工作，也就是要求我们树立长期经营的初查理念。另一方面，鉴于我们目前办案力量不足的实际情况，同时开展对多条线索的长期经营和初查，从而减少案件线索积压情况的发生。三是基于职务犯罪案件的隐蔽性、关系的复杂性、主体的特殊性以及反侦查能力强等特点，长期经营更有利于我们排除阻力和困难，选择最有利的突破时机和突破口，促使查处职务犯罪的结果达到最大化，从而促使简单的线索转化成强有力的多发性线索，达到法律效果、政治效果和社会效果的有机统一。

2. 进一步加强对"放水养鱼"危害性的认识。检察机关除了依法查办职务犯罪案件以外，更承担着预防职务犯罪的重任。预防职务犯罪就要求我们将苗头性问题消灭在萌芽状态，绝不能允许"放水养鱼"情况的发生。我们必须正确把握预防与打击的关系，从反腐败的精神实质分析，职务犯罪预防是重中之重的工作，任重而道远。而职务犯罪侦查工作是预防工作的必要补充，是一项特殊的"亡羊补牢"的预防工作，起到进一步震慑犯罪、遏制犯罪的作用。

三、长期经营的价值功效

长期经营的线索具有涉时长、工作量大、收集情报信息量大等特点，如果长期经营的线索与侦查的结果仍然是只查处个案，这显然与长期经营耗时长、工作量大的巨大付出不相适应。2005年，某基层检察院接到举报称，一辆严重超载的运输车辆在经过公路检查站时，向检查站旁边的停车场私营业主交纳2000元的所谓"装卸费"后即顺利放行。这样一封简短举报信所涉及的事情看似不大，一般情况下都会作存查处理。但该院以发散性思维出发，一辆超载车要2000元，10辆车呢？100辆车呢？而且，该检查站地处两省交界的繁忙路段，于是该院决定对此条线索开展秘密初查。在历经一年半时间的长期经营后，获取了大量的情报信息和初查材料，形成了3万余字的初查报告，最后敦促该检查站和附近检查站共计41名公路管理稽查人员投案自首，从中立案查处17人。

这条线索从仅仅涉案2000元的一件小事出发，在初查中始终贯彻长期经营的理念，采用发散性思维原理，向纵深发展，向周边延伸，最后获取了硕大的战果，这一长期经营的典型案例进一步阐明了线索长期经营的功效价值。

（一）长期经营有利于实现"零口供"案件

显而易见，长期经营确保了线索初查的时间，所获取的情报信息、证明材料数量、质量也得到了较大提升。更难能可贵的是，有时还能获取到可以直接证明犯罪事实的实质性证据，达到不经传唤就能直接立案的效果，从而在真正意义上实现"零口供"案件的办理。

（二）长期经营同时为查办窝案、串案打下极为扎实的基础

当一份沉甸甸、具有几万字内容的初查终结报告呈现出来时，决策者会作何感想：报告详细罗列了各种情报信息、各种证明材料以及串联性分析、突破方案。没有任何的渲染成分，都是涉案的实质性内容，其价值功效是每一个侦查人员所梦寐以求的事。长期经营线索的过程中也为查办窝案、串案打下扎实的基础。

1. 长期经营能极大调动广大侦查人员办案积极性。案件唾手可得，侦查干警跃跃欲试，斗志空前高涨，争先恐后地表示要求参战，保证了办案 100% 的成功率。

2. 长期经营为选择"突破口"打下了扎实基础。由于初查材料详尽，可选择的行贿人突破口众多，选择余地大，可选择性就大。例如，嘉兴市人民检察院在突破某条长期经营的线索时，鉴于初查涉及面广，可选择作为突破口的行贿人达到 30 余人，遂决定第一波突破同时选择了 4 名涉案行贿人，他们交代了向 12 名嫌疑人行贿 5 万元以上的犯罪事实，达到了人均交代 3 名受贿嫌疑人。第二波突破同时又选择了 4 名涉案行贿人，他们交代向 8 名嫌疑人行贿 5 万元以上的犯罪事实，达到人均交代 2 名受贿嫌疑人，取得了比预期更好的效果。

（三）长期经营为侦查方向、侦查线路指明了前进方向

需要进一步强调说明的是，长期经营主要是针对行业型、区域型线索展开的。如果长期经营的基础夯实，就能够预先指明侦查的方向，特别是针对区域性线索，先行选择对准哪一块问题的查处是非常重要的。万事开头难，先行突破案件的难易程度将直接影响到后续案件的侦破进程。一般来说有三条途径可寻。一是先易后难，从简单易查处入手，然后向难查的方向挺进是基本的查案套路。二是自下而上的查，先查职级较低的嫌疑人，外围包抄，达成共识，最后拿下既定最高职位的嫌疑人。三是擒贼先擒王，先拿下既定职位最高的嫌疑人，虽有一定难度，宜从速，形成树倒猢狲散的分崩之势，自上而下地查处。因此，夯实初查内容也为选择侦查方向、侦查线路、途径指明了光明的前途。

（四）长期经营为预测案件的发展进程和最终成果提供有力的保障

夯实的初查材料不仅为突破案件、遴选突破口打下扎实的基础，也为科学的预测案件的发展进程和最终办案成果提供了保障。在线索经过长期经营、初查质量得到充分保证的前提下，经验丰富的侦查人员对该线索的涉案范围、最终能查获多少犯罪嫌疑人都能预先作出较为准确的预测结果。同时，通过背景调查，能够最大限度地减少办案阻力。通过形成办案高潮，促使嫌疑人迅速瓦解，提升办案效率，达到最为理想的预期目标，取得办案的最大效果。

浙江省嘉兴市检察机关长期经营线索成果一览表

成案时间	初查经营时间	初查报告内容	线索来源	涉案形式	涉案范围	涉案人数
2008 年	1 年	1.5 万字	自行发现	系统型线索	安监系统	共 17 人，其中实职处级干部 1 人，科级干部 8 人
2009 年	1 年 6 个月	3 万字	自行发现	区域型线索	平湖市、嘉兴港区 3.23 系列案件	共 46 人，其中实职处级干部 3 人，科级干部 23 人
2009 年	2 年	2 万字	自行发现	区域型线索	桐乡市 4.10 系列案件	共 12 人，其中实职处级干部 2 人，科级干部 5 人
2010 年	1 年	2 万字	举报	区域型	南湖区王某某等人系列案件	共 10 人，其中实职处级干部 2 人，科级干部 3 人
2011 年	2 年	1 万字	自行发现	区域型	嘉善县黄某某等人系列案件	共 16 人，其中实职处级干部 1 人，科级干部 10 人
2012 年	2 年	1.5 万字	自行发现	系统型	高教系统	共 20 人，处级干部 5 人
2013 年	2 年	2 万字	举报	系统型	广电系统	共 23 人

第二节 长期经营的谋略

线索的长期经营有别于一般线索的初查,是有重点的、综合性的初查工作,也是真正意义上的职务犯罪侦查工作。我们在解决了敢于办案的首要问题后,关键在于善于办案。善于办案就是要求我们发挥主观能动性,积极开动脑筋,熟练地运用我们已经掌握的经验、技能和谋略,将原本传统的、僵硬死板的、蛮打蛮干的办案方式提升到科学的、适应当代侦查工作方式的思路上来,创造性地开展侦查工作,达到侦查工作的艺术化水准。从职务犯罪的整体来看,长期经营的理念和方法是侦查工作的主要内涵,是侦查工作的重中之重。因此,善于办案的关键之处就在于善于对线索的长期经营。

一、长期经营的途径

办理职务犯罪案件的关键环节在于案件的突破,案件的突破关键在于审讯。当前职务犯罪侦查工作都是紧紧围绕审讯这一关键性环节展开的,但是要想真正实现首次审讯达到100%的成功,功夫应当花在审讯前的准备工作上。常言道,台上一分钟,台下十年功。因此,做好突破前的准备工作是非常重要的,也就是说初查工作的好坏将直接决定着审讯的成败,决定着案件侦破工作的成功与否。因此,要取得案件的成功侦破,功夫得下在初查上,只有善于初查,善于长期经营,才能加大反腐败力度,加大打击职务犯罪的力度。

(一)在经营思路上善于运用发散性思维

发散性思维应当贯穿于初查的全过程,无论是初查的早期还是中期、后期,都应当以发散性的思维来思考问题,从每一条信息、每一条线索中发现其最大的价值。

1. 扩大线索的纵向联系。当侦查人员拿到线索准备开始初查前都会对线索的内在价值进行科学的评判,这是侦查人员在固有的经验上得出的结论,但恰恰是这一经验忽视了该线索的外在价值。例如,某基层检察院对辖区内某乡工业办正副主任涉嫌受贿的线索展开初查,笔者下去指导时正逢他们准备第二天开展侦破工作,笔者要求他们暂缓启动,能否重新对线索进行评估。从现有初查材料分析,正副主任归案已不成问题,但该线索的外在价值尚未得到充分显示,能否把初查范围扩大到该乡的分管领导以及工办的其他人员。后该线索作适当延期后,发现了该工办分管副乡长涉嫌严重受贿的事实。该案例告诉我们:在分析研判线索的过程中,我们在注重分析线索本身固有的价值外,应当利用发散性思维的方式，注重发现线索的外在延展性信息价值。以此案例为例，我们在初查工办正副主任的线索时，应当尽情发挥侦查人员的发散性思维，将该线索的上线（分管领导）和下线（工办工作人员等）纳入初查范围，如果条件允许的话，更应当将该线索纳入更大的范围进行考量，比如将该乡工业条线作为初查范围，抑或以该线索为基础将整个乡纳入初查范围，从而形成区域抓、抓区域的局面。

2. 注重线索的横向发展。有些线索在纵向联系上有深挖的余地，而有些线索在横向发展上更有挖掘的价值。例如，某基层院收到的一封举报信称某医药代表在推销某种药物时向医院采购人员行贿。那么我们在评估此条线索的内在价值的同时，应当联想到既然这种药存在回扣，那么在其他医院这种药是否也有销售采购情况。我们应当充分发挥发散性思维，根据该药存在回扣这一共性特征扩大初查范围，深挖该行业内存在的其他职务犯罪线索，从而形成系统抓、抓系统的良好局面。

3. 挖掘每一条信息的潜在价值。在长期经营的过程中，线索的初查过程并非依照计划按部就班地展开，信息的获取往往是零散而杂乱的。有些信息会直接佐证本线索的某一内容，而大部分的信息则呈现出跳跃式的发展，甚至有一部分的信息会指向其他方向、其他领域，为我们开辟其他战场埋下了伏笔。因此，我们要特别关注信息的各种特性，充分运用发散性思维，考量每一个信息的各种价值取向，扩充初查的范围，最终实现长期经营的最佳效果。

4. 无限放大线索的外延。外延从逻辑学分析，就是指适合于某一概念的一切对象，即该概念的适用范围。如"人"这一概念的外延就是古今中外所有的人。线索的外延就是可能存在职务犯罪的一切线索。无限放大线索的外延在实际中是无法做到的，但是作为一种理念，侦查人员必须坚持，它为发散性思维的尽情挥发提供了广阔的平台。在初查中，侦查人员可以将线索放到不同的环境中去考量：将初查对象放置到所在单位的范围内考量，是否会发现存在共同犯罪的情况，或者所在单位内有无其他人员涉嫌犯罪；将初查对象放置到所在行业、系统的范围内进行考量，是否会发现某些共性特征，形成"行业抓、抓行业"、"系统抓、抓系统"的局面；将初查对象放置到更大的区域范围内进行考量，是否会发现更多的涉案对象。养成这样的思考习惯，长期坚持这样的做法，将会有意外的收获。但是无限放大线索的外延并不能采取"怀疑一切"的态度，必须以务实的初查工作作为保障前提，必须以收集和获取到的情报信息，指引初查方向。

（二）在经营方式上始终坚持情报信息引导初查

情报引导侦查是侦查部门以情报信息为核心，以收集情报信息工作为基础的一种侦查理念和侦查模式。初查过程实质上就是不断收集、筛选、研判和运用情报信息的过程，是不断把情报信息转化为初查线索、初查材料的过程。情报引导初查强调了情报信息工作必须渗透到初查工作的各个环节，发挥情报信息以拓展案源线索，指导初查方向。因此，它是一种主动进攻型的侦查模式，是对传统被动受案型侦查模式的革新。尤其是在长期经营的过程中，各种情报信息都会源源不断地随着初查的深入而进行收集汇总。侦查人员以获取的情报信息为导向，进一步获取其他未知的情报信息，反复推进直到情报信息达到量的叠加，质的转变，最终完成初查工作。因此，始终坚持情报信息引导初查方向是长期经营的必然选择途径。

1. 情报信息为发现案源提供崭新思路。传统的凭借受理举报等消极等待线索的方法已经落伍，许多基层检察院都存在线索缺乏的状况。发现线索的能力和初查方法的落伍与时代要求的反腐力度相比已完全不相适应。现阶段，腐败现象正处于高发期，我们必须坚持以情报信息为先导，提高主动发现线索的能力。嘉兴市检察院反贪局从 2008 年至今共计查处副处级以上贪污贿赂要案15 件 15 人，全部案件的初查启动均不是来自举报线索，而是凭借侦查人员丰富的实践经验和侦查人员长期对情报信息的收集、整理、分析、研判得出的结论，自行积累发现的线索，自行启动初查程序取得良好的办案效果。

2. 情报信息引领初查工作不断深入。具体要求是情报指向哪里，初查工作开展就到哪里，信息引向谁初查工作就围绕谁去开展。线索在长期经营的过程中，情报信息会源源不断地被收集汇总，这就要求我们对每一条情报信息进行认真分析、甄别，分别评估其价值，引领初查工作朝着正确的方向开展。

（三）在初查目标的选择上确定初查重点

任何事情都是有目的地进行的，初查工作也是如此。但线索在长期经营的过程中，因为情报信息的不断汇集，其初查的重点对象经常会根据情况的变化而有所改变。

首先，在初查的前期，初查的重点对象相对固定，也比较明确，往往是初查启动时所锁定的初查目标，早期的初查工作都是围绕其展开的。然而在长期经营区域型线索时，又会出现初查对象相对不明确的情况，因为没有明确的目标锁定，其重点初查工作就是围绕该区域进行排摸式的，最广泛地收集一切有用或将来有用的情报信息。

其次，到初查早期时，初查的重点对象已经明确，至少是有一个明确的初查对象，初查工作相对围绕重点目标展开，同时收集其他涉案信息。

再次，到初查工作的中期，初查重点呈现出多样化，初查工作则呈现多头并进的局面，并且应当从重点中选择尤为重要的核心目标，查清其主要涉案信息。

最后，到初查工作的后期，主要是围绕各初查重点，开展补强性初查工作，完善各种情报信息的锁链，以便正确地分析判断案件突破的时机。

（四）在经营手段上必须坚持秘密初查

秘密初查的理念必须自始至终地贯穿于长期经营的全过程。秘密初查包含两层含义，一般而言是指在长期经营的过程中，始终保守初查的全部内容，包括初查的行踪、初查的行为、初查资料、初查方向、初查目标及初查的核心内容等与初查有关的一切内容与行为。秘密初查的核心含义则是指保证初查目标不被发现，核心内容不得泄密。长期经营的时间是相对漫长的，其过程又是错综复杂的，因此要坚持秘密初查谈何容易。尤其是基层检察院，由于管辖区域狭小，人际关系熟悉，想要完全保守初查的行踪是很难实现的。有时在初查中也会出现不经意间泄露初查目标的情况。例如到银行、房产机构等查询时，由于有关工作人员是初查对象、初查对象子女的亲戚朋友或近亲属的朋友，从而也极易导致泄密情况的发现。因此，坚持秘密初查，必须区别对待。

1. 强调秘密就是要求初查活动始终处于秘密状态。实践证明，公开调查对于绝大多数职务犯罪案件侦查工作来说都是行不通的。只要有丝毫的泄露，就会给侦查工作带来不必要的干扰和阻力。2000 年左右，某基层检察院侦查人员到房产公司查询某国有公司中层干部甲的购房情况，发现甲购买该套房的房款中有 10 余万元钱是业务单位打过来的。获得这样重要的实质性材料后，该检察院当机立断，第二天一早就决定带人。到了该国有公司后，公司董事长非常客气地将侦查人员带至办公室，得知侦查人员来意后，该董事长立即答复：你们今天来找甲的事情我早已知道，甲是公司的主要业务骨干，公司经营离不开他。10 万元房款是因为公司无法做账，是经董事会讨论决定奖励给他的。并同时出具了董事会讨论记录和奖励决定等书证。由于没有掌握到甲其他的犯罪事实，此案的调查工作只能作罢。侦查人员满怀信心地去，失望而归，董事长事先准备得如此充分，对此疑惑一直无法散去。多年后才得以明白：原来侦查人员去房产公司查询时，该国有公司人事保卫科的工作人员也在办理购房手续，待侦查人员离开后，该名工作人员立刻向公司领导作了汇报。案情的真伪已成为一个永久的谜团，但这件事告诫我们保密工作的极端重要性。在初查活动中虽然不可能做到绝对保密，但必须坚持这一原则和做法，尽可能地使侦查工作处于秘密状态。

2. 鉴于基层院的特殊情况，侦查干警长期从事职务犯罪侦查工作，正所谓抬头不见低头见，要绝对地隐蔽初查行踪、隐蔽初查活动的轨迹是非常困难的。但我们也不能轻视，也应尽最大努力，想尽办法隐蔽我们初查的踪迹。

（1）先易后难。容易获取的情报信息先行获取，较难获取的情报信息稍后获取，难度极大，容易暴露的情报信息最后获取，遵循初查的规律，先易后难，循序渐进地获取涉案信息。

（2）具体做法。一是查询工作，如银行、证券资料的查询，在当地查询有可能暴露行踪的，侦查人员可以到上一级银行或者省行查询，可以规避初查痕迹。二是相似的情报信息在当地了解获取有困难的，可以到相邻的县市了解调取，如关于渎职犯罪侦查需要获取的职责范围工作程序与相关资料，同一省份、同一地市所规定内容基本相同。三是尽可能不直接进入涉案单位内部调取涉案信息。侦查人员轻易进入涉案单位进行初查活动，极易引起涉案单位有关人员的警觉，从而过早暴露初查的行踪。四是即使暴露了初查活动的行踪，也必须刻意保守初查的目标和初查的真实意图。以笔者为例，从事职务犯罪侦查工作近 30 年，许多机关、部门都有认识的人，到这些单位走访、了解情况往往会碰到熟悉的人，他们或警惕或开玩笑地打招呼："又来查什么案子？"笔者总是笑着说："走走、聊聊，查案子用不着我亲自出马。"或者说："办点私事。"初查行踪对于基层检察院的侦查人员而言或许很难保密，但侦查人员必须时刻警惕，注意自己的一言一行，绝对守护住初查目标、初查内容、初查意图等核心内容，以免打草惊蛇。五是在侦查实践中，初查活动的行踪可能易于暴露，但必须严格保守初查的真实意图和核心的初查内容，这是秘密初查的关键所在。有时为了保守初查的真实意图和核心内容，可以暴露初查的行踪加以掩盖。六是在长期经营中，内外有别。对内必须明确初查目标，而对外则可以降低初查对象的级别，混淆视听。如在初查处级干部要案线索时，侦查人员可以告知是查处其下属科级干部，从而掩盖真实的初查意图，减少不必要的阻力和干扰。

3. 暴露初查活动后的对策。长期经营的过程中，对于不经意间暴露初查行踪，泄露初查内容的情况应提前做好应急预案。一般情况下有两种对策可以取舍：一是当不经意间暴露了初查行踪或者泄露初查内容这种情况发生时，我们已经获取了大量的初查材料，准备工作已经充分且足以开展突破工作，我们应当适时调整突破方案，及时开展突破工作。二是当不经意间暴露了初查行踪或者泄露初查内容这种情况发生时，我们尚未收集足够的情报信息开展突破工作，只能退而求其次，暂时中止初查活动，尽量对外宣称已经停止或者根本没有开展初查活动，尽可能消除影响和阻力，待时机成熟后再行启动初查程序。

4. 主动暴露有关初查内容，促成线索急速成案。主动暴露有关初查内容，必须根据案情的实际情况，在绝对有把握的时候适时展开。主动暴露有关初查内容必须把握好暴露的程度。原则上不能暴露初查的核心内容和具体的事实材料,只能是坦露犯罪事实存在的严重性和法律政策的相关规定。例如,前述某基层检察院查处的公路管理系统窝串案,在掌握了大量初查材料,已经能证明有严重犯罪事实存在的情况,适时召开会议,通报有关情况,督促投案自首,最终促使涉案41名初查对象在规定的3天时间内全部投案自首,促进线索急速转化为成案,减少了侦破时间和成本,降低了突破难度。

主动暴露有关的初查内容,与秘密初查并不矛盾。秘密初查是原则,主动暴露有关初查内容是侦查的手段,是初查谋略、策略的巧妙运用。值得重视的是,不能将主动暴露有关初查的内容这一策略当成家常便饭使用,必须时刻警惕这一策略带来的意想不到的风险。风险是与办案成果成正比的,在主动采取这一策略时必须把握好:一是事前做好风险防范、风险评估和应急方案。二是在使用这一策略前,必须是初查已掌握大量的情报信息或者是实质性证明材料,已经做好充分的突破方案的前提下使用。一旦风险存在,应当及时地进入突破程序,并且有把握突破成案,尽可能将风险降低为零。这一策略运用有两个优势:一是能够促使线索急速转化成案。二是通过主动暴露,促使初查对象串供、藏匿赃款,从而获取再生证据。当然以获取再生证据为目的而采取主动暴露初查行踪或意图的方法、策略存在不可控的因素,使用时应当慎之又慎。

(五)长期经营的总体要求

长期经营的总体要求就是线索长期经营的初查工作必须做到"以点及线,以线及面,面线结合",全面广泛地收集涉案情报信息。"以点及线"就是要求在初查中,坚持长期经营的理念,通过收集重点目标的情报信息,发现和寻找其他初查目标。横向的点与点相连,形成"行业抓、抓行业";纵向的点与点结合,形成"系统抓、抓系统"。"以线及面"是针对长期经营区域性线索的初查要求,在查处区域性线索中,以"以点及线"为基础,发现和寻找更多的点、线,从而形成线与线相连的全面的、立体型的"区域抓、抓区域"局面。笔者2005年提出了"区域抓、抓区域"的理念,并在实际工作中进行了长期的侦查实践,取得了较好的办案效果。党的十八大以来,党中央根据全国腐败现象相对严重的现状,作出了科学判断,向各省、部委、各中央直属国有企事业单位派出督察组,巡视和查处了一大批中高级领导干部腐败案件,同时也挖带出许多"苍蝇"。这一形式正是"区域抓、抓区域"与"系统抓、抓系统"相结合的产物,实现了职务犯罪侦查工作的"面线结合"。

二、长期经营与谋略运用

所谓谋略就是计谋与策略。侦查谋略则是指侦查机关及其侦查人员在刑事侦查过程中,为了发现、揭露、证实犯罪,查获犯罪嫌疑人而策划、实施的计策和策略。

在职务犯罪侦查实践中，谋略被到处使用。案件得以成功，都取决于谋略的正确运用。因此，不应将谋略过于神秘化。谋略自古有之，从《孙子兵法》到《三十六计》，对谋略的方法及其运用法则都作了详细的总结和解说。我们平时钻研的关键之处在于如何将谋略真正运用到侦查实践活动中去。应当说，我们平时在办案实践中运用的好的一些方法、措施，在事后总结过程中就上升为谋略。我们不应就谋略而空谈谋略。《三十六计》云："六六三十六，数中有术，术中有数，阴阳燮理，机在其中。机不可设，设则不中。"也就是说，计谋是无穷尽的，在客观实际中就蕴藏着谋略，在案件的侦查过程中，要根据案情发展的实际情况，充分发挥侦查人员的主观能动性，将已经掌握的谋略知识按照侦查规律适时地运用到侦查实践之中。而不能单凭主观臆断，事前就设计好某种谋略，挖好陷阱，让犯罪嫌疑人主动地钻进去，那样注定是徒劳无功的。

就职务犯罪的侦查与一般的刑事案件侦查区别而言，刑事案件一般是在立案以后才开展侦查活动，故谋略的运用贯穿于刑事侦查活动的全过程。而作为职务犯罪侦查活动则有其特殊性，一旦立案，就等同于宣告案件侦破，立案以后的谋略运用相反地随之减少，甚至于用不上谋略。因此，对于职务犯罪侦查活动而言，谋略的运用更多地体现在立案前的初查活动当中。

由于长期经营线索的初查时间长、收集情报信息的范围广、工作量大、情况较为复杂等特定因素所决定，在线索的长期经营过程中，谋略的运用更有广阔的用武之地。下面就谋略在线索长期经营中普遍适用的方法作一些探讨和尝试。

（一）对事不对人之经营谋略

我们受理的举报线索都是围绕某人是否存在犯罪事实进行分析研判的，开展初查工作也是围绕调查某人是否涉嫌犯罪进行的，这是惯性思维形成的。其实不然，一方面，法律规定初查时不得接触初查对象，绝大多数情况下，不接触初查对象就无法认定其是否有罪。另一方面，初查的过程中，初查的主要内容就是查明嫌疑人与行贿人或知情人之间有无利害关系，如有无采购物品、有无工程项目、有无权钱交易等事项。这些事项正是连接于犯罪嫌疑人与行贿人或知情人之间的中间载体，可以为我所用。前几年曾提倡以事立案，但以事立案的难度在于后期的转化工作，大多数以事立案的案件都长期搁置，无法消化处理。而以事初查正好解决了这一难题。以事初查的益处在于，可以进一步隐蔽初查的真实意图，只查事不针对人，避免过早地触动初查对象，排除不必要的干扰阻力，待初查结束，案件突破立案后再转化为对人的侦查。这一理念在线索的长期经营的过程中更能发挥其作用。在长期经营的过程中，情报信息的收集呈现叠量增加的态势，初查目标的涉案对象也是越查越多，经常会出现交叉初查对象的现象，这为我们含糊初查对象、隐匿初查对象创造了条件，避免了人为的干扰。尤其是当我们经营领导干部要案线索时，更能体现以事初查的功效，也为适时选择向党委汇报创造了有利的条件。

（二）通信信息延展查询之经营谋略

话单分析比较的方法目前在侦查实践中已广泛运用。从检讨我们工作的角度出发，我们更关注一次话单的分析比较，即对初查对象的话单查询进行分析比较，从中发现可能存在的行贿人而忽视了二次话单查询工作，即对可能存在的行贿人的话单进行第二次查询分析比较。实践中，有些侦查部门也对话单的二次查询比较重视，而忽视了话单的三次、四次、五次等查询工作。以此类推，不断增加情报信息的获取总量，环环相扣，不断延伸的方法正是线索长期经营之精髓所在。从理论上讲，这种经营谋略将为我们提供源源不断的情报信息和线索，形成查不完的案件的局面。

当然，举一反三，通过对其他情报信息的分析，延伸扩展线索的经营范围也是行之有效的经营谋略。例如，通过获取嫌疑人关系网、朋友圈的情报信息延展发现可能存在的行贿人；通过查询银行往来，发现可能存在的行贿人等。

（三）行贿人倒置初查之经营谋略

在线索的初查过程中，我们总是把初查目标、初查重点过分地集中在初查对象身上，而忽视了一个最基础、最简单的道理：没有行贿人哪来的受贿人。职务犯罪的特性又告诉我们，职务犯罪案件的突破现实存在二次审讯、二次突破的情形。贿赂犯罪的侦查是最好的明证，第一次先行审讯，突破行贿人；第二次再行审讯，突破受贿嫌疑人。而且，侦查实践进一步证明：第一次先行审讯，突破行贿人的难度远远大于第二次的再行审讯，突破受贿嫌疑人。其原因主要在于：第一，受贿嫌疑人的主体身份决定其教育程度、文化素养远远高于行贿人。第二，行贿人交代问题后将直接影响其今后的经济利益甚至生存环境。第三，法律的威慑力对行贿人而言大大低于受贿嫌疑人，受贿罪是重罪，而行贿罪是轻罪，且往往被追究行贿罪的比例较低。第四，关键在于第一次先行审讯突破行贿人时尚未掌握行受贿的犯罪事实，而第二次再行审讯突破受贿嫌疑人时已经掌握有部分行贿事实，尤其是第一个交代行贿事实的行贿人思想中有"害了人出去后做不了人"的世俗偏见，因此，行贿人的抗审能力远远超过了受贿人的抗审能力。基于以上几点，在线索长期经营的过程中，应当把初查重点、初查目标从受贿嫌疑人身上转移到以初查经营行贿人为主的思路上来。全面了解掌握行贿人以及行贿企业的基本情况和相关的情报信息，有利于长期经营范围的不断扩充，挖掘出更多、更丰富的案件线索。其优势在于以下三个方面。

1. 行贿人倒置初查有利于从行贿源头上挖掘线索与来源。一般来说，行贿人普遍存在多头多向行贿的行为。围绕行贿人开展初查工作，将会发现更多的受贿犯罪线索，摸清、掌握行贿人和行贿企业的情报信息，为审讯工作做好充分准备，有利于第一次审讯的顺利进行，切实解决首次审讯不得超过 24 小时的"瓶颈"难题。

2. 行贿人倒置初查有利于我们将初查的重点转移到行贿人和行贿企业源头性目标，从而利于我们隐蔽初查的真实意图，瞒天过海，查处真实的初查目标即受贿嫌疑人，从而避免和减少干扰，降低查案的阻力。

3. 行贿人倒置初查有利于我们长期经营线索，发现和挖掘更多的行贿源头，有利于我们在突破前选择更为合适的突破口，促使办案工作更加顺畅，更有利于我们的侦查工作形成"系统抓、抓系统"、"区域抓、抓区域"的良好局面。

长期经营中谋略的运用不是一朝一夕形成的，必须沉得下心来苦练"内功"。其主要体现在两个方面。一方面讲究一个"钻"字。线索的长期经营是一项复杂而繁忙的工作，在实践中，许多侦查人员勤于情报信息和资料的获取，而缺乏对已获知情报信息资料的钻研精神。情报信息是以固定的形式存在的，如果不加以研究，不钻进去，就难以发现情报信息的价值取向，就很难钻进去发现进一步的情报信息。另一方面讲究的是一个"韧"字。"韧"字精神要求我们不仅要钻得进去，更要善于对已有情报信息资料的分析研究，进一步发现更有价值的线索，从而改变以往只是以案带案的被动方式，取而代之为主动地深挖线索的初查模式，进而扩展初查范围，使长期经营达到或超越我们预期的效果。韧劲进一步体现在：当初查受到外部干扰、初查方向断裂或者初查进度受阻时，更要耐得住寂寞，沉得下心来，坚持持之以恒的精神，发现线索初查前进的方向，排除前进的障碍，最终完成既定的初查任务，到达成功的彼岸。钻劲、韧劲是初查工作达到精细化标准的必然要求，唯有此，谋略运用才会酝酿而生、手到擒来。

第三节　长期经营对决策的影响

长期经营绝不是简单意义上的长时间经营，也绝不是三天打鱼两天晒网式的拖延初查时间。长期经营不仅是一种崭新的初查理念，也是在侦查实践中必须养成的初查方法，是行之有效的初查手段。通过高效率的初查活动，换取丰厚翔实的情报信息这一成果。因此，长期经营所获取的丰厚翔实的情报信息将对线索的突破、审讯、立案、逮捕等决策活动，抑或是对立案以后整个侦查活动都会带来意义深远的影响。

一、长期经营对启动突破的影响

突破案件的程序在我国《刑事诉讼法》中没有明确的规定，根据职务犯罪侦查的特性，有其自身的特点。

（一）职务犯罪侦查程序启动之前，必须先行立案

立案的条件是有证据证明犯罪事实客观存在，需要追究刑事责任。而职务犯罪案件在绝大多数情况下，是无法在初查中就已经获取能够证明犯罪的证据的，所以它在立案之前必然存在突破这一环节。突破成功后，比如受贿案件，首次审讯行贿人获取有行贿犯罪事实存在的口供后才能立案。抑或是二次突破获取受贿嫌疑人有受贿犯罪事实存在的口供后才能立案。因此，对于职务犯罪案件的侦查而言，虽然法律没有明文规定，但是侦查实际中，突破程序这个环节是客观存在的。

（二）职务犯罪侦查突破过程启动模式的不同

就刑事案件而言，它的突破方式是被动的、滞后的。如杀人案件，一旦发现有故意杀人的事实存在，公安机关必须被动式地当即决定立案，随后进入侦查程序。相对于立案而言，它是被动式的、在侦查过程中滞后地启动案件突破过程。而职务犯罪侦查则恰恰相反，鉴于其隐蔽性强的特点，它必须超前地在立案前先行启动突破程序，主动地发现犯罪事实的存在，才能决定立案。

（三）职务犯罪侦查突破程序是主动的、超前的行为

在什么时候启动，在什么状态下启动，取决于案件负责人的决心。对于有些线索，指挥人员犹豫不决，瞻前顾后，迟迟下不了决心。而对于有些线索，指挥人员能够当机立断，毫不犹豫地就下定决心，启动了突破程序。那是为什么呢？关键之处就在于指挥人员基于对初查材料的分析判断。如果初查材料简单、缺乏，对犯罪事实是否存在缺少有证明力的初查材料，指挥人员就会出现犹豫不决，下不了决心的状况。例如，基层检察院在办案中，经常会出现这样的情况：同辖区的其他兄弟单位办案蒸蒸日上，而本单位的办案数寥寥无几，甚至出现办案数量为零的情况下，基于办案的压力，指挥人员盲目决定，仓促上阵，决定对尚未初查成形的线索启动突破程序，甚至决定对尚未初查的线索

开展突破工作。于是出现了启动一条、失败一条，启动两条、不成功两条的实际情况。这将严重影响侦查人员的斗志和信心，费时费力，不仅是浪费了人力物力，关键是浪费了宝贵的办案资源。

以上事例充分说明，指挥人员决定启动突破程序的前提条件取决于初查中有否获取丰厚翔实的初查材料。而长期经营正好为获取丰厚翔实的初查材料提供了方法、手段上的有力保障。启动突破程序的标准有两条：一是在初查中已经获取有证明犯罪事实存在的确凿证据；二是在初查中获取的大量的丰厚翔实的情报信息资料足以使指挥人员和侦查人员产生案件必破的强大的信心和心理判断。这点将在下一章《初查终结报告》中加以详细阐述。

二、长期经营对审讯的影响

审讯的场景经常出现冷场、无话可说的场面，这在以往的案件突破过程中随处可见、比比皆是。在以往的侦查实践中，我们采取监视居住，变相拖延审讯时间等方法，以期代替和弥补初查工作的不足。这种传统的办案方法已经无法适应当代侦查工作的要求。现代侦查理念要求我们：重证据、重程序、重人权保护。这就需要我们进一步加强对审讯工作的研究。

（一）审讯的成败取决于两个方面

一方面，审讯方法的多样性、审讯技能的提高、审讯谋略的灵活运用、审讯经验的积累，以及审讯水平的高低为审讯工作提供了后天的保障。另一方面，审讯的基础不可否认的还是在于审讯中所掌握的情报信息和证据材料，而这些情报信息和证据材料获取的唯一途径仍旧是初查活动中获取的工作成果。

（二）初查是审讯的基础

审讯是案件突破工作必经的程序，是决定职务犯罪案件能否立案的关键，审讯的重要性决定着初查材料的重要性。审讯的目的是通过与犯罪嫌疑人的正面交锋，将初查获取的证据材料得到犯罪嫌疑人本人供述的印证，形成完整的证据链，并从不同角度进行强化固定甚至拓展。从讯问的实践来看，无论是犯罪嫌疑人"编造供词"还是"供小瞒大"乃至"抗议威胁"，其目的都是要试探侦查人员掌握证据的程度，无论采用何种讯问方法和谋略来提高讯问的效率，都需要以初查中获取的情报信息和证据材料作为前提。新《刑事诉讼法》对律师拥有提前介入侦查阶段的权利和不得强迫任何人证实自己有罪的立法规定，均使得侦查人员凭借以往空间隔离、信息阻断、时间独占以及由此对嫌疑人所施加的心理影响，以期突破口供、获取并固定证据进而成案的优势不复存在。加上修订后《刑事诉讼法》所规定的讯问时限短、使用侦查措施手段要求更高更严，这就更需要将整个职务犯罪侦查工作重心前移，紧紧抓住初查这一关键的基础性阶段。初查工作的细度直接影响到线索能否在审讯前就先期立案。初查工作的深度决定了成案的可能与否和形成"案中案"的可能性。而初查工作的广度更是决定了此次案件突破的群体规模。因此，初查工作的好坏，直接影响着侦查人员办理案件的信心，影响着决策者的判断力。

1. 初查材料奠定了审讯工作的基础。第一，初查材料使得审讯工作能够做到有话可问，维系着审讯工作的继续进行。如果无话可问了，审讯工作也就只能中止或者结束。第二，初查材料为审讯技巧的运用提供了素材，使得审讯工作有的放矢，该问的问，不该问的不问；使得审讯方向，审讯策略的选择变得多样化；更是为审讯谋略的运用提供了保障。第三，丰厚翔实的初查材料能够增强审讯人员的信心，使得审讯人员胸有成竹，审讯工作有条不紊地展开。第四，可以证明犯罪事实存在的客观证据，能够促使审讯工作出神入化，做到想让你什么时候开口就让你什么时候开口的美妙境界。第五，详细的初查材料能够随时应变审讯中出现的各种情况，及时地改变审讯策略，或者改变整个侦查策略，使审讯工作或者整个侦查工作顺着我们既定的侦查方向前进。例如，行贿人交代向多个受贿人行贿时，如果每个受贿嫌疑人均处在我们初查的范围之内，那么就能够保证侦查和审讯工作的正常进行。如果交代的受贿嫌疑人不在我们的初查范围之内，情况紧急时，我们必须随时启动对该受贿嫌疑人进一步的应急初查程序。反之亦然，如果在审讯中，受贿人交代的多个行贿嫌疑人均在我们的初查范围之内，那么就能保证侦查和审讯工作继续正常进行。如果受贿人交代的多个行贿人不在我们的初查范围内，我们就应当立即启动进一步应急初查程序。

2. 初查材料能够起到催化审讯、扩大审讯成果的作用。第一，审讯行贿嫌疑人时，握有翔实的初查材料，不仅能促使其交代向既定受贿嫌疑人行贿的犯罪事实，还能进一步促使其交代向其他受贿嫌疑人行贿的犯罪事实，从而达到滚动深挖、扩大审讯成果的目的。第二，握有翔实的初查材料，不仅能快速地催化受贿嫌疑人交代我们已经掌握的受贿犯罪事实，而且能进一步催化其交代我们尚未掌握的、收受其他人贿赂的犯罪事实，从而促成案件的滚动深挖。

（三）首次审讯中掌握的情报信息材料只能是来源于初查活动

由于职务犯罪侦查的特性决定立案前突破程序的客观存在，首次审讯中掌握的情报信息材料的来源必然是从初查活动中获取的。首次审讯绝大多数情况下都在立案前进行，因此不可能获取于立案后的侦查活动中。长期经营所获取的丰厚翔实的初查材料为首次审讯的成功提供了有力的保障。

审讯中最不愿意看到的是刑讯逼供情况的发生。刑讯逼供的产生很大程度上是因为审讯手段的缺乏、审讯能力不高、审讯对象态度不好、审讯信心低落以及极度的失败感的膨胀等原因造成的。究其根源，无不与初查工作的粗糙、初查材料的缺乏、初查质量不高有关。如果有丰富翔实的初查材料作为铺垫，审讯对象交代态度良好，交代速度较快，是完全不可能发生刑讯逼供的。正是基于初查材料的缺乏，一旦遇到审讯对象拒不认罪的情况，审讯的手段、技巧就会失去支撑，因而产生强攻硬取、"水泥地里挖蚯蚓"的极其困难的审讯困境，从而引发审讯人员焦虑、失望、急功近利、脾气暴躁的心态，继而发生动手动脚、言语粗鲁的现象，情况严重的则会刑讯逼供，甚至导致审讯对象伤亡的恶性事件。

丰富翔实的初查材料为审讯、尤其是为首次讯问提供了坚实的基础支撑，使审讯手段和技巧的运用得到了丰富的素材，使审讯人员的信心得到了极大的提升，从而完全避免了不文明审讯现象的发生，确保了审讯工作依法、文明、安全、有序地开展。

三、长期经营对立案决策的影响

决策是指领导者在领导活动中，为了达到一定的目的，利用已知信息，运用科学方法对解决问题的方案进行研究和选择，最终作出决定的全过程。

在司法实践中，公安机关对刑事案件的侦查决定是否立案，是根据《刑事诉讼法》的规定，只要有犯罪事实存在，如盗窃事实、伤害事实存在，即可予以立案，然后展开正向地寻找犯罪嫌疑人的侦查活动。而职务犯罪侦查则恰恰相向。在立案之前，初查对象或者说侦查对象往往是存在的并且是明确的。根据《刑事诉讼法》有犯罪事实存在才能立案的规定，职务犯罪案件的立案必须在立案前的初查和突破这两个程序中逆向完成发现或证明确有犯罪事实存在。这个侦查过程从这一点出发，严格意义来讲，突破阶段也应纳入初查阶段的范畴。起码来讲，决定立案以前的突破程序应当纳入初查阶段范畴。立案以后的后续突破阶段才能纳入《刑事诉讼法》意义上的侦查范畴。从这层意思上理解，对于职务犯罪侦查而言，案件突破成功，发现有犯罪事实，或者嫌疑人交代犯罪事实以后，应当立案，对于这种情况的把控相对容易。难就难在职务犯罪案件突破过程中，犯罪嫌疑人（严格意义上应当为初查对象）在《刑事诉讼法》规定的时段内尚未交代犯罪事实时，检察机关的立案风险决策上。

线索的长期经营所获取的丰厚翔实的初查材料为初查终结、线索突破、审讯提供了充分的佐证材料，为立案决策提供了有利的保障条件。竭尽全力降低了立案决策的风险，但有时候也不能使立案决策的风险程度降低为"零"。

当嫌疑人在首次审讯中作了充分交代，又有初查材料作为充分佐证时，风险决策几乎为零。当涉案行贿人或证人作了充分证明，又有初查材料作为充分佐证时，虽然嫌疑人暂时不作交代，或者交代状态已有松动时，风险决策就会极度降低。当在初查中已经获取能够证明犯罪事实确实存在的有力证据，可以大胆地先行立案，风险决策已无风险可言。当行贿人或证人以及嫌疑人均不作交代时，而有丰厚翔实的初查材料作为铺垫，使立案风险决策成为可能。

应当说，在现实情况下，审讯时的责任在于审讯人员，能够促使犯罪嫌疑人交代问题的压力主要集中于审讯人员身上。如果没有初查中获取的翔实初查材料作为铺垫，指挥人员一旦风险决策决定立案，审讯能否成功的压力就会从审讯人员身上转嫁到指挥人员甚至是检察长身上，就会产生指挥力不从心、疲于应对的局面。即使案件办理成功，也会给后期侦查工作带来诸多的不确定因素和不必要的麻烦。即使案件办结后，也可能会留下很多处厘不清的"后遗症"，给检察机关的声誉带来负面影响。因此，丰厚翔实的初查材料不仅能有效降低风险决策的成本，而且为保障办案质量打下了扎实的基础，同时也为防止冤假错案的发生筑起了永远不可逾越的屏障。

四、长期经营对采取强制措施的影响

职务犯罪案件立案后，一般都会采取较为严厉的刑事拘留强制措施，或者采取较为宽松的监视居住或者取保候审的强制措施。采取何种强制措施主要取决于犯罪数额多少、犯罪情节是否严重、案情是否有发展前景、认罪态度好坏等因素。犯罪数额较小且认罪态度较好的，一般采取监视居住或取保候审等较为宽松的强制措施。犯罪数额较小，认罪态度一般的或者有证据尚需进一步巩固的，可以先行采取刑事拘留的强制措施，然后视情况再变更强制措施。犯罪数额较小，但侦查人员认为案情尚有深挖等重大发展前景的，应先行采取刑事拘留的强制措施，然后视情况再变更相应的强制措施。犯罪数额较大，犯罪情节严重的，一般采取刑事拘留，直至采取逮捕的强制措施。

侦查实践中，对于以上情况的掌握较为容易。难就难在嫌疑人未作交代，在风险决策决定立案的同时，决定对其采取刑事拘留强制措施的风险决策。一般情况下，如果行贿人或证人尚未交代或作证明，嫌疑人是不会直接进入立案程序。如果行贿人或证人已作交代或证明，且已经掌握的大量证据材料足够充分的情况下，迫使嫌疑人在刑事拘留的规定程序期限内交代自己的犯罪事实应该问题不大。更难的情况是，如果嫌疑人在刑事拘留的法定期限内仍然不交代其罪行怎么办？虽然这种情况不会经常出现，这种抗审心理极强的嫌疑人在笔者30年侦查生涯中也仅仅出现过几次。我们知道，是否采取逮捕的强制措施是职务犯罪侦查工作的又一分界线。公安机关对普通刑事犯罪嫌疑人采取逮捕强制措施后，尚有后路可退，起码能得到社会和人民群众的谅解。而职务犯罪侦查中一旦采取逮捕的强制措施，就无路可退，必须顺利地交付审判。如果出现无罪、错捕的情况，不仅面临着国家赔偿和追求责任人员相关责任，而且承办案件的检察院的正常工作将会受到重大影响，甚至受到毁灭性的打击，这是由中国国情和民意决定的。所以，采取逮捕的强制措施，必须慎之又慎。

当出现上述情况时，正是对指挥人员胆魄的严峻考验，也是对办案部门整体力量和办案水平的衡量。我们应当根据个案的实际，全面审视、认真分析、正确判断，根据当时当地的综合因素采取不同的处理方案。

第一，嫌疑人虽没有交代问题，但我们掌握有能够足以证明其犯罪的其他实质性证据时，应当当机立断，毫不犹豫地对其执行逮捕。

第二，嫌疑人虽没有交代问题，但口供有所松动，或已作部分交代，并伴随大量狡辩，我们掌握有充足的证明材料时，也应当对其采取逮捕的风险决策。

第三，当嫌疑人未作交代，而我们掌握有能够反映其可能存在重大犯罪事实的可能性时，必须本着对侦查事业的责任心、对反腐败的决心，根据现实情况，视情采取逮捕的风险决策，不轻易地放过每一个腐败分子。

总体上来讲，是否采取强制措施，采取何种强制措施主要取决于对案情的分析判断，来源于两个方面。一方面是来源于审讯中的实际进程，而另一方面主要是来源于我们初查中获取的大量丰厚翔实的情报信息资料。

五、长期经营对后续侦查的影响

初查是立案后侦查的基础。初查是侦查的前戏，作为为侦查服务的基础性工作，初查的工作结果既是面对现实的，也是面向未来的。作为整体侦查的重要组成部分，初查也是真正意义上的侦查，即初步侦查的使命能力不言而喻。初查对象对于自身情况信息占有具有绝对优势，而侦查人员所拥有信息的质和量严重失衡，不对称。特别是在贿赂犯罪中，由于对合关系及共同的利害关系，有着庇护、恻隐、名誉、恐惧等心理，往往不易为外人发现。所以，初查工作就是要尽量多地获取初查对象的信息，与初查对象力争达到同一层面上的信息饱和量，为立案后的侦查打好基础、做好准备、指明方向。长期经营所获取的翔实初查材料也同样为侦查工作的后续工作提供了有力的保障，必将对后续侦查工作带来意义深远的影响。

首先，翔实的初查材料将为本案的拓展、深挖余罪提供丰实的基础资料。

其次，翔实的初查材料将为通过本案的侦查、滚动深挖其他职务犯罪案件提供了有用的线索和素材。

　　最后，翔实的初查材料将促成"行业抓、抓行业"，"区域抓、抓区域"的反腐高潮，指明侦查的策略和方向。

　　长期经营不仅是一种高级的初查方法，而且是线索初查各种方法和手段的综合体。它为初查中各种手段和方法的实施、各种初查谋略的运用提供了广阔的舞台。它所获取的大量的初查材料不仅为突破、立案奠定了扎实的基础，也为案件的后续滚动深挖、整体侦查工作的开展铺平了道路，指明了方向。

第七章 初查终结

第一节 初查终结的概述

一、初查终结的概念

初查终结，是检察机关对职务犯罪线索经过一系列立案前初步侦查活动后，根据已经查明的事实和材料，足以对线索作出是否提请立案或是否启动线索突破程序的结论性司法活动。

《刑事诉讼法》第 110 条规定："人民法院、人民检察院或者公安机关对于报案、控告、举报和自首的材料，应当按照管辖范围，迅速进行审查，认为有犯罪事实需要追究刑事责任的时候，应当立案；认为没有犯罪事实，或者犯罪事实显著轻微，不需要追究刑事责任的时候，不予立案，并且将不立案的原因通知控告人。控告人如果不服，可以申请复议。"《诉讼规则》第 8 章第 1 节专门规定了"初查"的相关条文。审查一般有两种方式：一种是书面审查，即仅对报案、控告、举报和自首的书面材料所作的审查；另一种是调查，即向有关人员和场所访查、了解，收集材料。而初查则是初步侦查，是不具有强制措施的侦查，是一种任意性的侦查。初查终结后制定初查终结报告也是符合《人民检察院直接受理侦查案件初查工作规定（试行）》第 23 条："初查终结后，承办人员应当制作初查终结报告，提出处理意见……"的要求。侦查终结报告是人民检察院对直接受理侦查的案件，制作起诉书或撤销案件决定书的依据。同样，作为初步侦查的初查终结报告就是启动线索突破程序和立案程序的依据。

启动线索突破程序的关键在于初查材料通过综合地分析研判能够使侦查人员或决策者形成内心的确信。立案必须同时具备两个条件：一是有犯罪事实，二是需要追究刑事责任。而初查的过程，即是侦查人员尽可能全面地掌握情报信息，梳理出实质性证据材料证明是否存在犯罪事实，进而对其作出是否符合立案条件的法律判断的过程。

二、初查终结的意义

（一）集中反映了初查活动全过程，为审核研判是否立案提供依据

从初查开始直至初查结束，初查终结体现了对整个初查活动的忠实记录。这其中包含了案件的来源、整个案件的初查情况（目的、任务、范围、过程、人员、步骤、方法措施和期限等）、涉案对象的基本信息、初查查明的情况、分析的理由等主要内容，反映了初查活动实体与程序是否合理合法。与此同时，也为领导审核研判是否予以立案，提供了扎实有效的依据。

（二）有利于实现国家刑罚权、保障无辜的人不受刑事追究

整个初查的活动，经历了对线索的收集、汇总、筛选、分析和研判。这当中虽然存在初查人员对一些问题的看法，具有一定的主观性，但其是建立在查实客观事实、查证客观材料的基础上进而分析后得出的结论，是主客观相一致的结果。据此达到了终结，做到了去伪存真、由表及里，进一步认清其本质的目的。对经过初查认为符合立案条件，及时提请立案侦查；对发现报案、控告、举报失实的，不予立案侦查；对初查对象造成不良影响的，及时向有关部门澄清；发现诬告陷害的，依法追究相关人员的法律责任。据此对实现国家刑罚权，保障无辜人员的相关权益具有重要意义。

（三）是决定能否进入立案侦查阶段的标尺

初查是立案的前提，也就是说没有初查也就没有立案，初查是立案前的必经阶段。作为初查阶段的末端，达到了一定要求的初查终结，即视为完成了初查任务。因此，初查终结必然是决定是否进入立案阶段的指向标。当然，初查终结结论也存在着另一种情况，即是否启动线索突破程序，但其也是进入立案阶段的前提，只是直接与间接的区别而已。因此，从某种角度而言，初查的终结即意味着线索是走向立案还是不立案这两种可能，其具有决定是否进入立案侦查阶段的标尺意义。

三、妨碍初查终结的因素

妨碍初查终结的因素，是指初查期间由于某些原因或事实的存在而不能终结初查的情形。主要有以下两种情况：

（一）不具备或不完全具备初查终结的标准

不具备或不完全具备初查终结的标准即案件的初查尚未达到初查终结的标准，如涉案事实和证明材料等初查的内容尚未查清，或查明的程度尚未达到侦查人员内心确信的要求等。

（二）中止初查

中止初查是指初查期间具有以下情形的，需要暂时停止初查。具体包括两种情形：一是暂时难以查明有关重要案件事实情形的；二是特殊事件导致初查暂时难以继续查明重要案件事实的，如发生不可抗力的阻力和干扰等。在案件中止初查后，如果妨碍初查的因素消失，初查条件即行恢复，应当继续依法进行初查。

四、初查终结时需要做好的几项工作

（一）做好初查的复查工作

由于初查的过程本身是发挥侦查人员主观能动性的过程，亦是一个充满探索与未知的过程。面对相同的线索，由于环境、阅历、经验、实践、方法、意识和思维等诸多差异，导致不同的侦查人员往往会得出不同的初查结果。这就要求我们对一些已陷入困境的初查，不轻易作出不予立案的结论。因此，除了初查过程中，对于初查已陷入困境的，侦查部门负责人可以重新指派其他干警进行初查复审外，对于侦查部门已初查终结，提请批准不立案的，必要时检察长也可以指令侦查部门另行组织人员重新初查，或者指令其他部门重新初查。重新初查的，初查期限重新计算。此外，对于上级人民检察院交办、指定管辖或者按照规定应当向上级人民检察院备案的线索，上级人民检察院不同意下级人民检察院初查结论的，可以指令下级人民检察院复查，必要时可以直接初查或者将案件线索指定其他下级人民检察院初查。

（二）初查结论及时进行答复与反馈

初查终结以后，根据线索移送对象的不同，应将初查结论及时地对相关单位、部门或人员予以答复与反馈。对于本院举报中心、其他内设机构移送的案件线索，侦查部门应当自作出立案或不立案决定之日起 10 日内书面反馈初查结论。举报中心、其他内设机构认为处理不当的，可以提出意见报告检察长。对于实名举报，经初查决定不立案的，侦查部门应当制作不立案通知书，写明案由和案件来源、决定不立案的理由和法律依据，连同举报材料和调查材料，自作出不立案决定之日起 10 日内移送本院举报中心，由举报中心答复举报人，必要时可由举报中心和侦查部门共同答复。对于纪检监察、公安、法院、审计、其他行政执法机关以及有关单位移送的案件线索，经初查决定不立案的，侦查部门应当制作不立案通知书，写明案由和案件来源、决定不立案的理由和法律依据，自作出不立案决定之日起 10 日内送达案件线索移送单位。对于上级人民检察院交办、指定管辖或者按照规定应当向上级人民检察院备案的案件线索，应当在初查终结后 10 日内向上级人民检察院报告初查结论。上级人民检察院接到报告后，应当在 10 日内提出审查意见。

（三）其他有关初查终结后的线索处理

经初查，属于错告、举报失实并对初查对象造成负面影响的，应当及时向其所在单位或者有关部门通报初查结论，澄清事实；属于诬告陷害的，应当提出检察意见，移送有关部门处理。初查终结后，相关材料应当立卷归档。进入立案侦查程序的，除作为诉讼证据以外的其他材料归入侦查内卷。

第二节　初查终结的标准

线索的初查，经历了开始、展开和结束的过程，作为整个初查过程的结束，即初查终结在此具有举足轻重的地位。其中最重要的因素是因为初查终结是判明线索能否直接或间接（是否启动线索突破程序）进入立案侦查阶段前的一个过渡。由于初查终结担负着由初查阶段向立案阶段转换的重要职责，承担着承上启下的重要作用，从某种意义上讲，它是决定线索能否立案的一杆标尺，是罪与非罪的临界线。鉴于初查终结如此重要，因此作为初查终结关口的前沿，即初查过程从展开到进入终结的重要性不言而明，也就是线索初查展开到何种程度才能进入终结阶段，这必然就涉及一个终结的标准问题。

就目前基层检察院的职务犯罪案件侦查情况来看，复杂型受贿线索一直以来是一个重点和热点，同时也是一个难点问题，这决定了我们必须对此有充分的研究和重视。一方面，这类线索不同于一般职务犯罪线索（包括简要类受贿线索）。一般性职务犯罪线索在初查终结阶段即可以查清，并明确是否有符合立案条件的事实和证明材料情况。复杂型受贿线索（单一或多行业系统型窝串案受贿线索）因其特殊性往往直到初查结束，仍有较大部分线索无法直接判明是否具有符合提请立案的条件，而只能判断是否需要启动线索突破程序，并进而为进入立案侦查提供决断。另一方面，基于初查该类线索的全局考量，如主攻对象或其他重要对象的调查未完成等原因，有必要将这类复杂型受贿犯罪线索与其他一般职务犯罪线索（包括简要类受贿线索）的初查终结标准区别开来，而复杂型受贿犯罪中又可以区分为较复杂型受贿案件（即阶段类案件：单一行业型、系统型窝审案件）和最复杂型受贿案件（即区域型系列案件线索；多行业型、多系统型窝串案线索）两类。根据这一分类，我们试图通过对这三类线索初查终结应达到何种标准进行探讨和分析，总结归纳出职务犯罪线索初查终结的最终标准。

一、一般职务犯罪线索初查终结的标准

（一）在收集和获取的初查内容上已经穷尽

收集和获取的初查内容已经穷尽，包括初查手段、选择的初查目标对象、应当收集和获取的情报信息材料已经趋于绝对穷尽。

一般职务犯罪线索初查针对的有可能涉及的面和构成犯罪的事实较为简单和明了，具有局限性，客观造就了对该类线索初查终结的标准在内容上要求最为严苛，其中包括对手段、目标对象和情报信息等初查内容的全部涵盖。

1. 初查手段的绝对穷尽所要达到的程度。由于立案之后才能真正进入侦查的环节，而初查尚未进入刑事诉讼程序，不具有强制性，所以初查阶段不能采用立案后法律规定的侦查手段，尤其是对初查对象不能采取查封、扣押、冻结初查对象的财产的强制措施，以及不能采取技术侦查措施等。因此，绝对穷尽的程度即要求达到使用除立案以后才能采用的侦查手段外一切措施和方法的最大化，如可以采取一切可以采取的询问、查询、勘验、检查、鉴定、调取证据材料等不限制初查对象人身、财产权利的措施。

2. 初查目标对象的绝对穷尽所要达到的程度。即先要将线索涉及的事实所对应的对象目标全部予以涵盖罗列，而后在初查中，如查实与之有关的其他涉及职务犯罪行为人的，再将其予以列入，直至再无涉及其他职务犯罪行为所对应的涉案对象，初查目标对象即达到穷尽。如线索反映甲贪污单位公款 10 万元，应先将甲列入初查目标。初查进行中，发现单位内乙以及丙也存在贪污的行为，则将乙和丙也予以列入，直至对该贪污事实的查清。又如线索反映甲送乙 10 万元，即先将乙列入初查目标对象。随着初查的进行，反映甲还可能送丙钱，或乙还可能收受丁的钱，即要将丙和丁也列入初查目标对象，直至查实其他涉及职务犯罪的目标对象，达到初查目标对象的绝对穷尽。

3. 初查中收集和获取情报信息的绝对穷尽所要达到的程度。一般职务犯罪线索中，初查目标对象相对较少，且可以达到理论上的绝对穷尽。因此，要求对收集和获取涉及初查目标对象的情报信息也达到绝对穷尽的程度，即需要查清目标对象的基本情况、资产情况、通信情况、活动轨迹情况等涉案的全部情报信息。

（二）在线索的查明程度上做到充分

1. 对认定为无罪的标准程度。应查实：

（1）具有《刑事诉讼法》第 15 条规定情形之一的。即情节显著轻微、危害不大，不认为是犯罪的；犯罪已过追诉时效期限的；经特赦令免除刑罚的；

依照刑法告诉才处理的犯罪，没有告诉或者撤回告诉的；初查对象死亡的；其他法律规定免予追究刑事责任的。

（2）认为没有犯罪事实的。这里包括：被查对象没有实施危害社会的行为；初查对象的行为表面上虽是危害社会的行为，但依照刑法第17、18、20、21条的有关规定不负刑事责任的；初查对象的行为表现形式上虽是危害社会的行为，但依照刑法第16条的规定不是犯罪的等。

2. 对认定为有罪，提请立案的标准程度。应查实：

（1）有符合立案标准的犯罪事实。不同种类的犯罪案件，有着各自不同的立案标准。检察机关根据经济社会发展的实际，按照《刑法》、《刑事诉讼法》以及其他有关规定，并结合司法实践经验，依照数额加情节的方法规定了职务犯罪案件的立案标准。最高人民检察院于1999年9月16日公布施行的《人民检察院直接受理立案侦查案件立案标准的规定（试行）》和2006年7月26日公布施行的《最高人民检察院关于渎职侵权犯罪案件立案标准的规定》两个规定中作了具体规定。

（2）需要追究刑事责任。对已经发生的职务犯罪，依法必须追究刑事责任。法律规定不追究刑事责任的，不应提请立案。因为立案以追究刑事责任，实现刑事惩罚为目的，如果法律规定不予追究刑事责任的，就不应当提请立案。《刑事诉讼法》第15条规定了不追究刑事责任的六种情形。

关于"认定为有犯罪事实"的问题应当从以下几个方面来正确理解与把握。一是该职务行为是依照刑法规定构成职务犯罪的行为，而不是一般意义上的违法、违规或违纪行为。要划清罪与非罪的界限，切不可将一般的违法、违规、违纪行为等同于犯罪立案追究。二是有犯罪事实虽是主观上的认识和判断，但必须有相应的材料证明，即"认为"是主客观相一致的结果，是建立在客观的犯罪事实及有关证明材料基础之上的，并不是纯粹的主观判断。三是不要求对初查对象所涉嫌的所有问题是否构成犯罪都已查清且收集到全部、必需的证据，但应就其主要的、关键的涉嫌行动、事实是否构成犯罪已经查清且收集到了足够的证据或者已经形成了证据链。

二、复杂型受贿案件初查终结的标准

（一）在收集和获取的初查内容上

1. 单一行业型、系统型、窝串案受贿线索的标准为初查中收集和获取的初查内容几乎穷尽。其包括初查手段绝对穷尽、主观上的初查目标对象和收集、获取的情报信息、证据材料已几乎穷尽。

由于单一行业或系统的范围在理论上存在局限性，具备了穷尽的可能性，为了达到初查该类窝串案成效的最大化，将其中的职务犯罪主体一网打尽，体现法律的公平性和威慑力。关于此类线索初查终结的标准，在内容上的要求也较为严格。其中除了要求初查手段绝对穷尽外，目标对象和初查内容也要达到几乎涵盖的程度。即初查手段的使用仍要求达到除立案以后才能采用的侦查手段以外的一切措施和方法的最大化，目标对象和初查范围也要尽可能地向一般职务犯罪线索初查所要求的绝对穷尽的标准靠拢，实现初查内容上的最大化，达到几乎没有遗漏的程度。

2. 多行业型、系统型、区域型受贿系列案件线索的初查终结标准为：收集和获取的初查内容接近于穷尽。其包括初查手段的绝对穷尽及初查目标对象和收集获取的初查内容相对穷尽。

鉴于此类线索涉及的范围较广，横向的面和纵深的度无法穷尽。为了更好地发挥此类线索的初查效果，完成查办具有规模度和影响力的区域群体性职务犯罪案件，同时要求对该类线索在内容上的初查终结标准也应当具备一定的条件。除了初查手段一如既往地绝对穷尽外，对目标对象和信息的初查涵盖上要求达到相对穷尽，即要尽可能地向一般职务犯罪线索（简单个案类线索）所要求的绝对穷尽的标准进行靠拢，在面上要尽可能地向单一行业型、系统型受贿窝串案线索所要求的几乎穷尽的标准进行靠拢。反映在实际操作中，侦查人员要对认为可能存在有职务犯罪的目标、事实和材料都要求尽可能地予以列入和查明，进而完成最后的收集、筛选和汇总，实现相对涵盖的目的，达到接近于穷尽的程度。

（二）在线索的查明程度上

一般职务犯罪线索和复杂型受贿案件的标准均为，涉案事实及证明材料的查明程度已经达到侦查人员就是否提请启动线索突破程序形成内心确信。构筑侦查人员内心确信，需考量的因素如下：

1. 唯一标准。即主攻方向（为目标范围内职务级别最高的核心初查对象）应具备的条件有以下几方面：

（1）关于主攻初查对象，应具备下列一项以上的条件：

①主攻初查对象的生活纪律、作风问题严重

对一个国家工作人员而言，德才兼备是衡量其是否称职的重要标准之一，而其中德又先于才作为考量干部指标的重中之重。德，包括了公德和私德，外在的重要表现形式为生活纪律作风形象。

我们认为，当一个领导干部在实践价值观上产生严重偏差，在作风形象问题上发生严重问题，达到"骄奢淫逸"的程度，那么其具有职务犯罪行为应是必然的。首先，骄是指骄横，表现为在履行职务时，对待那些涉及重大利益的问题，骄横霸道，特权思想严重，大搞假民主，实行一言堂。其次，奢是指奢侈，表现为在履行职务时，大搞形式主义，造成效率低，浪费大的巨大影响。再次，淫指的是荒淫，突出表现在对待男女两性问题上道德败坏，生活腐化。最后，逸是指安逸、放荡，表现为在生活中挥霍无度，及时行乐和贪图享受。骄奢淫逸的外在综合表现形式为骄纵、奢侈、荒淫和放荡，而其内在的根本原因即归结于"金钱"二字。

骄字表现为骄横霸道，特权思想严重。对涉及的如人员提拔、项目规划、资金使用等重大事宜上独断专行，必然造成了相关制度的形同虚设。一方面，其权力使用分配的不民主，造成其权力寻租或收受财物的可能性明显增大。另一方面，包括对资金使用等履行职务行为的独断已成习惯，失去有效监督，造成其职务犯罪行为的可能性也不断加大。而奢和逸，表现在对待公私财产的态度上，由于其在价值观上对财富产生的严重偏差，其脱离底层财富合法积累的基础而支撑起来的脱离实际的形式，将逐渐走向腐败。

淫字表现为男女作风问题上的紊乱。实践查办的职务犯罪案件中，一个领导干部利用公共权力使其背后有数个情妇（夫），道德败坏、生活腐化，那么这个领导干部极有可能存在职务犯罪行为。一方面，其形成多个情妇的一个重要前提条件是利用公共权力无疑是符合实际的。如果没有具备公共权力的优势，那么其不可能实现数个情妇的结果。当其利用公共权力来满足自己的私欲成为一种常态，说明其运用公共权力进而实现私权利已成为一个习惯，因此向着权力寻租的另一种突出展现形式"侵财"方面延伸，就显得顺理成章。另一方面，存在数个情妇，客观上导致经济开支的陡增，作为一个不能公开的秘密，其家庭财产又不敢大量介入，导致其仅凭正常的公务员收入必然无法支撑巨大的生活消费，必将导致其向利用公共权力获取额外"收入"的途径靠拢。从近些年来所办的职务犯罪案件来看，包养情妇在 3 个以上的，受贿金额往往巨大。如，山东东营原副市长陈某某包养 10 余个情妇，共计受贿 2100 万；福建周宁县原县委书记林某某，与几十名女性有关系，同时和他保持关系的情人有十几个，共计受贿 236 万元，以及 212 万元来源不明的财产；宣城市委副书记杨某用 MBA 分类法统领其他 6 个情妇，共计受贿 70 余万元等。

综合而言，形式腐败与其内在腐败是相辅相成的，而实践办案中也都印证了这一点。有许多案件在具备一定骄奢淫逸程度的生活纪律作风问题时，则构筑了侦查人员认为其存在职务犯罪的内心确信，实现了职务犯罪案件的有效侦办。如 2011 年查办的浙江省嘉兴市南湖新区管理会主任王某某案件，开始从其突出表现的骄奢淫逸情况入手初查，最终查办出一批达 20 余人的大要案。对骄奢淫逸程度的判断，要根据实际，综合予以考量，切不可过于教条和量化。

②主攻初查对象的家庭资产规模明显异常

家庭资产是指一个家庭所拥有的能以货币计量的财产、净债权和其他权利。其中财产主要是指各种实物、金融产品等；净债权是指这个家庭对外享有的债权在扣除所欠债务后的剩余部分；其他权利主要是指无形资产，如各种知识产权、股份等。不能估值的东西一般不算资产，如名誉、知识等无形的东西，虽然它们是财富的一种，但很难客观地评估其价格，所以它不归属资产的范畴。在实际中，家庭资产按资产的属性分类，可以分为：金融资产（财务资产）、实物资产、无形资产等。金融资产包括流动性资产和投资性资产。实物资产就是住房、汽车、家具、电脑、收藏等。无形资产就是专利、商标、版权等知识产权和股权。

在初查过程中，查明初查对象的家庭资产是初查的一项重要内容，因为家庭资产规模的情况，是分析判断是否存在职务犯罪行为的一项重要外在表现形式。查明家庭资产规模正常，不一定说明其没有职务犯罪行为，而家庭资产规模明显异常，则可以基本肯定其背后有职务犯罪行为的存在。例如，现在因网络反腐而查办的"房叔"、"房嫂"、"表叔"等职务犯罪案件，皆是由于资产规模明显异常而引出的一个个案例，几乎到了一查一个准的儿地步。即使暂时无法获取证据证明初查对象存在着职务犯罪行为，法律对此也规定了巨额财产来源不明的保底条款。据此，只要查实家庭资产规模明显异常，就足以构筑起侦查人员启动线索突破程序的内心确信。

当然在家庭资产规模明显异常的判断上，还需要注意和把握：首先，应该明确这是家庭资产，而不是个人资产。所以在计算资产时，一定要把与其共同生活的家庭内的其他人员的资产统计在内，并详细了解家庭其他成员的职业、收入或有无开办经济实体等情况。其次，计算的资产规模中，应以查明的实际家庭成员的所有资产与家庭成员的共同合法收入减去正常开支后的资产进行的比较，要求明显异常。一般建议查实近十年内，目前具有3倍以上正常净资产的家庭资产等外在表现形式，或以巨额财产来源不明的差额"30万元以上"，作为家庭资产规模明显异常的判断标准。再次，家庭人员的合法收入，应当包括家庭成员的工资、资金、国家发放的各种补贴、本人的其他劳动收入、亲友的馈赠和依法继承的财产等。在家庭资产的统计上，应当以获得资产当时所支出的财产为计算标准。如有多套不动产的，应以购入不动产时所支付的货币进行计算；如果查明有股权的，应以拥有该股权时所支出的货币进行计算等。同时，应当对其资产的运行、流转情况，进行全面查询和调阅，并进而仔细研究、分析、判断资金的实际来源，掌握初查对象家庭真实的资产脉络，厘清真正的资产状况，避免在判断上造成失误。最后，对一些有可能涉及重大资产事件的掌握。在调查资产时，侦查人员应当对一些有可能涉及重大资产的事件具备足够的敏锐感，并对此予以重点关注，进而抽丝剥茧深入调查，从而构筑明显异常的内心确信。因为往往这些事件即是资产明显异常的信号，其背后必然隐藏有初查对象的职务犯罪行为。如查实存放在他人处，虽未被初查对象实际占有，但却由其真正控制着的重大资金库，正所谓"此地无银三百两"，其背后必有不可告人的目的，并极有可能是其赃款的"蓄水池"。如一些初查对象重大投资失败事件的发生，往往是导致资产情况明显异常的前兆。例如，嘉兴技术学院副院长钱某有炒股的爱好，在炒股不断亏损，最终亏损几百万元的情况下，急于填补资金漏洞，继而受贿几百万元工程款，导致职务犯罪行为的发生。

③与相关的潜在行贿对象等社会关系人往来异常

受贿罪是国家工作人员利用职务上的便利，索取他人财物或者非法收受他人财物，为他人谋取利益的行为。在完成受贿这一行为中，必须要有受贿人的收受和行贿人的行贿这两个行为的结合，没有行贿，受贿将不可能实现。而在每个受贿行为完成的过程中，必定有一项联系方式把两者牢牢地联结在一起。21世纪以来，人类社会的发展已全面进入数字化时代，人与周围人、事、物之间的时空联系，无法选择地被覆盖于数字信息这一高度精密化的网格之中，这也就是我们现在所称的数字化资源。具体如手机通信信息，宾馆住宿登记信息，民航乘客登记信息，出入境登记信息，高速公路通行信息等。因此，行受贿人之间的联系方式突出表现在这些数字化资源中。初查对象与这些潜在涉案行贿人往来联系方式的存在，是查明其有可能具有职务犯罪行为的前提。是否具有职务犯罪行为，还需要侦查人员对这些数字化侦查资源在获取后进行归类、汇总，在两者之间的联系形式、时间节点以及轨迹活动等方面有了清晰的显现后，再予以研究、分析，最终形成内心确信。

通常受贿人与相关潜在涉案行贿人的往来异常，可以从以下几个方面予以体现。第一，通讯记录。在通话次数上表现为联系次数频繁，如一个月在100次以上等；通话时段上表现为在正常工作时段外联系密切，如工作之余，节假日，或集中在吃饭、晚上9点以后的娱乐时段内，或是某些敏感时间段内。如在初查邱某某系列案件线索中发现，初查对象与一潜在涉案行贿人联系次数频繁，当检察院查处其下属的案件时，他们的通讯则处于"寂寞"状态。半年后，他们自以为风声已过，相互之间的通讯又异常活跃起来。通话地点上，敏感时段通话基站位置一致，或经常性地出现在一些重要位置节点上，如娱乐场所、酒店、住所等区域内。短信联系上，除了次数联系频繁外，过节期间必有联系等。联系方式上，有专线手机等通话联系方式予以沟通。如初查时，查实具有多部手机，其中有几部手机专门用于与相关重要人物进行联系沟通等。第二，住宿登记、民航乘客登记、机动车高速通行、出入境登记等信息。如一同出行次数频繁，且以节假日为主，表现为一同因私出国或旅游等。如果存在以上这些情况，则表明行受贿人之间的往来联系程度异常，必然存在超越工作之外的异常关系。据此侦查人员基本可以对其背后隐藏有职务犯罪的事实构筑起内心的确信。

④与相关的潜在行贿对象有资金上的频繁往来且表现异常

构成受贿犯罪的核心就是权钱交易，利益的相互输送是完成受贿行为的独特表现。在基层检察院实际查办的诸多受贿案件中，利用手中的权力去谋取利益的表现很难在初查过程中予以查实。究其原因，要么利用权力的外部表现极其轻微，如仅向行贿人提供一个招标的信息、在结算资金上提供方便等；要么利用制度的不规范，如在不需要招投标的中标单位的选择上直接拍板定调等；或权力的运用使得在初查过程中不易被侦查人员察觉，如仅向某人打个招呼，或简单地透露一个标底信息等。虽然职权便利的运用表现形式较难查实，但与之相反钱财之间的转换，遗留下来的痕迹却较多，其转换途径也更有可能被侦查人员所掌握。在初查过程中，往往将行受贿人之间的资金往来情况选作初查的一个重要切入口。只要有不正常的资金交往，则背后肯定存在着利用职权便利输送钱财利益的行为。查实不正常的资金联系也是初查工作的重要内容。

资金往来达到何种程度，才能构筑侦查人员内心确信存在职务犯罪？除已查实一两笔资金确属受贿款外，构成存在职务犯罪内心确信需要具备一个资金量的累积以及质的跨跃。首先要有量的积累。在实践中，有的初查对象因为某些原因需要资金周转，一时手头拮据，向一些涉案行贿人借钱用于解决临时性困难的现象时有发生，如买房、买车、家庭装修等需要大额开支等。一旦解决经济周转问题，再予以归还属正常范围。但该种情况的发生必定只限于偶然，且一般也较易查实。当资金往来的次数由偶然向经常性转变，如两者之间存在资金上的频繁交往时，达到超跃正常资金交往转换的范围，则相互之间存在权钱交易的可能性便逐步增大。在此基础上，就需要有质的跨越。具体表现为：当两者之间的资金往来数额严重不平衡、某些敏感时段资金只进不出（如节假日、工程中标时、款项结算后等）、进出资金款项有固定的标准（如按业务款一定比例、结算款的比例等）或不存在大额资金周转的理由等，此时其背后隐藏有职务犯罪便昭然若揭，就能构筑起侦查人员的内心确信。

⑤主攻对象存在明显与其应当正常履行职务不相符的行为

实践中，虽然如何利用手中的权力去谋取利益的表现，即存在与其应当正常履行职务不相符的行为很难在初查过程中予以直接查实，但追究其蛛丝马迹，还是会对其违规运用权力的行为汇集形成诸多怀疑。更有甚者，一些外部的直接表象就已经十分明显，这个时候，将此作为初查的重要切入口，由此构筑侦查人员对其背后隐藏有职务犯罪的内心确信便显得顺理成章。

与其应当正常履行职务明显不相符行为的认定，可以从以下几个方面分析。第一，存在违反法律、法规或单位内部管理制度的行为。随着社会的进步、制度的不断完善，在一些重要的社会生产、经营、管理等权力运行过程中，涉及人、财、物的关键部门和岗位中都有较完备的法律、法规、政策、规章或是内部管理制度予以规范，履行职务中是否有违反该类规范的规定对照量化便一目了然。如工程建设领域中存在未批先建、违规审批、虚假招标、评标不公、非法批地、低价出让土地、擅自改变土地用途、违规征地拆迁、房地产开发中违规调整容积率等现象。第二，运用管理漏洞，并造成较大负面社会影响力。实践中，虽然对权力的制约在制度上已逐渐予以完善。但还应看到，在某些范围内由于各种原因，存在着利用管理漏洞的行为，单纯地以该类行为去判断是否有职务犯罪的主观故意较为困难，而该行为一旦与造成较恶劣的社会影响力结合，则与其应当正常履行职务明显不相符的行为性质便暴露无遗。如建设工程质量低劣、污染环境、导致人员伤亡、公共采购商品价高质次、群众反映影响强烈等现象。第三，符合行业的"潜规则"、"习惯性做法"。所谓的"潜规则"、"习惯性做法"，就是表面上不能明文公布，暗地里却形成了心照不宣的一种约定俗成的行业内部潜在规则。有些重要的管理者可能对于此种"规则"有很大的无奈，却又不得不按"规则"办事，以此来获得自我生存的土壤和空间。作为触发职务犯罪中的一种重要表现形式，"潜规则"、"习惯性做法"在一些高发重要领域大行其道，如工程建设领域、医疗药品领域、公路运输领域等。因此，虽然法律、法规对"潜规则"、"习惯性做法"没有明确规定，但其实质即是与其正常履行职务明显不相符的行为，属于违法犯罪行为。一旦查实，且涉及重大利益，侦查人员对其存在职务犯罪的内心确信便将构筑。

（2）关于潜在行贿人，应具备以下条件：

①要有量的基础

在受贿案件的现实侦查工作中，基本采取的是先行突破涉案行贿人，进而采取强制措施，进入突破受贿嫌疑人这样一种模式。也就是说，能否突破潜在行贿人，是能否成功立案侦查此类案件的关键。而在查办复杂型受贿案件中尤其如此。因此，在主攻方向方面，构筑侦查人员内心确信明确主攻初查对象需考量的因素外，如何突破潜在行贿人同样是需要考量的因素，甚至更为重要。

其首要的考量因素应当是初查中发现的潜在行贿人的数量。在实践中，行贿人本身往往得到了非法利益，具有畏罪感，再加之与受贿人之间的关系密切，两者之间攻守同盟相对牢固，在千方百计掩盖犯罪事实的同时，存有侥幸心理。成功突破受贿线索存在一个概率问题，如果没有一个量的基础，可供选择的余地就会降低，必将使启动线索突破在开始时便陷入困境，难度进一步加大，继而直接影响到整批案件的拓展和滚动深挖。

②实现分类

查办复杂型受贿案件的难度决定了查实潜在行贿人不光要有数量的积累。为了完成对主攻对象实施更全面而有效的突破，防止启动线索突破的切入点存在片面性或局限性，要求在查实潜在行贿人数量的基础上，还应实现分类。所谓分类，一方面表现为，要求对每一个主攻初查对象在可能存在职务犯罪的职责权限分类中，都要尽可能地查实有数个可供选择的潜在行贿人。如某初查对象的职务行为具有分管工程招投标、设备的采购、资金审批结算等多项不同类的职责权限，那么应在工程招投标、资金审批结算等不同类职责权限中，尽可能地都要具备有一定数量的潜在行贿人，从而形成梯队，对主攻初查对象实施全方位的打击。另一方面表现为，有些初查对象本身具有的职责权限较为单一有限，或更倚重于某一方面的职责，其他履行职责中存在潜在行贿人可能性较小等原因，即要求众多潜在行贿人有一个层次上的区分。如某初查对象以分管城市拆迁为主，那么要求查实与其有关的潜在行贿人有一个标准的分类，如按工程量的大小、工程是否结束、工程款有否结清、工程项目区域划分或阶段性工程（一期、二期、三期等）、本地企业和外地企业及工程时间结点（如5年一档）等，做到每一个标准的潜在行贿人都具有一定的数量，防止潜在行贿人存在共通性，从而为启动线索突破提供更多的选择，为成功突破案件增加可能性。当然，选择潜在行贿人的要求是多多益善，兼顾具备实现分类的两方面则更有利于对主攻初查对象的突破。

③突破的点较为充分

在潜在行贿人具备相当数量的基础上，还应具备质的完善，即达到突破口选择的充分条件。关于对潜在行贿人充分条件的把握与理解有以下四个方面：首先是身体因素。对潜在行贿人是否因身体原因不能顺利启动突破作出充分考虑。当潜在行贿人明显因身体原因，如无法接受正常问话等情况的，虽极有可能存在行贿的事实，但显然不具备列入突破口选择的条件。其次是行为因素。应当扎实掌握潜在行贿人与主攻对象交集的业务范围、活动轨迹和资金脉络等情况，对两者之间存疑的关键事件予以充分研判。对可能存在行受贿的事实作出预测，对证据材料之间的假设作出充分考虑，做到堵其后路，使其难以自圆其说。再次是有利因素。在数量众多的潜在行贿人中必定存在一定量的行贿人具有薄弱环节，即俗称的"软肋"。如行贿人本身即具有一些违法犯罪行为，例如偷税、虚开增值税发票等违法犯罪行为的，如此则为启动线索突破降低了难度，为构筑侦查人员内心确信增添了砝码。最后应当充分考虑潜在行贿人的拓展潜力。是否多头行贿、是否属于整批案件的关键节点人物、是否有深挖拓展的潜能等。

2. 附带标准。即副攻方向（为目标范围内相对于主攻方向职务级别较低一类的重点初查对象）应具备的条件：

（1）首要前提是副攻方向应当具备同主攻方向所应具备的条件。查办复杂型受贿案件，就像打一场战役，目的是要对目标范围内的职务犯罪对象尽可能地予以全部查处。而在该目标范围内的初查对象，由于级别的归类，职责的差异，据此形成了不同的类别，可以形象地比喻成大核心圈、附属小核心圈以及零星的点等。目标范围内的主攻方向即是这个大核心圈，副攻方向即是小核心圈、零星的点。将主攻方向确定为首次目标时，副攻方向可以在主攻方向完成突破时根据突破得到的信息再行研判并完善，初查终结时的标准要求并不一定如主攻方向那么严格。就侦查策略而言，有时候主攻方向不一定是首攻方向，由于大小核心圈等相互之间缠绕交错，对大核心圈外的附属小核心圈率先予以突破，达到断其手足、扫清障碍、对敌方阵地逐步蚕食的目的，最后形成对大核心圈一举歼灭的效果，也是查办复杂型受贿案件中常用的方法。因此，此时就凸显出每一个附属小核心圈的重要性，打得好，大核心圈轻松瓦解；打得不好，将导致主攻方向突破的失利，进而直接影响到查办系列案件的级别及影响力。就每一个附属小核心圈而言，准备工作结束时就像是一颗颗小型的定时炸弹，必须具备炸弹所应具备的一切条件，并随时随刻等待"引爆"以发挥其最大化的功效。所以，对副攻方向的要求即应达到如主攻方向所应达到的要求，严格标准，从而实现将目标范围内的职务犯罪对象尽可能地予以全部查处。

（2）其次，关于副攻方向在初查终结时的个数问题，应当由侦查指挥人员凭借自身侦查经验研判从而得出确信结论，因人而异，不可一概而论。在复杂型受贿案件中，除主攻方向外，对完成初查活动中查明初查内容的副攻方向，即其余初查对象上，涉及要完成几个副攻方向才可以认为达到初查终结的问题。诚然，最理想的状态是对初查范围内副攻方向的查明程度越清楚越好，个数越多越好。鉴于该类案件初查内容的无法穷尽性，只能几乎或接近穷尽，事实上具有局限性，存在一个度的把握。此时的度受到初查时间、人力、物力等因素的影响，且每一类复杂型受贿案件的实际案情也不同，即存在的可疑关键性事件内容不同、合理怀疑点不同、程度也不同、延展涉及的面更不同。因此，关键在于侦查指挥人员凭自身侦查经验得出的结论与判断。如2009 年在查办浙江省嘉兴市平湖"3·23 系列案件"中，侦查部门对主攻方向以外的副攻方向，在已查明完备如城建拆迁、土地转让等多个副攻方向条件时，仍不轻易确信，继续潜心初查，直至查实其他 20 多个副攻方向后，才予终结，实现对该系列案件最大限度的查办。而在查办浙江省桐乡市范围区域系列案中，侦查人员除查实该市副市长李某某这个主攻方向外，仅在其他有限的副攻方向予以查实，即达到确信，完成初查终结。最后也同样实现了对桐乡市区域范围系列案件的规模化办案，主要归结于侦查指挥人员凭借积累的侦查经验，得出的分析研判。

就考量构筑侦查人员内心确信因素时涉及的主攻和副攻方向的关系问题，应当明确，对于唯一标准，即主攻方向的条件必须具备，否则即使附带标准，即副攻方向的条件得以充分满足时，仍不可视为已构筑侦查人员的内心确信而启动突破此类线索。反之，出于办案的实际情况，或事态紧急，抑或启动时机的考虑，在仅具备唯一标准的情况下，仍可作为启动线索突破的条件，当然此种情况应为少数，我们在此并不予以推荐。

综上所述，归纳职务犯罪线索初查终结的标准有两条：一是通过初查活动所获取的证据材料，能够确凿无误地证实犯罪事实客观真实地存在，应当立案追究其刑事责任。二是通过初查活动所收集和获取的大量积累的情报信息，能够使侦查人员或决策者内心充分确认有犯罪事实存在，且初查手段方法已接近穷尽，要想取得进一步证实犯罪事实存在的证据材料，如初查对象口供、知情人证言、扣押赃款赃物等，必须待立案后采取侦查手段与措施才能获取，并且坚信此案必破，需要启动线索突破程序时，初查活动才能宣告终结。

三、初查终结标准的转化

线索的初查终结标准是个不断调整的动态过程，根据启动初查而归类的复杂程度，随着初查活动的不断深入，终结标准随时在此期间进行转化。例如在初查前期过程中，对于个案类初查的涉嫌受贿犯罪的线索，其初查工作也是围绕特定的事实与材料予以展开；到中期或后期阶段，随着个案事实的查清，一些原不被列入初查范围的人或事也渐渐浮出水面，使得线索逐步从个案类线索向复杂型线索转变。据此，初查终结的标准也应作适当、及时的调整，不能因为原系个案类线索，在原定的人或事查清以后即实现线索的初查终结。反之，在初查前期，以复杂型受贿线索归类开展的初查，随着初查活动在中期或后期的深入，因主攻初查对象的查明始终未能达到侦查人员内心确信的程度，即应调整线索初查的层次，降低主攻对象的级别，甚至转化为个案类案的初查，进而实现初查的终结。

第三节　初查终结报告的内容

初查终结报告是检察机关履行准刑事侦查职能的一种内部文书，它既全面反映了线索涉及的事实、证明材料、情报信息定性、适用法律问题和处理意见，也概括反映了线索初查工作的过程，是实体与程序结合的体现。初查终结报告不仅是先期得出初查对象是否具有违法犯罪行为的凭据，也为善后工作，如复审或审讯等，提供参考，因而它是一种具有重要地位与意义的法律文书。然而，由于其在理论上的研究不够、法律上表述的不统一，内容要点未曾明确，更未纳入统一格式样本，规范缺失严重，实践中体例不一、各行其是，产生大量问题。在此，我们对初查终结报告中最重要的，即应包括哪些内容，作一标准化的规范。

一、案由和来源

（一）案由

写明案由，如涉嫌受贿罪、贪污罪、巨额财产来源不明罪、滥用职权罪、玩忽职守罪等。

（二）线索来源

线索来源具体包括自首、单位或公民举报、上级交办、有关部门移送、本院其他部门移送以及侦查人员自行发现等。同时列明来源中反映的主要涉案问题。

二、案件初查情况

案件初查情况主要有初查计划的制订，初查的目的和任务，初查的主要内容和范围，初查的过程。初查的过程包括初查人员（包括素质）和装备的组织与分工，初查的步骤，初查的途径、方法和措施，初查的期限。一般初查应当在两个月内终结，案情复杂或有其他特殊情况需要延长初查期限的，应当经检察长批准，最长不得超过六个月，但决定长期经营的线索除外。写明初查的时间，有否延期初查，有否委托账目审计、会计鉴定等。

三、初查对象的基本信息

（一）初查对象的基本信息

1. 基础资料

基础资料主要有：（1）身份事项。身份事项需写明姓名、性别、出生年月日、民族、身份证号码、户籍、现住址、文化程度、政治面貌、现工作单位及职务、职级、履历。如是人大代表或政协委员，一并写明具体级、届代表、委员及代表、委员号等。有多名初查对象的，按以上顺序逐一写明。（2）职务情况。依履历写明其职责范围，如分管监管项目工程的情况，包括项目金额，时间、业务联系人等。（3）家庭情况。列明直系亲属，尤其是配偶、子女的基本情况，主要写明工作单位、工作职责、有否从事经商、家庭关系等重要事项。（4）其他社会密切联系人。列明包括情人、亲属、同事、特殊关系人等社会密切联系人员的基本情况，注明密切联系的程度，重大联系事项等。如查实有重要社交圈的，将该社交圈的情况（包括圈内重要人物的基本情况）也尽可能地写明。（5）脾气、性格、兴趣爱好等。详细写明初查对象的人格情况，尤其是尽可能地写明分析所依据的重大事项，并作出理由较为充分的判断，为启动线索突破提供参考。（6）违法、违纪等刑事、行政处罚等。逐一翔实地列明初查过程中所查实的涉及的一些违法情况。（7）其他。

2. 资产情况

资产情况主要有：（1）资金情况。按存款（包括定期存单、活期存单和信用卡等）、有价证券（包括股票、债券和基金等）、商业保险资产、贵重金属物品予以分类并逐一列明。（2）不动产情况。主要写明住房、商铺、写字楼等房产情况，包括购买时间、面积、价格、贷款情况，共有情况。如有已转卖房产的也一并列明。（3）机动车情况。主要列明名下的车辆情况，包括牌号、型号、颜色、购买时间、价格等情况。（4）债权债务情况。主要列明大额投资，负债等情况，并应尽可能翔实地列明投资情况，如股票大额资金的进出情况等。

应当注意的是，在此资产是以家庭资产为统计单位，包括其本人，家庭成员及共有的资产情况。

3. 与之密切联系人员的通信情况

将与其密切联系人员的通信情况制成表格，主要列明：（1）通信联系人身份情况（包括职业）。（2）通信方式（电话、短信、飞信、微信等）。（3）通话次数。（4）通话时段、时长（休息日、法定节假日，白天、晚上等）。制成表格式将使初查对象与密切人员之间的联系情况一目了然，便于领导审核时分析判断。

4. 活动轨迹情况

活动轨迹情况主要有：（1）住宿，列明初查对象的住宿情况。（2）出入境，有条件的列明一同出入境人员的情况。（3）车辆、民航通行记录等，对重要嫌疑时段的重大事项予以说明。

（二）潜在行贿对象的情况

以一个初查对象为中心，分别列明潜在行贿对象的基本情况。其主要有：1. 基本资料。除身份事项外，还应写明业务范围或公司、企业的基本情况，包括工商登记、税务、安全生产、行业背景等。2. 简单的资产情况，包括车辆、房产以及重大投资、资金进出情况等。3. 与之密切联系人员的通信情况。列明与之联系密切的相关人员基本情况，尤其是与之联系密切的国家工作人员的基本情况是否存在多头行贿的可能。4. 活动轨迹情况。写明其活动范围状态与规律，为后续启动线索突破提供判断。5. 性格脾气等。6. 违法情况。写明是否具有偷漏税、虚开发票、赌博、曾有过行贿记录等情况，为启动线索突破提供参考。

四、初查后查明的情况

（一）查明的主要事实部分的情况

应包括：1. 主体要件。初查对象必须是符合涉嫌罪名要求的国家机关工作人员、国家工作人员，或者以国家机关工作人员、国家工作人员论的主体资格。2. 主观方面要件。具有涉嫌罪名的主观罪过，即故意或者过失的可能。3. 客观方面要件。符合涉嫌罪名要求的利用职务之便、谋取正当或者不正当利益；具体实施具有社会危害性且应当追究刑事责任的行为；涉嫌犯罪的资金、财物数额，人员伤亡等犯罪行为造成的结果等客观事实。这其中包括：一是已经查实且可定性的事实。即已经明确是犯罪、违法、违纪的事实；二是已经查实可能涉案，但无法定性的事实。例如，已经查明某人为初查对象的业务联系人，而且某人往初查对象的银行卡上打入一笔钱，但无法确定是行贿款或正常的借款；初查对象的银行卡经常性地存入大额现金，但其本人除工资外又无大额收入来源的情况等。

（二）与之应证的查明事实的证明材料

针对上述已查明的每一笔或者有关联的事实，采取"一事一证"的方式，分列相关证明材料。

（三）需要说明的其他情况

有多名涉案对象的应当逐一列明。

五、分析理由

分别就是否提请立案或是否启动线索突破程序阐述理由。在此应当注意几个问题：

（一）规范释法说理

由于初查过程的秘密性，客观上导致了在此过程中查明的事实及获取的证明材料相对有限，再加上复杂型受贿案件的特殊性，仅为是否启动突破案件程序作出决断。因此，初查人员得出的初查结论更加需要严密的论证和阐述来支撑其得出结论的正确性，否则将给领导审核评判带来极大的困难。实践中，初查终结报告释法说理的不足主要表现为说理没有针对性、说理缺乏逻辑性、前后出现矛盾或说理阐述理由不充分导致采信度不高等。因此，在分析理由时首先应规范释法说理，应作到详细客观地阐明初查查明的事实、并列明已查实的佐证该事实的证明材料；阐述初查过程中涉及的一些程序性问题，引用正确的法律依据，说明其中可能遇到的问题等。通过详细严谨的论证，表明所得结论的正确性，增强文书结论的接受度。

（二）规范语言文字

初查终结报告中分析理由时叙述不客观、不简洁，重点不突出的问题较为常见。如有的初查人员在书面叙述案件事实时，融入了个人感情色彩，或是把听见的、探讨的而证据不确实的一些意见、看法当成客观事实予以叙述。有的将简单明了的问题叙述得繁杂冗长，将复杂的问题叙述得过于简洁，分析阐述了一大堆，却将关键问题一笔带过。因此，初查终结报告在语言文字表达上予以规范化，应当做到：一要客观真实。分析理由时要尽可能地接近于客观真实，将案件事实叙述出来，不添油加醋，不故意漏述，也不艺术加工，更不能带有个人的感情色彩。二要繁简得当。分析理由要把握好主次，要因案而异，在影响到作出是否构成犯罪或构筑内心确信时，对案件性质、证据、事实和法律适用等存在较大争议的，应针对焦点问题详细分析，而争议不大的，或已经明确的则可以简写。三要层次分明。如可以分别阐述主要的和次要的问题，明确的和有争议的问题，主攻方向和副攻方向的问题，初查前期、中期、后期查明的问题等。

六、线索初查的结论和处理意见

根据线索初查的实际情况，分别作出不同的结论和处理意见。

（一）一般职务犯罪案件

1. 不提请立案。具有下列情形之一的不提请立案：（1）认为没有犯罪事实的；（2）具有《刑事诉讼法》第 15 条规定情形之一；（3）事实或证据尚不符合立案条件的。

2. 提请立案。认为有犯罪事实，需要追究刑事责任的，且属于本级检察院管辖范围的，提请立案侦查。

（二）复杂型受贿案件

1. 提请启动线索突破程序。符合案件在初查内容上的终结标准，且查明程度已达到侦查人员提请启动线索突破程序的内心确信。

2. 不提请启动突破程序。符合案件在初查内容上的终结标准，且查明程度已达到侦查人员不提请启动线索突破程序的内心确信。分两种情况：一是无继续初查必要的，可以作出不立案决定或作存档处理；二是有继续初查必要的，则继续初查。

（三）关于材料移送的处理

在初查过程中，发现具有下列情形之一的，应当将材料予以移送：

1. 认为不构成犯罪，但需要追究纪律责任的，移送纪检监察机关或者有关单位处理。

2. 认为有犯罪事实，需要追究刑事责任的，但不属于检察院立案管辖的，移送相关部门。

3. 认为有犯罪事实，需要追究刑事责任的，但属于其他检察院（如上下级或其他辖区检察院）立案管辖的，移送其他检察院处理。

第八章　线索突破程序

　　线索突破是指在职务犯罪线索初查活动中，当收集和获取的情报信息大量积累时，侦查人员或者决策者内心能够充分确认有犯罪事实的存在，但尚不符合直接决定立案的条件，认为需要进一步采取措施，以期证明职务犯罪事实客观存在的初查或侦查活动，并最终决定是否立案并采取何种强制措施的过程。

　　我们经常会提到检察机关查办职务犯罪工作是一场没有硝烟的战斗，那么线索突破启动环节就是战斗当中的短兵相接，是面对面的较量，这也是职务犯罪侦查不同于一般刑事犯罪侦查程序的特别之处。

　　我国《刑事诉讼法》规定的是以立案为中心的侦查启动模式。一般刑事犯罪案件的犯罪事实已经发生，完全具备立案的条件，无须在立案前再行启动突破程序，通过立案后的侦查程序就可以实现案件的突破。其突破过程是被动式启动的，涵盖于立案之后的侦查程序之中，故法律无须再另行规定。对于职务犯罪侦查工作而言，除了极少部分线索与普通刑事案件侦查相似，在侦查终结时，已经具备《刑事诉讼法》意义上的证据条件，可以直接决定立案转化成侦查活动之外，绝大部分线索在经过初查活动之后，大量积累的情报信息材料虽然能够使得侦查人员或决策者内心充分确信有职务犯罪事实存在，但由于职务犯罪的隐蔽性、对向性等特点，如果立案前不主动启动线索突破程序，证明职务犯罪事实的《刑事诉讼法》意义上的证据就很难客观呈现出来，后续的立案、侦查程序也就无法展开。因此，检察机关必须在立案前，主动地采取进一步的措施，启动线索突破程序，以期获取《刑事诉讼法》意义上的证据，满足立案条件，才能决定立案进入侦查程序。

　　实践证明，职务犯罪侦查中的线索突破程序起始于立案之前，延续至立案之后。一般情况下，就个案而言，线索突破程序起始于立案之前，中止于立案之时。线索一经突破，案件就可以进入立案侦查程序。而有的时候，在获取《刑事诉讼法》意义上的证据无法实现，需要风险决策决定先行立案时，突破程序又将延伸至立案之后，涵盖于侦查程序之中。在滚动深挖窝案串案的过程中，突破程序又穿插于立案之前和侦查程序之中，情况较为复杂。就已经立案的案件而言，它已经完成突破程序；就尚未立案处于深挖的线索，它既处于已经立案案件的侦查程序之中，又处于线索初查、线索突破阶段。

线索突破环节是职务犯罪侦查活动所独有的一道亮丽风景，《刑事诉讼法》、《诉讼规则》虽无明确规定，而其确确实实地存在于侦查实践之中，应该从法律层面上予以确认。

第一节　线索突破前的准备工作

线索突破启动前的准备工作是基于初查工作终结，线索成熟符合突破启动条件后，制定线索突破启动计划和应对方案。一般而言，应当做好以下五个方面的准备：

一、全面掌握反映案件线索的初查报告

初查报告是初查工作全面而集中的反映，凝聚着侦查人员的心血和智慧，对于线索突破乃至整个侦查工作的重要性不言而喻，从案件负责人到所有参战侦查人员都必须认真而全面地研究掌握。一是掌握初查线索来源。线索的来源涵盖了线索的背景分析、经营的时间长短、摸排的深度广度，对于增强侦查人员的信心和决心十分重要。二是掌握初查线索内容。初查的内容包括初查对象个人、家庭及相关社会关系基本情况，初查对象的存款、证券、房产、车辆、股权、期权及其他借贷和投资等情况，与初查对象相关的行贿人、知情人、联系密切人等基本情况，已掌握或查证的相关违纪违法以及犯罪事实。初查的内容是初查工作的核心，必须了然于胸、完全掌握，应当做到如掌使指、运用自如。三是掌握初查线索特点。要研究分析该线索本身属于什么性质、类别、初查的详尽程度等，是属于窝串案还是个案，是多人还是个人犯罪，是贪污贿赂犯罪还是渎职侵权犯罪抑或数罪，初查对象涉嫌违法犯罪的时间长短、可能存在问题的财产多少、造成损害的程度大小、涉及相关行贿人或知情人多少等。

二、精准分析涉案对象的特点与弱点

知己知彼，百战不殆。线索突破是侦查人员和涉案对象面对面的较量。涉案对象不仅有国家工作人员和国家机关工作人员，还有相关行贿人或知情人。他们多是工商业从业人员，往往是企业负责人或中高层以上管理人员，与国家工作人员或国家机关工作人员一样，一般都具有比较丰富的社会阅历、较好的心理素质和一定的法律知识，因此在对其询问、谈话之前，全面掌握、精准分析涉案对象的特点与弱点成为克敌制胜的关键所在。精准分析涉案对象应着重从以下几个方面入手：

（一）涉案对象的性格特点

性格是表现人对现实的态度和相应的行为方式中比较稳定的、具有核心意义的个性心理特征，是一种与社会最密切的人格特征。性格主要体现在对自己、对别人、对事物的态度和所采取的言行上。而性格特点是每个人的性格区别于其他人乃至同类性格人的特定内在和外在表现。涉案对象不同的性格特点决定了他们在接受询问、谈话时会有不同的反应。有的人性格外向，容易冲动，脾气暴躁；有的性格内向，性情温和，遇事冷静。侦查人员需要针对涉案对象不同的性格特点采取不同的审讯策略，因人而异，"对症下药"。对外向的人，在询问、谈话时尽量少用或不用过激的语言，应采取以柔克刚的策略，避免"以硬碰硬"造成审讯工作陷入僵局。对性格内向的人，应采取软硬兼施的办法，多用政策攻心，要对其动之以情、晓之以理、明之以法。

（二）涉案对象的社会阅历

每个涉案对象的年龄不同，从事的工作不同，所处的社会地位、生存环境、工作经历不同，其对抗侦查的能力也不尽相同。只有在询问、谈话前对涉案对象的社会阅历有了全面的了解，根据不同的对象因人施策。对社会阅历深的涉案对象要特别注意方式方法，在询问、谈话时要尽量使其不明白我们的意图和目的，接触时不要直截了当，应多采取迂回包抄、循序渐进、逐步深入的审讯方法，在进行一定试探性接触的基础上，由一般到关键，由结果到起因，逐步引导其到关键问题上来。对社会阅历较浅的涉案对象，一般可以采取单刀直入、直接突破的询问、谈话方法，使涉案对象感觉到问题已经暴露，无法抵赖，造成一种兵临城下的态势，迫使其交代问题。

（三）了解和掌握涉案对象的感情因素

感情是指人内心的各种感觉、思想和行为的一种综合的心理和生理状态，是对外界刺激所产生的心理反应以及附带的生理反应。在现实生活中，每个人对人、对事的态度都不尽相同，简而言之，有的感情丰富、有的冷漠淡然。对感情丰富的涉案对象，可以以情理感化，从其工作、生活、家庭、配偶、子女、情人、将来经济上的利弊、情感上的得失、影响上的轻重等多点开化，晓以利害，迫其就范。对冷漠淡然的涉案对象，如果采取一般的说教方法很难达到预想的效果，需要下功夫找出能使之动情的人和事，洞穿其内心最柔弱的地方，击垮其情感防线后适时对其教育感化，才能达到事半功倍的效果。

（四）涉案对象的知识状况

知识是人们在改造世界的实践中所获得的认识和经验的总结。它可以分为文化知识、专业知识、法律知识等。要根据每个涉案对象的知识状况确定询问、谈话的思路和谈话技巧，注意侦查人员形象和语言表达，以压倒性优势削弱涉案对象的"傲气"让其"心服"，结合以平等交流的方式让其产生"共鸣"。对于知识水平较高的涉案对象，要根据其专业特长，知识丰富的特点选派经验丰富、知识面宽广的侦查人员从容应对，做到对答如流。对于知识水平较低的涉案对象，要尽量使用一些通俗易懂的语言，并且要多打比方，使其能够感受到侦查人员的"诚意"，便于"感化"。

（五）涉案对象的经历表现

在询问、谈话前，了解和掌握涉案对象的经历表现非常重要，要了解其过去是否有污点，经历过的挫折，取得过的成就，既包括工作、事业方面的，也包括生活、情感方面的，为突破程序做好准备。

三、合理选配线索突破的人员力量

打仗既要做到知彼，也要做到知己，查办职务犯罪案件也是一样。在研究分析掌握涉案对象的特点与弱点后，就要有针对性地组织好办案力量。在侦查力量的配备上，应当安排有丰富经验的侦查人员担任主审，并配备副审和记录人员，要分工明确、互相配合。在突破过程中应当尽量保持侦查人员的稳定，无特殊的情况一般不宜更换，特别是在涉案对象没有如实供述的情况下更换侦查人员，容易强化抗拒心理。在组织办案力量时，应充分考虑以下因素。

（一）案件线索的性质和特点

根据案件线索的性质和特点，是贪污、受贿、挪用公款等贪污贿赂类犯罪，还是滥用职权、玩忽职守、徇私枉法等渎职侵权类犯罪；是采取侵吞窃取、内外勾结、虚报冒领等贪污手段，还是采取"回扣返利、干股合作、借而不还"等受贿手段。诸如此类，选派具有办理类案经验和技巧的侦查人员担任主审，尽量发挥每位侦查人员的特长。比如，侦查人员能够熟悉、精通涉案对象所在单位或行业的专业知识，将更有利于询问、讯问和整体侦查工作的开展。

（二）案件线索的复杂程度

根据案件线索的复杂程度，是单一事实案件，还是多重事实案件等因素，合理搭配主审、副审人员。对于那些案情比较复杂，询问、讯问和查证难度较大的线索，应考虑选派经验丰富有较强攻坚克难能力的侦查人员担任主审。对于案件特别复杂的疑难案件，既要加强突破力量，也要组织侦查骨干进行会诊，帮助分析、研究突破对象的心理特点，制定详细的突破策略和方案。

（三）案件线索的影响大小

根据线索的社会影响大小组织办案力量，对那些社会影响可能较大，社会关系复杂的，一方面可以组织专案组，加强询问、讯问力量，加大办案力度，加快办案节奏；另一方面要注意办案纪律和保密工作，严防失、泄密等问题发生。

（四）涉案对象的具体情况

根据涉案对象的职务、职业、年龄、文化程度、经历、性格、心理特点等情况，选择程度相当的侦查人员担任主审则更能胜任此项工作。对职务、地位较高、年龄较大、社会阅历较深的涉案对象，要选派具有相应职务或资历、阅历、经验丰富的侦查人员；对高端职业、特殊专业、文化程度较高的涉案对象，要选派学历较高、知识丰富、应变能力强的侦查人员；对个性较强、内心敏感的涉案对象，要选派耐心、坚韧，谈话能力强的侦查人员。

（五）法律法规的相关规定

针对特殊的涉案对象，如按照《刑事诉讼法》和《诉讼规则》的规定，询问、讯问涉案对象，检察人员不得少于2人；询问、讯问聋、哑或者不通晓当地通用语言文字的人，应当为其聘请通晓聋、哑手势或者当地通用语言文字且与本案无利害关系的人员进行翻译，鉴于职务犯罪案件的特殊性，应当选派通晓聋、哑手势或者当地通用语言文字的检察人员。事实证明，运用与询问、讯问对象相同的方言更能增强双方的沟通渠道。另外，询问、讯问女性涉案对象，一般应当安排女性侦查人员参与。

四、风险评估

对案件线索启动突破前进行风险评估，是指在案件线索启动突破前，对于存在可能无法立案，引发涉检上访、群体性事件、个人极端行为以及社会舆论负面评价等风险隐患的案件线索，进行评估、预警、防范并制定处置预案，把办案风险控制在最低限度的一种超前防范措施。

（一）对线索启动的评估

对线索启动的评估即对线索本身的风险进行评估，主要是线索是否能够启动突破，是否可能存在因启动不当引发的办案风险。其包括线索的社会背景因素，是否存在影响社会稳定的可能性；办案阻力因素，是否存在影响办案的各方阻力，阻力的大小；线索成熟程度因素，是否存在尚未成熟仓促上阵的情况等。查办职务犯罪案件针对的是国家工作人员利用职务之便或滥用职权或严重不负责任不当履行职务的犯罪。线索一旦启动，即使后来相关国家工作人员没有被立案及追究刑事责任，但检察机关自侦部门的调查活动仍会对相关的国家工作人员和其他关联人员带来负面影响，造成检察机关工作上的被动，有损查办职务犯罪工作的严肃性和公信力。

（二）对涉案对象的评估

对涉案对象的评估即对涉案对象个人情况存在的风险因素分别进行评估，主要是对涉案对象个人是否适合启动条件，是否可能存在因启动而造成不利的风险。其包括涉案对象个人的职务因素，是否为人大代表、政协委员，是否属于军人，是否涉外、涉港澳台等；涉案对象的背景因素，与案件线索的社会背景因素不同，主要是指其个人的家庭背景、社会关系、工作关系等，有无"保护伞"等；涉案对象的生理因素，其年龄大小、健康状况、过往病史，有无存在重大疾病、特别是传染性疾病，有无正待手术的情况，是否重病初愈后、手术后等；重大事项因素，主要是指涉案对象及其家庭有无婚丧嫁娶、子女入学、参加工作等事项，或者涉案对象所在单位有无重大政治、经济活动可能影响案件突破的重大事件等。

（三）对审讯配置的评估

对审讯配置的评估即对审讯（本章所指的审讯均指广义的审讯，包括询问、讯问、谈话）人员本身可能存在的风险进行评估，是否适合担任本次突破的主审和副审人员，有无不利于线索突破的因素存在等。其主要包括审讯人员的办案资格，是否符合《刑事诉讼法》和《诉讼规则》规定的检察人员条件，与本案有无利害关系，有无需要回避的情形；审讯人员的生理心理状况，审讯人员身体状况是否允许，心理状况是否存在问题；审讯人员的职务配备，是否有利于应对涉案对象；审讯人员的能力经验，突破能力如何，有无审讯经验，特别是办理同类型案件的经验；审讯人员的组合配置，对审讯人员的分组搭配是否合理等。

（四）对安全保密的评估

对安全保密的评估即对办案安全和案件秘密可能存在的风险进行评估，是否存在影响办案安全的硬件或软件方面的问题，是否存在可能导致失、泄密的隐患等。其主要包括安全、保密预案的制定，有无制定周密的安全防范预案和保密规定并加以落实；办案区是否规范，有无设施设备的安全漏洞需要修理弥补；办案的集中统一管理是否到位，有无可能失、泄密的盲区；侦查人员的警示教育是否开展，有无引起思想上的重视等。

（五）对突破成败的评估

对突破成败的评估即对线索能否成功突破进行评估，是否可能存在导致线索突破失败的风险等。由于职务犯罪的关联性较强，往往涉案的犯罪事实可能既涉嫌构成贪污、贿赂罪，也可能涉嫌构成渎职罪。因此，选择何种罪名进行突破也至关重要，且需要对突破思路、突破计划、突破方向等进行评估。

（六）对办案效果的评估

对办案效果的评估即对线索成案后的法律效果、政治效果和社会效果进行评估，是否存在办案效果不好的风险等。职务犯罪的政治敏感性强，社会关注度高，因而必须摒弃那种就案办案、案结事了，不考虑办案的法律效果、政治效果和社会效果的错误思想，坚持"以事实为依据，以法律为准绳"，坚持"一要坚决，二要慎重"，坚持办案的法律效果、政治效果、社会效果的有机统一，否则不宜蛮干硬上。如果同时涉嫌贪污贿赂犯罪和渎职犯罪的，应综合办案的各方效果考虑，选择侧重于贪污、贿赂罪或者侧重于渎职罪或者两罪并重进行突破，最终成案。

五、精心制定询问、讯问提纲

精心制定询问、讯问提纲，不仅是线索启动突破前准备工作的重要组成部分，也是最具体、最直接地实施线索突破计划和行动的最有力保障。其具有针对性极强的特点，必须做到思路清晰、目标明确、措施有效、应对恰当等要求。制作提纲应当注意以下几个方面：

（一）详细分析案情

侦查人员应当针对自己负责突破的对象，根据初查所收集和获取到的情报信息、资料及案情介绍，具体分析研判突破对象的基本情况。首先，了解和掌握所需突破的涉案对象、涉案行贿人和利益相关知情人的涉案情节，做到了然于胸。其次，分析研判突破对象的脾气性格，为询问、讯问打好基础。最后，将突破对象放置于全案，分析其重要性，明确询问、讯问的目的和任务。

（二）厘清思路

思路清晰是询问、讯问取得成功的前提保障。明确询问、讯问思路有利于审讯人员与指挥人员之间的沟通，做到步调一致。同时也有利于主审人员与副审人员之间相互配合，行动默契。主要阐明询问、讯问的方向和路径，以及需要注意的事项。

（三）询问、讯问的方法和步骤

询问、讯问中采取什么样的方法。先问什么，后问什么；先问哪些涉案事实，后问哪些涉案问题，设计好顺序和层次。如果碰到问题，采取怎么样的补救措施，规范好询问、讯问的步骤。

（四）初查材料的备用

第一，熟练掌握初查中获取的情报信息资料，分析研判需要运用哪些情报信息资料。第二，预测何时如何运用此种情报信息资料。第三，采取什么样的策略迷惑询问、讯问对象。第四，如何适时采取强制措施或谋略，达到询问、讯问之目的。

（五）选准突破口

首先，选择什么样的情节、细节作为突破方向。其次，选择什么样的案例、榜样作为攻击目标。最后，在何时、采取何种方法一击制胜。询问、讯问突破的选择尤为重要，提纲中既可以选择第一突破口，还可以根据线索初查的具体情况，预先准备好第二、第三突破口。突破口越多，询问、讯问过程就显得越顺利。

第二节 线索突破的时机选择

职务犯罪是权力型、智能型、隐秘型犯罪。涉案对象无论是贪污贿赂犯罪还是渎职侵权犯罪，无论是犯罪嫌疑对象还是贿赂犯罪中的行贿人或贪污犯罪和渎职侵权犯罪中的知情人，都具有一定的职务、身份和地位，并且具备相当的智商、情商。其涉嫌犯罪的行为，或与实施与涉嫌犯罪相关的行为（如行贿人的行贿行为或贪污、渎职案中知情人的相关工作行为或经营行为）一般都不是一朝一夕发生的，更不同于一些普通刑事犯罪中的激情犯罪，往往实施已久，持续时间较长，对法律有一定的认知，对可能东窗事发被查处也有一定的心理准备和逃避法律制裁的措施，掌握好线索突破启动的时机控制显得十分重要。否则，涉案对象一旦警觉，往往订立攻守同盟，毁灭或隐匿犯罪证据，转移赃款赃物；或者调动所有的社会关系和资源抗拒、干扰办案，有的可能逃亡外地甚至海外，为今后案件线索成功突破和立案侦查带来不利的影响。

因此，选择线索突破的时间或时机都应当遵循秘密、迅速、及时的原则。秘密是首要原则，突然启动能够造成措不及防的局面，促使涉案对象或行贿人、知情人在毫无防备的情况下接受询问或讯问，能够促使他们削弱或丧失抵抗能力和抗拒心理。迅速、及时是秘密原则的行动保障。迅速就是行动要迅速，选准时间和时机，造成迅雷不及掩耳之势，打他们一个措手不及。在有条件的情况下，要尽可能阻断第一波突破行贿人、知情人与第二波突破受贿嫌疑人或涉案对象之间的消息传递。如果第一波突破行贿人、知情人的消息向外泄露过快、过早，容易引起受贿嫌疑人或涉案对象的警觉，使得他们有时间做相应的准备和抵抗。为此，我们应当尽可能地缩短第一波突破与第二波突破之间的时间间隔，在必要的时候，或者在掌握初查材料有充分自信的情况下，则可以将第一波突破与第二波突破合二为一，同时进行，其询问、讯问的效果会更好。

一、线索突破启动的时间选择

（一）对涉案行贿人或其他职务犯罪知情人启动线索突破的时间选择

职务犯罪案件一般情况下都存在着两次突破的程序。对涉案行贿人或其他职务犯罪知情人启动线索突破的时间选择一般都早于对涉案国家工作人员的启动时间。这是由查办职务犯罪案件侦查工作的特点决定的。因此，首先查清职务犯罪嫌疑对象涉嫌的部分甚至主要犯罪事实，掌握相关行贿人或知情人的证言和相关书证等证据材料，是线索突破启动后的第一步行动。对涉案行贿人或其他职务犯罪知情人启动的时间选择原则上要遵循秘密、及时、迅速的原则。根据实际的案情选择不同的时间点。

1. 对涉案行贿人的控制时间选择。涉案行贿人一般是涉案国家工作人员的管理对象、服务对象、处罚对象。他们往往是企业项目负责人或中高层管理人员。对他们的控制时间有下列选择。

（1）一般情况下，易选择在周五进行。周五接下来就是双休日，选择在周五秘密接触行贿人、知情人或相关证人，可以充分利用双休日国家工作人员一般均休息两天的惯例，容易阻断消息外泄，不过早暴露突破的意图和线索的指向。

（2）选择特定的时间。如在他们参加重大项目、招投标之前；项目推进关键阶段；陪同重要客户之际；进行重要业务谈判之时；重大合同签订及履行之时等重要事件发生之际，以造成其时不我待。一旦延误时间甚至被采取强制措施则将错失商机造成巨大损失的严峻形势，促使其在短时间内交代涉案问题。

（3）选择特定的时段。比如其资金流转困难，需要还贷、还款之际，一旦被控制的时间过长，其将面临无法弥补的损失，易造成其极想早早抽身事外的想法，从而较快地交代问题。又比如可以选择行贿人、利益相关的知情人与涉案对象所在单位业务款或工程款尚未结清之前。他们无法逃避款项尚未结清带来的现实压力，从而较易交代问题。

2. 对其他职务犯罪知情人的控制时间选择。其他职务犯罪知情人，包括非贿赂案行贿人外的贪污、挪用公款、私分国有资产犯罪行为的知情人。比如虚开发票的企业从业人员，了解贪污、挪用、私分行为的财务人员等，也包括渎职犯罪行为的知情人，比如滥用职权行为的辅助人员、玩忽职守行为的见证人员等。对这些人员的控制时间，可选择在周末、节假日前夕，或在其出差、旅游回来时，以避免引起涉案国家工作人员的警觉，不让其有充分的时间做对抗查处的准备。

（二）对涉案国家工作人员启动线索突破的时间选择

查处和打击职务犯罪的目的是维护国家机关工作人员的纯洁性，维护国家机关的荣誉和正常工作秩序。我们不能就案办案，重打击而忽视了检察机关维护国家机关荣誉和正常工作秩序的重要责任。因此，我们应当综合考虑，慎重处置涉案国家工作人员启动的时间选择。

1. 一般情况下，仍应选择周五或周一启动较为适宜。一是可以充分利用两天休息日阻断消息的外泄，减轻办案的阻力和干扰。二是通过阻断消息的外泄从而迅速查实犯罪，减少社会上的猜测和不良反响，一经查实就可以正面应对。

2. 尽可能避免与当地重大政治活动重合。比如"两会"召开期间；党委、政府换届或正常人事变动、岗位调整之际，避免因办案而造成不明真相的群众、企业群体上访，从而影响到办案工作的正常开展。

3. 避免与涉案对象家庭的重大变故事项重合。比如婚丧嫁娶、子女入学、参加工作等关键时段。在此时段极易造成涉案对象的情绪失控，增强其抗拒心理。同时更是文明办案，安全办案的要求所在。

4. 注意保密、缩小知情面。尤其是在滚动深挖查处窝串案和行业型、系统型等系列案件过程中，更应当选择好时间，避免过早地外泄侦查方向，引起其他涉案对象和涉案人员的恐慌。

5. 涉案对象到位以后，应当适时地告知其所在单位，通报简要案情，消除不必要的误会。如果涉案对象是单位主要负责人的，应当在事前或到位后立即通报其上级主管部门，维护好该单位正常的工作秩序。

二、控制场所的选择

（一）控制涉案行贿人或知情人的场所选择

从线索突破策略和技巧来看，除线索突破启动的时间选择重要之外，控制涉案行贿人或知情人的时机和场所选择也尤为重要。一般情况下，除个别需要敲山震虎、欲擒故纵者之外，行贿人或知情人的前期控制应当合法而秘密。具体的控制时机和场所都是相互关联、密不可分的。从合法而秘密且有利于突破的角度出发，对行贿人或知情人的控制时机和场所，可以选择在其住宅或暂住休息（如宾馆）之地、外出办事地点；外出途中某地将其控制。如遇到其外出旅游、出国境等情况时，在车站、机场等地将其控制，则更具威慑性。一般情况下，不宜在其施工现场或办公场所等公开场合将其控制，公开场合容易造成突破消息的外泄。根据案情，确需在其施工现场或办公场所等公开场合予以控制的，最好在与其单独相处时才亮明侦查人员身份，将其秘密控制。

在实际操作过程中，应当优先考虑控制涉案的外地企业和外地人员。对此类人员在本地控制不易的，可以商请当地检察院配合加以控制，此种情况更有利于阻断突破消息。但在外地不易控制时，应尽量避免过早地暴露侦查人员的身份和意图，以免打草惊蛇。

（二）控制涉案国家工作人员的场所选择

与行贿人或知情人的控制时机和场所不同的是，对涉案国家工作人员的控制时机和场所选择，除窝串案或系列案件外需要考虑控制初期的合法而秘密性外，主要考虑在其无所预兆的情况下，如何瓦解其对抗意志，消除其职务地位优势，让其感到一瞬间从高高在上的官员跌落至千夫所指的"囚徒"，从逍遥法外的幻想跌回法网恢恢的现实，从根本上彻底摧毁其心理防线。

1. 通常情况下可选择在单位，外出办事途中，上、下班路上将其控制。如需在其单位将其控制，应注意影响。根据保密原则，可以在下班后再行将其带离，以免人多口杂。如果遇到其出差、出国境考察时，应充分运用千载难逢的良机，考虑在其出发、归来之时，在车站、机场等地将其控制，增强神秘感和突然性。或者考虑在其出差之地如开会场所或暂住地（宾馆等）秘密将其控制。

2. 在查处窝串案或行业型、系统型等系列案件过程中，根据办案实际需要，从增强办案的威慑力和扩大办案的影响出发，可以在其单位或会场将其控制，也可以选择在其与朋友聚会时将其控制，扩大突破的公开性，以此表示检察机关办案的决心。

3. 选择在其住宅地将其控制，应当综合考量效果，一般不予采纳。除从安全性因素考虑之外，还可以充分利用亲情感化因素在审讯中适时运用。

无论是针对涉案知情人、行贿人、利益相关人员或证人，还是针对涉案对象，在选择控制时间或选择控制场所时均应当根据办案的实际情况综合分析、因势利导、灵活选用。

三、涉案对象的控制方法

线索突破启动前涉案对象的控制方法问题，在司法实践中是一个常见的问题，同时也是一道摆在侦查人员面前的现实难题。现行《刑事诉讼法》和《诉讼规则》以及相关司法解释均未作专门规定，仅仅在"强制措施"和"侦查"部分规定了对犯罪嫌疑人、被告人可以采取传唤、拘传以及取保候审、监视居住、拘留、逮捕等措施；对证人可以到证人所在单位、住处或者证人提出的地点进行，可以通知证人到人民检察院或者公安机关提供证言。规定既简单又笼统，没有关于如何有效控制职务犯罪涉案对象包括行贿人或知情人以及涉案国家工作人员的具体规定，相关理论研究也较少。从侦查实务的角度出发，对涉案对象的控制方法，既要合法，又要有效，才能确保其顺利到案接受调查。

（一）对涉案行贿人或知情人的控制方法

在检察机关正式立案侦查前，涉案行贿人或知情人尚不是犯罪嫌疑人、被告人，也不是证人。准确地讲，他们还属于涉案对象、初查对象。对涉案行贿人或知情人的控制，主要可采取以下几种方法。

1. 检察机关自行通知到案

检察机关自行通知到案，是侦查部门实践中最为常用的方法。其优点在于主动、直接、有效。侦查人员主动出击，无须通过其他环节，直接有效地将涉案人员控制到案。其不利的方面也很明显，容易暴露突破的工作意图，等于直接告诉对方，检察院将对某些单位和个人开展查实工作。

（1）直接到案。根据初查所掌握的情报信息和事前了解的情况，主动出击，由两名以上侦查人员到涉案行贿人或利益相关知情人的住宅、办公地点或其他可能出没的公共场所带人，出示工作证件及相关证明文件，告知其配合检察机关协助调查相关事项，将其带回至检察机关办案区接受调查。在这种情况下，出于对法律的威慑、检察机关的威严和自身形象的考虑，涉案行贿人或利益相关知情人的反抗心理较弱，一般不会采取暴力对抗或耍赖、逃跑等行为。

（2）间接到案。间接到案是相对于直接到案的方法而言。在直接到案不能够达到目的，或者寻找涉案行贿人、利益相关知情人方向不明确，以及多方寻找无果时，可以采取电话通知、单位转达、近亲属转达等间接通知到案的方式。间接到案与直接到案相比，存在的弊端主要有：一是有相对宽裕的时间供其思考应对。绝大多数情况下，能够猜测得到到案后侦查人员需要了解、询问、讯问的内容，据此能够做好一定程度的抗审准备。二是有些涉案行贿人或利益相关知情人会利用到案前相对失控的时间四处活动，通过"熟人"托关系说情或打听案情，甚至干扰办案。三是客观上给涉案行贿人或利益相关知情人拖延接受调查提供了条件，或借以有要事在身、在外地出差等借口百般推脱，或以关闭手机、暂离居住场所等方式暂避风头。有的索性潜逃外地，拒绝接受调查。

实践中，间接到案的方法虽然也是常用的方法，但效果一直不佳。考虑到间接控制的弊端所在，我们应当在直接到案的方法不能达到预期效果的情况下，才能谨慎考虑采用间接控制的方法。一般来说，在突破工作的早期，特别是第一波突破时，绝不允许使用间接到案的方法。必须使用间接到案的方法时，我们绝不能告知其我们需要调查的方向和内容，以免过早暴露到案意图，给办案工作带来不必要的麻烦。间接到案的方法一般情况下只适用于立案以后的取证阶段。

（3）强制到案。在控制涉案行贿人或利益相关知情人到案的过程中，如果遇到拒不到案的情形时，可以及时采取传唤或拘传的强制措施。采取传唤或拘传到案方法的，必须严格依照法律规定，符合办案程序，不得违法使用。也就是说，在采取传唤或拘传前应当报经检察长批准，先行立案后，才能使用，并需出具相关的法律文书。

2. 公安机关协助通知到案

公安机关职能众多，事无巨细都有其管理的职能。传统上，公安机关与检察机关工作紧密、关系密切，承担打击犯罪的目标任务一致。检察机关在办理职务犯罪案件时商请公安机关协助，借用公安机关名义将涉案行贿人、利益相关知情人控制到案不失为一条便捷的途径。

派出所是公安机关最基层的派出机构，负责维护辖区内的治安状况。由派出所通知涉案行贿人或利益相关知情人到派出所报到，不会引起其警觉，且常常会令其搞不清状况。通知其到派出所后，再由侦查人员出示证件，说明来意，将其控制到案。商请公安机关协助通知到案应当注意：一是必须是该派出所辖区内的人员，包括其住址、单位或临时工作地、居住地在该派出所辖区内。非该派出所辖区内的人员一般不宜商请协助。二是涉案行贿人或利益相关知情人属于社会地位较高、企业规模较大、社会影响较大的人员的，一般不宜商请派出所协助通知，以免给其今后的工作带来不便。在查处大要案过程中，由上级党委、上级检察机关、上级公安机关统一布置、协调的除外。

侦查人员直接到涉案行贿人或利益相关知情人住宅、单位等地直接带人时，有时会产生一些不便之处。尤其是到住宅带人时，会引起近亲属的抵触情绪，还有的甚至明知人在室内而拒不开门。商请公安机关派出所人员到场容易化解矛盾，迎刃而解。因此，事前先行商请公安机关派出所协助，一同前往带人不失为良策。

实际办案中，由于突破工作的消息不可避免地外泄，引起涉案行贿人、利益相关人员暂时躲藏回避或潜逃的现象也时有发生，有些地区呈现扩散态势且潜逃境外。为了防止类似情况的发生，初查工作过细，翔实掌握潜在外逃可能性的情报信息是基础。在突破开始阶段，应当优先考虑控制该类人员。由于滚动深挖或查办行业型、系统型等系列案件的需要，鉴于涉案行贿人或利益相关知情人较多和侦查力量不足的现实，应当做好布控的预案，提前通知公安出入境管理部门和边防检查机关，禁止此类人员出境。潜逃国内的，我们尚能通过技术侦查、追逃等手段将其最终控制到案；潜逃国外的，根据目前的司法现状，其难度不言而喻。

3. 其他方法通知到案

到案的情景和方法因案而异，各有不同。实践中尚有另外一些实用方法可以借鉴。

（1）利用其他行政机关的职权协助通知到案。例如商请税务机关以税务检查的名义通知涉案行贿人或利益相关知情人到税务稽查部门接受调查，然后由侦查人员出示证件，说明情况带人到案。同样，也可商请工商、城建、安监等部门配合。

（2）商请案发单位配合，以核对往来款项、洽谈工作等名义，将其通知到案。

（3）利用"说情"、"打听案情"等"熟人"关系，讲明道理、晓以利害，督促涉案行贿人或利益相关知情人到案接受调查。

（4）必要时，针对异地的涉案行贿人或利益相关知情人，可以用洽谈生意、虚构业务的方法，约定在某地见面，然后出示证据，亮明身份，将其控制到案。

（二）对涉案国家工作人员的控制方法

与涉案行贿人或知情人相同的是，在检察机关正式立案侦查前，涉案国家工作人员也不是犯罪嫌疑人、被告人，同样属于涉案对象、初查对象，准确地说可以称为嫌疑对象。对待他们尚不能采用立案以后法律规定的传唤或拘传等强制措施。从司法实践来看，准备对涉案国家工作人员进行控制时，应当是涉案行贿人或知情人已经成功突破，只差涉案国家工作人员归案交代了。与对涉案行贿人或知情人的控制方法不同的是，对涉案国家工作人员主要可采取以下几种方法：

1. 检察机关直接控制到案

通常情况下，由检察机关派到涉案对象单位或上、下班途中将其控制到案。如遇其外出的，可以在暂住的酒店、往返的机场、车站或其他公共场所直接将其控制。如需震慑的，可以在其与朋友聚餐、开会现场等公开场合将其直接控制到案。一般情况下不宜在家中控制，以利于讯问中的亲情感化。检察机关直接控制到案的，程序应当合法，需要有两名以上的检察人员参加。控制时，应当场出示工作证件及相关证明文件，告知其配合检察机关调查相关事项，将其带至检察机关办案区接受调查。控制过程要有礼有节，依法文明，不留瑕疵。

2. 通过组织通知到案

通过组织通知涉案对象到案是一种实践中最为常见的方法之一。组织包括涉案对象所在单位的负责人或纪检监察部门，也包括涉案对象（要案对象）的上级主管部门或地方党委，含所属纪检监察部门。通过组织通知到案的形式，应当有选择性地通报有关简要案情，一般不宜详细介绍犯罪情节和细节。通过组织通知到案，可以由组织派员先行找其谈话，一般情况下效果不会太大，主要是通过组织谈话，体现组织关怀，为接下来的讯问打好基础。通过组织通知到案，组织谈话，应当在单位所在地一楼进行，以保证办案安全，侦查部门应当派员列席谈话，谈话时间不宜过长，主要是告知其已东窗事发，只有向组织坦白交代才是其争取从宽处理的唯一出路以及告知其相关的法律政策规定。如其有口风松动的情况，侦查人员可以适时参与谈话，争取在短时间内突破一两笔犯罪事实。如若涉案对象暂无悔罪交代诚意的，应当立即停止谈话将其带回检察机关接受调查。

3. 商请纪委协助到案

现阶段，通过纪委实施"两规"，然后移送检察机关追究刑事责任的职务犯罪案件也有很大比例。党的十八大后，中纪委通报的省部级以上职务犯罪案件无一不是由纪委先行按照《中国共产党纪律处分条例》实施"两规"，待查清案情后再行移送检察机关追究刑事责任。这也充分体现了中国共产党作为执政党对于腐败现象"零容忍"的决心，也是当前腐败现象较为严重的斗争需要。然而作为地市级以下的检察机关，一方面，商请纪委实施"两规"存在一定的难度，比如有些地方纪委规定对处级干部实施"两规"的前提条件是"受贿数额在20万元以上，并且具有3个以上涉案行贿人的证言"。如果这两个条件都符合的话，完全可以直接传唤到案，启动突破程序，检察机关完全可以自行立案查处了。另一方面，地市级以下检察机关如果长期依赖纪委实施"两规"手段来查办职务犯罪案件，侦查人员就会产生严重的依赖心理，弱化检察机关的专业侦查职能，降低侦查人员的侦查水平。因此，从检察机关长远发展出发，根据职务犯罪侦查专业化要求，检察机关应当尽量减少对纪委实施"两规"的依赖，确实需要商请纪委实施"两规"的，应当控制在下列范围：(1) 地方党委指示或要求；(2) 案情重大，涉及牵连面广；(3) 基于滚动深挖需要的重点涉案对象。

需要商请纪委实施"两规"前，应当积极主动地向地方党委请示汇报，争取最有力的支持。商请纪委实施"两规"时，应当详细介绍已经掌握的案情，以及分析判断可能发展的方向。商请纪委实施"两规"，有利于案件最大规模地扩展。实践中，也有商请纪委采用信访谈话措施的，信访谈话一般效果不佳，把握不好还会给后续的审讯工作带来负面影响，需要谨慎使用。

4. 检察机关直接传唤、拘传

检察机关以传唤、拘传手段，直接通知涉案对象（犯罪嫌疑人）到案的，是最直接有效的方法。但应当符合法律规定，事先立案，做好充分的准备工作。一般不宜直接采用，除非有紧急情况或有十分把握。

5. 通缉

现阶段，涉案对象逃跑的现象呈上升的趋势。在办案的过程中，一方面应当在初查中加强收集和发现有潜在逃跑可能的涉案人员的情报信息，提前布控防患于未然。另一方面一旦发现涉案人员逃跑的，应当及时通缉，花大力气尽快将其抓获归案，以示警戒。如果某地出现逃跑现象过多的，反映出该地初查工作不够细致，或者发现线索的敏锐性不高。如果集中在国有企业或分支机构有关人员逃跑的，则是管辖体制造成的，不在本书探讨之列。

第三节　线索突破口的选择

一、行贿人或知情人的遴选

线索一旦决定启动突破程序，遴选突破的对象就成为关键。如前所述，由于职务犯罪的特殊性在于是以事初查、由事找人，不能先入为主、人人以罪来认定某国家工作人员涉嫌犯罪。因此，在线索突破启动时，涉案国家工作人员暂不存在遴选问题，只有贿赂犯罪的行贿人和其他职务犯罪的知情人存在遴选问题。如何准确遴选涉案行贿人和其他职务犯罪知情人，是线索突破成功的前提。

战争年代，部队攻城略地，或选择东门或北门，或选择敌军守备较薄弱的一段城墙，集中优势兵力，全力猛攻，以期撕开一道口子，继而击溃、歼灭敌军。撕开的这道口子，集中优势兵力全力猛攻击溃那个点就是军事术语中的突破口。

《现代汉语词典》的解释，所谓"突破口"是指集中兵力向其进攻或者反攻，意图打开缺口之点或者因此而打开缺口之处；打破困难、难点、限制等或者打开局面等的着手点。切入点是指凭借其深入事物内部的地点。"突破口"和"切入点"我们通常理解为解决工作、生活中碰到难事、难题的第一进入点或首步工作，继而通过此点或首步工作来瓦解难事，使难题迎刃而解。

我们知道，职务犯罪案件的突破过程不是单次突破，而在实际操作中存在着两次或两次以上的突破过程。就个案而言，先要突破涉案行贿人或利益相关知情人，然后再突破受贿嫌疑人或其他涉案对象，这里就存在前后突破的两次过程。而就滚动深挖的整体作战而言，是一个不断循环突破的问题。有时候是先行突破涉案行贿人或利益相关知情人，再行突破受贿嫌疑人或涉案对象，最后再突破涉案行贿人或利益相关知情人。它们相互隔合、相互交叉，存在着滚动深挖、多次突破，反复突破，循环发展的过程。

有鉴于此，通过对职务犯罪线索突破的过程的分析，突破口的选择存在于三个层面或三个环节：首先是在第一波突破涉案行贿人或利益相关知情人环节，要选准、选好突破口。着重在行贿人和知情人的心理因素、犯罪事实、情节和行贿人、知情人所在单位、企业等环境因素中选择、选准突破口。其次是第二波突破涉案对象或受贿嫌疑人的心理因素。在涉案犯罪事实情节中寻找、选准突破口。最后是在窝案串案滚动深挖，尤其是行业型、系统型、区域型案件整体查处过程中如何选好、选准突破口，以期解决先查谁有利、查处的前后顺序、怎么样查的问题。通过层层选择突破口，选择正确的突破方向，才能层层撕开口子，滚动深挖，将查案工作引向深入。遴选涉案行贿人和利益相关知情人的基本考量因素就是寻找在询问、讯问时容易突开其口供的薄弱环节作为突破口，即从什么情节入手能够使其由拒不交代转变为开始交代，由只交代部分犯罪事实到彻底交代全部犯罪事实，从而查清全案主要犯罪事实，为第二波突破启动找到有力证据。此类突破口的选择，是侦查人员收集获取、察微析疑、思考研判、比对整合、有效运用与破案活动有关、有可能对其产生影响的相关案件事实、证据、情报信息和线索情况，以及涉案相关动态情况、发展态势、前因后果、逻辑联系等诸多方面，将其梳理清楚，作出完整认知的过程，从而找准切入点、突破口。

（一）行贿人和知情人的遴选分析

从《刑法》和《刑事诉讼法》的相关规定以及职务犯罪侦查工作实务来看，查办职务犯罪案件，尤其是贿赂案件，多名行贿人的证言证明力明显强于其他证据。至于贪污、挪用公款、渎职侵权案件，除书证等证据外，言词证据也不可或缺，相关知情人的证言往往是证实该犯罪的直接证据。此外，贪污、挪用公款、渎职犯罪多与贿赂犯罪交织，而在实践中，查办渎职侵权犯罪的同时也应当查明是否存在贪污贿赂犯罪的情形。因此，在初查工作中，就应当查清所掌握的可能与涉案国家工作人员相关的全部行贿人或知情人，在准备线索启动突破时，结合具体情况以供遴选。

1. 遴选准备充分

初查质量是行贿人或知情人遴选的基础。首先，初查中掌握涉案行贿人或利益相关知情人的数量多寡直接影响着遴选目标的选定。如果初查中只掌握一名涉案行贿人的线索，只能是硬弓强上，一对一，硬碰硬，成也萧何、败亦萧何，就谈不上遴选的问题。对于单一国家工作人员涉案线索，在初查中一般应掌握3名以上涉案行贿人或利益相关知情人作为遴选对象。而涉及窝串案，行业型、系统型、区域型等系列案件线索，则掌握备选的涉案行贿人或利益相关知情人的数量越多越好，以期形成梯队形攻击波。其次，对于初查中已经掌握的涉案行贿人或利益相关知情人，在初查中应当详细了解、收集他们的涉案信息、背景信息和个人信息，以备遴选分析之需。

2. 有利与不利的因素分析

从实践中得出的经验告诉我们：

（1）性别因素中男性比女性有利。从生理和心理的各方面分析，侦查人员本身以男性为主，询问、讯问工作往往是在法定时间内连续进行的，有时涉及夜间的看管，应对涉案对象撒泼、耍赖等问题，男性对象比女性对象更容易处置应对。

（2）年龄因素中年长者比年轻者有利。年长者具有相当的社会阅历，一般而言更识时务，明白利害顺应形势。而年轻者未经多少坎坷挫折，个性较强，容易冲动。俗话说"初生牛犊不怕虎"，因此年长者比年轻者更容易接受现实。

（3）职位因素中职位高者比职位低者有利。职位高者顾忌较多，往往会考虑自己的身份、面子、身家和社会影响，且职位高者较多如实交代。而职位低者顾忌较少，往往处于打拼奋斗期，容易产生"豁出去"的想法，加之其不能自主决定重要事项，担心如实交代会被老板"炒了鱿鱼"，丢掉饭碗，因此职位高者比职位低者更容易妥协配合。

（4）身体因素中养尊处优者比吃苦耐劳者有利。养尊处优者习惯了安逸的生活和享受，难以承受较长时间的审讯，畏惧铁窗生活牢狱之灾。而吃苦耐劳者忍耐和抗压能力较强，可以持久对抗审讯，因此养尊处优者比吃苦耐劳者更容易屈服顺从。其他因素可以结合实际情况考虑，不再一一列举。这主要是从总的利弊进行分析，从一分为二的观点来看，事物的利弊兼而有之，不能一概而论，比如女性比男性胆子要小，相对来讲更畏惧法律的处罚；年轻者比年长者见识要少，相对来讲对抗的经验也不足；职位低者比职位高者自卑一些，相对来讲对抗的底气不足；吃苦耐劳者比养尊处优者务实得多，相对来讲有利于分化瓦解。

3. 不宜作为突破对象的情形

从办案实践来看，有一些人是不宜作为突破对象的。

（1）从办案的安全角度考虑，如患有严重疾病的人、年老的人（70岁以上）、无刑事责任能力和限制刑事责任能力的人、怀孕或哺乳期的妇女、个性偏激或可能有心理障碍的人等，这些人由于身体和心理问题极易发生死亡、病发、自杀、自残或伤害侦查人员等安全事故。

（2）从办案顺利的角度考虑，如曾经被本院留置询问、讯问过的人，曾经被刑事处罚过的人，曾经作为突破对象但未如实交代的人，这些人十分了解检察机关的办案套路和措施，具有比较丰富的反侦查能力和对抗审讯的"成功"经验，一般都不宜作为突破对象。

（3）担任本届人大代表、政协委员，有行贿嫌疑或违法行为嫌疑的涉案行贿人或利益相关知情人一般不宜确定为第一波突破对象。由于他们职务的特殊性，在突破中会遇到法律规定的限制。通常情况下，待突破涉案对象之后再对其突破为宜，如遇不配合的情况，则可先行上报人大常委会罢免、撤销其代表资格后，再行对其突破。

（4）规模大，在当地影响大的企业负责人，如上市公司的重要股东，本地龙头企业的董事长、总经理等，此类人员不宜作为涉案行贿人或利益相关知情人的第一波突破遴选对象。盲目地对该类人员启动第一波突破程序，在获取他们的口供或证言之前，办案工作往往会受到来自方方面面的干扰和阻力，有时会引起涉案企业的群体上访，有时更会使突破工作难以为继。必须启动对此类人员的突破时，应当在事先积极争取党委领导的支持，积极争取纪委和反腐败领导小组的协调。比如浙江省嘉兴市人民检察院在查处平湖"3·23系列案件"中，涉及主要行贿人是当地龙头企业的董事长时，主动争取市委和市纪委的领导支持，在对其实施控制的时间里，有些企业职工欲群体性上访的，通过当地党委妥善协调解决；企业遇到贷款到期银行追债时，主动协调银行帮助其解决资金周转问题等。在办案形势的压力和人性化办案的感化下，该行贿人不得不交代了向多名涉案对象行贿的犯罪事实，行贿数额高达1000多万元，有力地推动了办案工作向纵深发展。

（二）遴选行贿人或知情人的基本条件

在确定好遴选的方式和策略后，就要深入分析行贿人和知情人的基本情况，从中找出符合突破对象的人选。从办案实践来看，符合下列条件的人员可以考虑作为候选对象。

1. "一锤子买卖"类型。在窝串案和系列案件中，有的行贿人或知情人不是本地人，为了在激烈的市场竞争或严格的项目运作（包括立项、论证、审批、招标、实施、检查、验收等环节）中"杀出一条血路"，争得一个"大单"，获取巨额利益，往往不惜重金，"一次性"地向相关国家工作人员行贿，为其谋取利益。或者通过各种关系，运用各种资源，要么让相关国家工作人员超越职权，违法行使职权；要么让相关国家工作人员严重不负责任，不履行或不正确履行职责，造成公共财产、国家和人民利益遭受重大损失。这种"一锤子买卖"是指在一个相对集中的时间段内或一个项目运作过程中给予多名相关国家工作人员以巨额财物，或向多名相关国家工作人员施加影响。这种"一锤子买卖"类型的行贿人或知情人由于不是本地人，且往往不考虑在本地长期经营，内心顾忌较少，容易突破。

2. 平时不善交际、社会阅历不深、城府不深类型。有的行贿人或知情人要么从业时间不长，社会经验不足；要么思想比较单纯，性格比较直爽，但为人坦率，"做事"实在，往往会赢得一些相关国家工作人员的"信任"，与这些国家工作人员建立起某种利益链条，或得悉相关行业内幕。这种类型的人涉案被查处后，容易被突破，向侦查人员和盘托出相关涉案事实。

3. 语言表达能力不强、逻辑思维不严谨、不太熟悉法律政策类型。有的行贿人或知情人"有钱没文化"，属于典型的"土豪"，企业做得很大，胆子很大，为人豪爽，出手阔绰，用金钱或关系编织了很长的利益链。但由于文化程度不高，不善言辞，拙于辩论，对法律政策和相关规定不了解，只要侦查人员精心准备，灵活应对，这种类型的人就易于在审讯中露出马脚，或被审讯人员拿话"套住"，从而迅速突破。

4. 企业规模不大、胆量不大、利益关系明显类型。有的行贿人或知情人做事谨小慎微，平时基本循规蹈矩，在经营企业或开展业务时也认真遵循行业"潜规则"，往往为了获取相关国家工作人员的关照，定期给予其财物或进行"感情联络"（行贿外的利益或情感关系）。一旦被查处，这种类型的人也容易慑于法律的威严，顺应形势，遵从法律规则。

5. 迫于无奈才送钱类型。有的行贿人本身并无主动给予相关国家工作人员以财物的想法。但在开展业务、竞标工程项目中感受到某些相关国家工作人员是"不给钱不办事"，或者不给予好处就处处刁难，甚至被索贿，而被迫送给相关国家工作人员财物。这种类型的人由于是迫于无奈之下的行贿或被索贿，内心往往不齿或反感相关国家工作人员的行为，在突破中一般能配合检察机关办案。

6. 打拼奋斗得来不易、企业规模较大，一旦被采取强制措施或处罚后辛苦废于一旦类型。有的行贿人或知情人白手起家，"辛辛苦苦几十年"才有如今的成就，其间不乏存在一些违规甚至违法行为，比如偷漏税、虚开发票、虚报注册资本、虚假出资、抽逃出资、串通投标、非法经营、赌博等。加之涉嫌行贿或与相关国家工作人员共同犯罪，或在相关国家工作人员涉嫌的职务犯罪中起了一定作用，一旦被采取强制措施或处罚，则可能"一夜回到解放前"，遴选这种类型的人有利于实现顺利突破。

7. 债权债务较多、注重自身信誉和形象、谋求继续发展壮大，一旦被控制可能资金链即刻断裂类型。有的行贿人或知情人长于资产运作，在银行等金融机构和其他企业及个人处有大量贷款或借款。其贷款和借款往往既有长期的也有短期的，有的甚至是拆东墙补西墙，必须有足够的现金流，同时信贷和担保都需要良好的诚信记录。这种类型的人一旦被控制较长时间或采取强制措施，就会发生资金链断裂、全盘崩溃的高风险，遴选这种类型的人较易迅速突破。

8. 具有一定资产、善于顺应形势，主要只为自己企业或个人考虑类型。有的行贿人或知情人身家不菲，具有较高的社会地位，爱面子重形象，做人做事练达圆滑，顺势而为，与相关国家工作人员的利益关系也是逢场作戏，不会为他人牺牲自己的前途，遴选这种类型的人也利于成功突破。

以上是对涉案行贿人或利益相关知情人的大致分类。从细微处分析，尚有许多类型，不作一一详解。在侦查实践中，具有下列情节的人员更是遴选的首要对象：

一是有证据表明被索贿的。有些国家工作人员贪得无厌、滥用职权，故意刁难，强行索贿。涉案行贿人或知情人迫于无奈，为了争取自己的正当利益，被迫行贿的。他们本身就有怨言，突破中很快就会如实供述，甚至检举揭发。

二是有情报信息表明，涉案行贿人或知情人与涉案对象之间有分赃不均情况的。审讯中极易激化他们的矛盾，相互推诿责任，从而突破案件。

三是原本与涉案对象关系较好，利益紧密，但后来产生矛盾关系疏远的。

四是涉案行贿人或知情人本身存在其他轻微刑事犯罪情节的，比如偷逃税款、侵犯知识产权等，突破中能够迫使其主动供述侦查人员所需的犯罪事实。

五是涉案行贿人或知情人本身存在赌博、包养、嫖娼等违法违纪情况，害怕影响家庭稳定的；或者有其他影响企业形象害怕曝光等情形的，侦查人员同样也可以借此侦破案件。

六是曾经因其他职务犯罪案件，被检察机关询问、讯问过的涉案行贿人或利益相关知情人。如果抵抗审讯的，可以假借其曾经作过行贿等犯罪事实交代的名义，对其采取强硬的强制措施，以利于突破其口供。

二、涉案对象突破口的选择

职务犯罪案件线索两次突破的事实告诉我们，突破行贿人或知情人只是职务犯罪线索突破的第一步工作，是线索转化为案件的前提。只有第二步突破了涉案对象，案件才能真正得到侦破。涉案对象突破口的选择可以从以下三个方面进行分析思考。

（一）从涉案对象的心理上选择突破口

职务犯罪的涉案对象，心理活动极其复杂，多种多样。随着检察机关对线索启动突破，涉案对象归案后，其心理变化也各不相同。只要侦查人员找准了其心理特点和弱点，有的放矢，对症下药，就能成功突破案件。因此，从涉案人员的心理上选择突破口，是检察机关选择案件线索突破口的最主要的方面。一般应从以下几方面选准突破口。

1. 针对侥幸心理选择突破口。侥幸心理是绝大多数涉案对象对自己能够逃避法律追究的自信想象或可能逃避法律制裁的赌注心理。侥幸心理是涉案对象共有的心理，他们依赖其侥幸心理拒不如实交代，而很少考虑检察机关掌握其相关事实证据后该如何处置。只要侦查人员认真分析出涉案对象存在侥幸心理的成因，正确运用审讯策略，巧妙使用模糊语言，适时抛出一点证据，就会使涉案对象走投无路，促使其侥幸心理向认罪心理转化。

2. 针对畏罪心理选择突破口。畏罪心理是指涉案对象对自己所涉违法犯罪的行为将要受到法律制裁的恐惧感。畏罪心理是涉案对象接受审讯的一种最基本的拒供心理。分析出涉案对象的畏罪心理后，对症下药，对其进行法律政策教育，使涉案对象在继续对抗还是坦白交代争取从轻处罚或从宽处理的矛盾中，向交代犯罪事实的心理转化。

3. 针对顾虑心理选择突破口。涉案对象在交代相关事实之前，往往只考虑到如果如实交代，会给自己和家庭带来哪些不利的影响，因而顾虑重重。这些顾虑往往会使涉案对象在接受审讯时，思前想后，总是在权衡交代与否。侦查人员应认真分析出涉案对象的心理顾虑，有的放矢，充分进行正面的案例教育，适当缓解其思想压力，使其认识到唯一的出路是坦白交代，同时也是对家庭、亲友和今后生活的最好选择。

4. 针对避重就轻心理选择突破口。侥幸心理、畏罪心理以及各种顾虑，其最终表现形式会演变成避重就轻的心理态度。从拒绝交代到逐步松口，从交代小问题到交代犯罪情节严重的问题，这是每一个涉案对象在接受审讯时的心理变化过程。紧紧抓住涉案对象的心理变化，积极摸索涉案对象最易交代的一笔事实作为突破口，有利于循循引导，结少成多，最终达到审讯的目的。

（二）从掌握的案件线索事实、情节、证据上选择突破口

审讯突破归根结底是侦查人员与涉案对象的言语交锋，形象地说，是一场对抗式辩论，辩论的焦点集中在相关职务犯罪事实、情节和证据上。因此，从掌握的案件线索事实、情节、证据上选择突破口，也必须引起侦查人员的高度重视。

1. 选择涉案对象最担心的事实情节和证据作为突破口。涉案对象在到案后，一定会对自己所涉的犯罪事实进行回忆，分析自己或相关人员在哪个事实、情节或证据上出了问题，而被检察机关抓住了把柄，以便对抗侦查人员的审讯。因此，涉案对象也会采取各种方法来打探侦查人员的口风，试图了解其所关心的事实、情节或证据，侦查人员一定要沉得住气，准确抓住其心理，及时捕捉其言谈中露出的马脚，找出涉案对象最关心、最担心的事实、情节和证据，并以此作为突破口。

2. 选择涉案对象最放心的事实、情节和证据作为突破口。如前所述，职务犯罪是智能型、隐秘型犯罪，往往是一对一的行为。涉案对象总认为所涉犯罪事实是天知地知、你知我知，只要相关人员不开口，甚至相关人员开口只要自己死不承认，检察机关就无可奈何。只要紧紧抓住涉案对象自认为最放心的事实、情节和证据，采取正确的审讯方法和策略，让涉案对象感到检察机关已经完全掌握了其所涉事实、情节和证据，或者其所涉事实、情节和证据并非天衣无缝无从查证，而检察机关已经具备了随时查明的条件，就会使涉案对象的幻想化为泡影，最终放弃抵抗。

3. 选择有确凿证据证明的事实和情节作为突破口。职务犯罪的涉案对象往往对法律有一定的认知，知道证据是证实犯罪的关键。涉案对象到案后，首先会判断分析检察机关掌握没掌握相关证据，掌握了多少证据。侦查人员应当结合审讯的进展，特别是在审讯进入僵持阶段时，可适时在与其交锋过程中"透露"某一方面的事实、情节或证据的情况，瓦解其负隅顽抗的意志，促使其坦白交代全部犯罪事实。

4. 选择涉案对象在相关事实中的一些特殊情节作为突破口。有的职务犯罪，特别是贪污贿赂犯罪，在涉案行贿人或知情人与涉案国家工作人员交易或互动的过程中，总是会有一些小的细节和特定事物或情景，这些特殊的情节只有当事人才知道。如果侦查人员善于运用模糊语言旁敲侧击，有意无意谈到一些细节、特定事物或情景，会对涉案对象产生巨大的震撼，使涉案对象苦心经营的"千里"心理防线溃于小小特殊情节的"蚁穴"。比如说，在有些行受贿案件中，行贿人到涉案对象家中送钱，有时涉案对象的家属或子女恰巧在家，存在似见非见的状态。适时点穿这一情节，会使涉案对象彻底绝望，为了保护

家属或子女而顺利交代问题。

（三）从涉案人员自身特点上选择突破口

涉案人员的工作、生活和成长环境各有不同，其性格、气质、兴趣、爱好、信仰等也各有不同。侦查人员应当善于把握涉案对象自身的特点，从中正确选择突破口。

1. 从涉案对象的性格、气质方面寻找突破口。涉案对象的性格、气质千差万别，对待审讯的态度也有所区别。侦查人员应尽量抓住其性格、气质上的弱点作为突破口。比如涉案对象吃软不吃硬，就要循循善"诱"，让其感受到侦查人员对其人格的尊重，对其前途的关心，用人性化执法作风感化，促使其如实交代。如果涉案对象吃硬不吃软，就要层层施压，步步紧逼，穷追猛打，让其彻底交代，如此等等，不一而足。

2. 从涉案对象的兴趣、爱好和信仰方面寻找突破口。只要是人，一般都会有兴趣、爱好和信仰，或雅或俗，或浅或深。涉案对象也是一样，只要侦查人员细心地了解涉案对象的兴趣、爱好和信仰，充分地加以利用，往往会发现其涉案的相关事实情节。比如爱好古玩字画收藏的，多与"雅贿"有关；喜欢吃喝玩乐的，职务犯罪发生的时间、地点或起因往往与此有关；而宗教信仰还可以作为我们突破涉案对象心理底线的有力武器。

3. 从涉案对象的事业、家庭和情感方面寻找突破口。有的涉案对象事业有成，能力出众，家庭幸福，情感丰富，可以以此作为突破口，要让其有羞耻之心并唤起其对今后重新回归家庭和社会的信心。有的涉案对象对某些人，比如父母、配偶、儿女等亲情特别重视，要让其感受到这些亲人对其如实交代争取宽大的盼望，不要因自己所涉相关犯罪事实让亲人蒙羞。有的案件中，这些亲人可能直接涉及案情，也会受到严重影响。甚至由于涉及共同犯罪或者包庇、伪证、隐匿犯罪所得等受到法律的制裁，以此打动涉案对象，让其正确面对法律，面对现实，如实交代问题。

三、窝串案与系列案件突破口的选择

（一）窝串案突破口的选择

目前，国家工作人员职务犯罪日益呈现行业型、系统型、区域型的趋势，其中窝串案在查办职务犯罪案件中占有相当大的比例，许多地区都在40%以上，有的检察院甚至高达70%以上。查办职务犯罪窝串案，不仅可以节约人、财、物的投入，有效利用侦查资源，增强自侦干警的信心，还能营造打击腐败的浩大声势，有利于震慑和预防职务犯罪。窝串案，是指根据一件线索或一起案件而深挖或拓展出有相互联系的多人（三人以上）涉嫌犯罪案件的统称。窝串案包含着两个相互交织的概念，即窝案和串案。此类线索一旦初查终结，最为关键的是如何选准突破对象。在窝串案办理过程中，首战能否打响，将直接影响到侦查人员的整体士气以及整个案件的走向，而首位行贿人或知情人的突破选择往往是成功打响首战的关键。众所周知，因为一般前期没有正面接触过涉案对象，手头的实质性初查材料往往有局限性，所以第一个涉案对象的审讯突破往往是难度较大的。除了要充分考虑个案突破口选择的共性条件之外，从近几年检察机关侦办的案件看，职务犯罪窝串案突破口的选择还应根据窝串案的性质类型综合考量。

1. 集中型窝串案突破口的选择。该类案件主要指在同一单位或部门中的多名工作人员，利用相互之间的职权关系，合谋共同犯罪；或是相同、相近岗位上的多名工作人员，采用相同或相近的手法，分别进行犯罪。对于该类案件突破口的选择，应当紧紧抓住涉案对象中责任相对较轻、比较容易分化，并有可能带出其他职务犯罪涉案对象或有可能检举揭发他人的涉案审讯对象来作为突破口。突破此案后往往能够顺藤摸瓜，查明全案。

2. 交织型窝串案突破口的选择。该类案件一般涉及多个单位或部门，各单位或各部门中涉案对象的犯罪手法基本相近，并且大多曾经与相同的单位中的涉案对象相互勾结完成犯罪。对该类案件突破口的选择，可以选择处于关键环节或主要职能的单位和部门中某个涉案对象，以此容易掌握整个利益链条的运作手段和方法，打开缺口后能够相互牵扯，查明全案。

3. 指向型窝串案突破口的选择。该类案件虽然涉及不同的单位或部门，相关人员的犯罪方法也不尽相同，甚至存在较大的差异，但是可以通过某个单位或个人的指向深挖出其他案件。对该类案件突破口的选择，主要选择好与不同单位或部门的利益关联较多、利益输送普遍的行贿人或知情人作为突破口。

（二）系列案件突破口的选择

行业型、系统型、区域型等系列案件与窝串案既有交织，也有所区别。系列案件无论在涉案人数、办案规模、办案成果等方面都比窝串案要大得多。它的特征主要体现在：一是涉案人数众多。一般要求查处的案件人数应当在10人以上，有时线索突破之后，会有数十个职务犯罪涉案对象涌现出来。比如说浙江省嘉兴市检察院在查处嘉兴港区"3·23系列"案件前，根据对线索初查终结报告的科学预测，决策者就提出了"查处20名以上合格，查处40名以上圆满完成任务"的要求，最终该系列案件查处了总计达46名职务犯罪涉案对象，圆满完成了办案任务。二是办案规模大。系列案件并非是涉案人数数字上的简单叠加，要求10人以上；也并不是单纯地指10人以上的窝案串案。系列案件往往是指涉及多个单位、多个行业或系统的多个窝案串案的叠加。区域型线索正是查处系列案件的代表之作。另外，由于系列案件涉案对象多、办案需要的人员也应当相应地配齐配足，往往单靠一个检察院的侦查力量完全不能适应办案的需要，必须采取侦查一体化的办案机制。三是办案成果明显。不仅体现在查获的涉案人员众多，更进一步体现在它所形成的威慑作用，起到在某行业、某特定区域根治腐败、遏制腐败的预防作用。

鉴于系列案件以上特点，根据突破口选择的步骤不同、方法不同，在选择系列案件突破口时，重心也应相应调整，各有侧重。

1. 选择突破口的步骤

就系列案件而言，可以分成三步完成。

第一步，详细分析每一位涉案对象和涉案行贿人、利益相关知情人的基本情况、涉案内容。评估他们分别在整体案情中所处的地位，与其他涉案人员之间的关系。预测一旦对其突破后，将会给全案的突破带来怎么样的影响。

第二步，选定涉案对象。这关系到案件突破的方向性、目标性问题。主要解决从哪一位涉案国家工作人员切入，更有利于侦破全案的问题。选定涉案对象，一般应当充分考虑他在全案中所处的位置：是否在共同犯罪中起主要作用；是否属于窝串案之中的利益关联性涉案对象；是否属于职权利用过程中的关键节点人物；是否系跨行业、跨系统之间的利益过渡性人物；是否在其突破后，会对全案的突破过程起到连锁反应的催化性作用等。选定哪一个涉案对象作为突破口，是选择全案突破口的关键。

第三步，遴选行贿人或知情人。在系列案件突破过程中，先行选定哪一个涉案对象作为突破口、切入点之后，在此基础上才能进行涉案行贿人和利益相关知情人的遴选工作。遴选条件可以参照前述遴选行贿人或知情人基本条件的内容进行。关键需要注意的是：一方面，遴选涉案行贿人或知情人必须紧紧围绕作为突破口的既定涉案对象展开，其行贿事实、知情的犯罪事实情节是否直接指向既定的涉案对象。另一方面，也应充分考虑遴选的行贿人除了向既定突破口的涉案对象行贿以外，是否存在向其他人或者多人行贿的嫌疑，这将有助于突破口的迅速扩大，有助于突破工作迅速催化，深入发展。

2. 选择突破口的方法

是否属于能够形成系列案件的线索，应该在线索初查终结时就做到心中有数，一目了然。系列案件的突破过程无外乎自下而上、自上而下、中心开花等几种形式，我们应当根据突破工作的整体思路和突破工作的不同形式，有针对性地选择不同的突破方向。

（1）从职级较低的涉案对象入手选择突破口

这是一种侦查实践中最为普通、常见的突破方式。先行查处一两名职级较低的普通国家工作人员职务犯罪案件，一般不太会迅速引起核心涉案对象的警觉。从职级较低的涉案对象入手选择突破口，其有益之处在于：

①通过查处一两起普通个案，使整个线索所包含的全案处于既初查又侦查的真空、交织状态。初查的手段有限，而立案后的侦查，《刑事诉讼法》赋予了相关的强制措施。这一两起普通个案的查处就如同阵地战中的制高点，牢牢控制住了突破全案的进程方向，可以使侦查部门按照事先设计的突破方案有计划、有步骤地稳步推进。

②借用已经立案的一两起普通个案，对其他涉案人员的突破可以采取立案后的侦查措施，而不是仅仅采用立案前的初查手段。一是对其他既涉及这一两起个案又涉及其他涉案对象的涉案行贿人或知情人，可以根据个案中嫌疑人的交代对其采取传唤、拘传的强制措施。如果认为有必要时，还可以对其采取刑拘、逮捕的强制措施，促使线索突破进一步打开缺口，扩大战果。二是可以根据已经立案的普通个案中涉及的行贿人和知情人的交代或证言，如果指向到其他涉案对象时，则可以对该涉案对象先行立案，再行突破程序。这将大大催化突破过程，迅速撕裂口子，层层剥皮，层层进逼，直捣突破的主要对象即初查中的核心初查目标。三是通过已经立案的个案，从逐渐撕裂的口子中窥视全案的整体情况，真所谓窥一斑而见全貌。能够通过个案进一步了解案发单位、行业、系统内的基本情况，分析有无潜在规律性事物可以借鉴，评估内在的腐败程度，从而引领侦查思路，顺其势而突破全案。四是借用已经立案的个案取证的名义，收集和获取在初查活动中单靠初查手段难以获取的其他涉案对象的情报信息，甚至实质性证据，推动全案滚动深挖，向纵深发展。有时，在系列案件线索的初查过程中，在有条件控制初查节奏的情况下，也可以对其中个案先行突破立案，借此机会将系列案件线索的初查工作引向深入。

③从职级较低的涉案对象中选择突破口，有利于案件的迅速突破，使全案有计划、有步骤地展开。

同时，也应该密切关注存在的不利因素。从职级较低的个案开始查起，自下而上突破，到突破初查中的核心目标，需经历一定时间（通常为10至30日）的突破过程。此周期越长，越容易引起核心初查对象的警觉，甚至产生了干扰阻挠办案情况的发生。因此，围绕此种战术，我们必须做好两方面的工作，一是从启动第一波突破起，就应当密切关注核心涉案对象的活动轨迹。条件具备的，应当先行对其立案，并采取技术侦查的手段，监控其有无串供、毁证、逃跑等行为。遇到紧急情况时，可以立即对其进行传唤并予以突破。二是从启动第一波突破工作起，事先应先行选择好第二波突破口，甚至第三波突破口，依次突破，缩短突破过程所需时间。达到逐案突破，逐级提升，步步紧迫，直捣黄龙的目的。

（2）从初查中设定的核心目标入手确定突破口

查处职务犯罪的重点是查处有震动、有影响的职务犯罪大案要案。一般而言，职级越高、职责范围越广、权力越大的国家工作人员，其涉案的犯罪数额就可能越大，引起的社会反响就会越大，震慑犯罪、遏制犯罪的威力也会越深远。初查活动也是始终紧紧围绕此核心目标展开的。将初查中设定的核心目标确定为系列案件突破口，是"擒贼擒王"谋略思想贯穿于初查活动始终的一贯表现。以地市级检察院为例：其管辖的最高行政职级是县处级领导干部职务犯罪案件，就是要首先将涉案的县处级领导干部确定为系列案件的突破口，然后自上而下地查处其他涉案对象，从而形成系列案件。其有利之处在于：

①擒贼擒王。先行突破县处级领导干部涉案线索，能够对其所在单位、所在行业、所在系统、所在区域内的其他涉案对象产生强烈的震慑作用，产生树倒猢狲散的连锁效应。有助于其他涉案对象转变认罪态度，促使其较快地交代问题，甚至主动投案自首，迅速形成良好的办案氛围。

②先难后易。长期的侦查实践告诉我们，地市级检察院查处职务犯罪案件难度最大的是查处县处级现职领导干部涉案案件。查处科级以下职务犯罪案件则是小菜一碟。同样，基层检察院查处职务犯罪案件的难度在于查处现职科级领导干部涉案案件。因此，以初查核心目标作为突破工作的切入点，先行查处难度最大的本院管辖职级最高的现职县处级领导干部或现职科级领导干部职务犯罪案件，犹如拨开浓雾见晴天，起到了一针见血、驱散阻力、释放压力的奇效。使以后的突破、侦查工作呈现一马平川的境况。

选择此种类型的突破口，采取自上而下突破的方法，应当注意两项事宜。一是鉴于先行突破难度的加大，在确定突破口后应当做好充分的准备工作，配齐配足突破力量，充分估计到突破的难度和阻力，下定决心，充满信心，一鼓作气突破案件，以防"老虎"的反扑。二是在系列案件线索中，如果涉及多名管辖职级最高的涉案对象时，应当根据全案的实际情况，充分衡量利弊，按照先重点、再侧重点，先易后难的原则选择突破口，有步骤、分阶段地开展突破工作，做到胸有成竹，循序渐进。

（3）从重点涉案对象入手，中心开花选择突破口

作为能够形成系列案件的初查线索，其内容应当非常广泛，通过初查所瞄准的涉案对象众多。一般我们都将管辖内职务最高的涉案对象确定为核心初查目标，将职级处于中层或者可能涉及犯罪数额巨大的涉案对象设定为重点初查

对象，将其他职级较低的或者可能涉及犯罪数额较小的普通涉案对象则列为一般初查对象，以便有层次、分重点地开展初查工作。在选择系列案件突破口时，我们也可以采取中心开花的策略，瞄准初查中的重点对象作为突破口。撕开口子以后，向上擒获职级最高的核心涉案对象，向下向四周则不断拓展，查处其他涉案的所有初查对象，从而达到清扫战场的目的。在选择重点目标作为系列案件的突破口时，要注意到：一是该重点目标本身涉案的情况，本人可能涉案的数额是否巨大、是否足以对全案的查处产生积极的影响。二是重点目标自身的职责的范围的关联性能否辐射到更广的范围，能否据此牵涉到核心目标，能否拉扯出其他涉案对象。三是能够形成的系列案件的线索中，如果涉及多个重点初查对象，在办案力量允许的条件下，则可以同时选择两至三个重点初查对象作为突破口，同时突破，迅速及时地形成办案合力，矛头直接指向核心目标，从而拉开决战的态势，达到一战定乾坤的目的。

如果将查处一起个案比作一场战斗，那么查处系列案件就宛如一场大规模的战役。一场战斗讲究的是技巧战术的巧妙结合，查处个案时重在突破口的选择，突破对象的遴选。一场大规模的战役则务必重视战略布局、战略谋划，查处职务犯罪系列案件中务必做到：一是积极争取当地党委和上级检察机关的正确领导和大力支持。系列案件涉及面广，易受到的干扰阻力大，这就需要上级检察机关的鼎力相助。排除干扰，需要当地党委的正确引领、理解和支持；需要积极争取纪委的大力支持和协作。只有形成"天时、地利、人和"的大好局面，才能使系列案件的查处工作畅通无阻，取得最大的办案效果。二是要谋求战略上的布局。一方面，在选择线索初查上，要特别关注当地职务犯罪易发、多发行业、部门。规划先查哪些行业、部门，后查哪些单位、区域，从而达到标本兼治的效果。另一方面，在窝串案或系列案件的突破上，要以战略的高度审视全案，选择重点涉案对象作为突破口，以利系列案件查处工作的顺利推进。三是在个案的查处或者窝串案、系列案件中的每个个案的查处上，则要讲究精雕细琢，仔细分析初查材料，选准具体的突破口。

突破口的选择，每个检察院都有其自身衡量的标准，也积累了不少的经验，但是每个个案的突破经验并不能作为其他类案生搬硬套的样板。每一个个案的突破，每一次系列案件的全案突破，都应当根据在初查中收集和获取的情报信息以及材料、证据分析所反映的真实情况，结合当地办案氛围、办案力量等实际情况，参照涉案行贿人或知情人的遴选条件以及涉案对象的心理分析，在突破过程中顺应突破的进程，有计划、分层次、仔细地精选好突破口，做到有的放矢，不做则已，一旦突破务必成功。应当说，在对初查中收集和获取的情报信息进行分析研判的基础上，侦查人员已经内心确认有犯罪事实的存在，通过第一波突破后，就会有重要的证据材料出现，得到了供述的印证，则可以风险决策先行立案，也可以等第二波突破初查对象后再行决定立案。

第四节　线索突破程序的法律保障

一、线索突破程序存在的问题

（一）法律未对线索突破程序进行规范

虽然《诉讼规则》单设章节强化初查，但时至今日，关于初查的概念、定位、内容、步骤等基本问题还没有形成定论，还没有提供完整的可操作的法律规范。而作为联系初查和立案节点的线索突破程序更是在《刑事诉讼法》、《诉讼规则》中无从体现。只有2011年《人民检察院直接受理侦查案件初查工作规定（试行）》第15条中规定了"询问初查对象或者证人，可以在人民检察院办案区、被询问人所在单位、住处或者其提出的地点进行"，但是询问的具体操作程序等问题也未提及。从公权力角度来讲，无授权、无来源则无效。线索突破程序又真真切切地存在于职务犯罪侦查客观司法实践中，它不应仅仅只是一种内部交流的经验做法，从法治的原则出发，应当赋予线索突破程序相应的法律评价。

（二）线索突破程序的前提保障缺乏

《诉讼规则》规定初查不得对初查对象采取强制措施，采取的调查手段只能是调查、走访有关知情人、证人，初查不得擅自接触初查对象，只有经检察长批准才能接触初查对象。只有发现有重大嫌疑分子企图自杀、逃跑，有毁灭、伪造证据或者串供可能的紧急情况时，可以依法采取拘留措施，但必须同时作立案决定，以保证拘留措施的合法性。问题是在司法实践中，常有涉案行贿人、相关知情人拒不接受调查的情形存在，这种情况下如何保障初查工作的依法顺利开展？调查、走访是类似于田野式的还是有一定程序、规范可操作执行的？如何接触初查对象？相应的保障措施或行为操守又有哪些？现有法律层面上得不到明确答案。

（三）线索突破程序的措施使用游离于法律之外

刑事诉讼程序中立案的条件有两个方面：一是有犯罪事实；二是需要追究刑事责任。而初查的一个重要目的就是要核实线索所反映的问题是否属实。我国的职务犯罪案件侦查极少出现现行犯，基本上都是对过往犯罪事实的侦查。

由于职务犯罪的隐蔽性、高智能性，对于犯罪事实的认定往往是需要供述的印证，或者说没有初查对象的供述，是很难启动立案程序的。树立"由证到供"的侦查思路、强化初查工作并不是说不需要供述，而是在初查的前期、早期、中期以及后期阶段需要广泛地收集情报信息、证据材料，尽可能地掌握有关初查对象的一切情报信息。但在线索突破程序环节，对于初查活动中收集和获取的情报信息的确认，需要得到涉案行贿人、知情人甚至初查对象的供述印证，虽然不一定要求供述的稳定性，但至少要证明犯罪事实存在一定的必然性，即使是风险决策，也是建立在线索突破程序的基础之上的。可以说，如果没有线索的突破程序而贸然启动立案程序，则会严重损害检察机关的司法权威性，不利于形成有利的办案环境。职务犯罪案件一般情况下都存在着两次突破的程序。对涉案行贿人或其他职务犯罪知情人启动线索突破的时间选择一般都早于对涉案国家工作人员的启动时间。这是由查办职务犯罪案件侦查工作的特点决定的。但根据《刑事诉讼法》规定讯问犯罪嫌疑人的程序和强制措施都是立案后的内容，初查只有询问的方式与相关人员进行接触，而且这里的询问也并非《刑事诉讼法》意义上的侦查措施，这就造成了司法实践中要么依靠纪委"两规"的方式来实现突破，要么就是检察机关自己在"打擦边球"。检察机关自行启动突破程序对于窝串案来讲还是没有违反规定的，因为可以通过先行个案立案对窝串案启动突破程序，但如果办理的是个案呢？纪委"两规"办案是非常之举，应对非常时期。从检察机关依法独立办案的角度出发，我们要尽量减少对纪委的依赖性，切实真正有效发挥侦查权、检察权。

二、完善线索突破程序合法性的制度保障

《诉讼规则》自 2013 年实施，现在又提上了修改日程，说明在解决检察工作实际问题方面还存在一定的不足，仍需细化和明确，尤其是操作程序、流程执行等方面还需要进一步的完善。有鉴于此，笔者提出建议对《诉讼规则》第 8 章第 1 节有关初查部分内容进行重新修改完善，从概念、程序、内容、步骤等方面对初查进行标准化规范，尤其是在涉及线索突破程序的环节，更应从以下方面予以完善。

（一）线索突破程序是初查的重要环节，也是检验初查成果的重要标准

线索突破程序是司法实践的经验总结，应当成为初查活动重要的组成部分。从法律用语的规范性角度考虑，可以将线索突破程序定义为协助调查程序，并明确写入《刑事诉讼法》和《诉讼规则》。这既是树立打击犯罪与强化人权保障的客观要求，更是强化职务犯罪侦查权制约机制的重要体现。权力要在阳光下运行，法治原则要求依法保护诉讼参与人的合法权益，但在侦查实践

中却有游离于法律之外的程序不符合执法公信力的要求，也无法接受监督、更无从强化自身监督。

（二）明确初查询问、接触的法律性质

现有《诉讼规则》明确初查过程中不得采用强制措施，但又未明确规定相关知情人、初查对象拒绝接受询问或接触时的法律后果，导致了初查措施在启动突破程序时无章可循。香港《廉政公署条例》"条10－－逮捕权力"规定，如获廉政专员为此授权的廉署人员合理地怀疑某人犯本条例或《防止贿赂条例》（第201章）或《选举（舞弊及非法行为）条例》（第554章）所定罪行，或合理地怀疑某人身为订明人员而借着或通过不当使用职权而犯勒索罪，可无须手令而将该人逮捕。"条13A－－抗拒或妨碍廉署人员"也明确规定，任何人抗拒或妨碍廉署人员执行职责，即属犯罪，一经定罪，可处罚款＄5000及监禁6个月。这其实就赋予了协助调查的强制性。《中国共产党纪律检查机关案件检查工作条例》第25条规定："调查开始时，在一般情况下，调查组应会同被调查人所在单位党组织与被调查人谈话，宣布立案决定和应遵守的纪律，要求其正确对待组织调查。调查中，应认真听取被调查人的陈述和意见，做好思想教育工作。"第28条也规定了"凡是知道案件情况的组织和个人都有提供证据的义务。调查组有权按照规定程序，采取以下措施调查取证，有关组织和个人必须如实提供证据，不得拒绝和阻挠"。这些都是《诉讼规则》修改时值得借鉴和参考的内容，笔者建议在对初查措施进行规定时，也应明确询问、走访、接触时相关人员应担负的义务和法律后果。

（三）对线索突破程序中的协助调查行为方式、时间、收集证据材料过程进行规范化、制度化

在现有的刑事诉讼意义上的立案背景下，规范线索突破的协助调查环节意义重大。既然规定了相关知情人、初查对象有协助调查的义务，则开展询问工作水到渠成。询问工作如何开展？毕竟突破程序贯穿于初查、立案两个阶段，立案后的侦查规定《刑事诉讼法》已经明确，但对于立案前的询问程序需要明确化、法治化。比如询问地点的选择、询问人员的参与、询问笔录的制作都是需要规范的。笔者建议，相关具体内容可以作如下规定：

1. 接触初查对象协助谈话、询问行贿对象或相关知情人时，应当出具《协助调查通知书》，必须有两名以上的侦查人员参加。协查对象为女性时，必须由女性侦查人员在场。协助调查时，应当向协助调查对象告知其应享有的权利和义务。

2. 与初查对象谈话一般应当在检察院进行。询问行贿对象或相关知情人

应当在其住所、所在单位或者检察院进行。也可在征得其同意的情况下，到约定的地点进行询问。在约定的地点询问，应当经侦查部门负责人批准。

3. 询问的时间如何设定是至关重要的，也是关系到线索突破能否真正发挥启动立案程序的功能。香港《廉政公署条例》"条 13 – – 廉政专员的权力"规定："（1）廉政专员为了执行他在本条例下的职能，可一（a）以书面授权任何廉署人员进行查讯或审查；……"香港特别行政区廉政公署带走嫌疑人接受调查，时间不得超过 48 小时。结合现行《刑事诉讼法》的相关规定，笔者建议参照传唤、拘传的规定，不得超过 24 小时；案情特别重大、复杂的，不得超过 48 小时。从法律层面将这一实践做法固定下来，依法履职对于深入推进反腐败斗争意义重大。

4. 侦查人员与协助调查对象谈话、询问时，应当制作《调查笔录》、《询问笔录》。谈话、询问持续期间，应当进行同步录音录像，《调查笔录》、《询问笔录》的内容应当与录音录像的内容一致。

5. 谈话、询问期间，侦查人员应当集中精力，采取适合的谈话、询问方式。侦查部门负责人应当加强指导，根据情况变化，适时调整谈话、询问策略。

6. 与协助调查对象谈话、询问时，应随时掌握其生理、心理变化情况，发现异常要及时采取措施，防止发生安全事故。可以对协助调查对象随身携带物品进行检查，发现可能危及安全的物品应予暂存保管。谈话、询问结束后未对协助调查对象采取强制措施的，应将暂存保管的物品及时归还。

7. 与协助调查对象谈话、询问结束后，对于情绪波动大、或者谈话、询问在夜间结束的、或者协助调查对象居住地在外地的，应当派员将其送回，或者通知其单位或者家属领回。

结　语

通过对初查概述、内容、步骤、方法等方面的梳理，其实不难发现初查实为侦查的向前延伸，与立案后的侦查共同构成完整的职务犯罪侦查全过程，而整个初查活动紧紧围绕初查的内容和初查的方法两方面展开。无论是在初查的哪个阶段，这两方面都缺一不可。在初查的内容方面，除了广泛收集情报信息外，更要加强对情报信息材料的分析研判工作。在初查的方法方面，无论是收集情报信息还是获取证明犯罪事实客观存在的证据材料，最终的指向都是为立案做准备。据此，初查标准化规则的条理化、制度化条件已经具备。根据现行《刑事诉讼法》、《诉讼规则》等法律规定，结合司法实践制定《初查标准化工作规则》以期对职务犯罪侦查工作有所裨益，仅供参考。

初查标准化工作规则

第一章　总　则

第一条　为进一步规范和加强初查工作，加快推进侦查方式转变，根据《刑事诉讼法》、《人民检察院刑事诉讼规则（试行）》、《人民检察院直接受理侦查案件初查工作规定（试行）》及有关规定，制定本规则。

第二条　本规则所称的初查，是指人民检察院在立案前采取非限制人身权利、财产权利等措施对职务犯罪线索材料进行全面调查，以期查明犯罪事实，追究刑事责任的初步侦查活动。

第三条　初查是真正意义上的初步侦查，是后期侦查更是立案的基础，初查和立案后的侦查是前后连贯，共同构成了整个职务犯罪侦查的全过程。

第四条　初查包括线索受理、管理以及调查等所有围绕线索开展的立案前的司法活动。

第五条　初查应当坚持依法、秘密、协同、精细化原则。

第六条　属于《人民检察院刑事诉讼规则（试行）》第一百八十二条规定情形的，应当自行回避。

第二章　管　辖

第七条　人民检察院初查贪污贿赂犯罪、国家工作人员的渎职犯罪、国家机关工作人员利用职权实施的非法拘禁、刑讯逼供、报复陷害、非法搜查的侵犯公民人身权利的犯罪以及侵犯公民民主权利的犯罪。

第八条　贪污贿赂犯罪是指刑法分则第八章规定的贪污贿赂犯罪及其他各章明确规定依照刑法分则第八章相关条文规定定罪处罚的犯罪案件。包括：

（一）贪污案（刑法第382条、第183条第二款、第271条第二款、第394条）；

（二）挪用公款案（刑法第384条、第185条第二款、第272条第二款）；

（三）受贿案（刑法第385条、第388条、第163条第三款、第184条第二款）；

（四）单位受贿案（刑法第387条）；

（五）利用影响力受贿案（刑法第388条之一）；

（六）行贿案（刑法第389条）；

（七）对单位行贿案（刑法第391条）；

（八）介绍贿赂案（刑法第392条）；

（九）单位行贿案（刑法第393条）；

（十）巨额财产来源不明案（刑法第395条第一款）；

（十一）隐瞒境外存款案（刑法第395条第二款）；

（十二）私分国有资产案（刑法第396条第一款）；

（十三）私分罚没财物案（刑法第396条第二款）。

第九条　国家机关工作人员的渎职犯罪是指刑法分则第九章规定的渎职犯罪案件。包括：

（一）滥用职权案（刑法第397条）；

（二）玩忽职守案（刑法第397条）；

（三）故意泄露国家秘密案（刑法第398条）；

（四）过失泄露国家秘密案（刑法第398条）；

（五）徇私枉法案（刑法第399条第一款）；

（六）民事、行政枉法裁判案（刑法第399条第二款）；

（七）执行判决、裁定失职案（刑法第399条第三款）；

（八）执行判决、裁定滥用职权案（刑法第399条第三款）；

（九）枉法仲裁案（刑法第399条之一）；

（十）私放在押人员案（刑法第400条第一款）；

（十一）失职致使在押人员脱逃案（刑法第400条第二款）；

（十二）徇私舞弊减刑、假释、暂予监外执行案（刑法第401条）；

（十三）徇私舞弊不移交刑事案件案（刑法第402条）；

（十四）滥用管理公司、证券职权案（刑法第403条）；

（十五）徇私舞弊不征、少征税款案（刑法第404条）；

（十六）徇私舞弊发售发票、抵扣税款、出口退税案（刑法第405条第一款）；

（十七）违法提供出口退税凭证案（刑法第405条第二款）；

（十八）国家机关工作人员签订、履行合同失职被骗案（刑法第406条）；

（十九）违法发放林木采伐许可证案（刑法第407条）；

（二十）环境监管失职案（刑法第408条）；

（二十一）食品监管渎职案（刑法第408条之一）；

（二十二）传染病防治失职案（刑法第409条）；

（二十三）非法批准征收、征用、占用土地案（刑法第410条）；

（二十四）非法低价出让国有土地使用权案（刑法第410条）；

（二十五）放纵走私案（刑法第411条）；

（二十六）商检徇私舞弊案（刑法第412条第一款）；

（二十七）商检失职案（刑法第412条第二款）；

（二十八）动植物检疫徇私舞弊案（刑法第413条第一款）；

（二十九）动植物检疫失职案（刑法第413条第二款）；

（三十）放纵制售伪劣商品犯罪行为案（刑法第414条）；

（三十一）办理偷越国（边）境人员出入境证件案（刑法第415条）；

（三十二）放行偷越国（边）境人员案（刑法第415条）；

（三十三）不解救被拐卖、绑架妇女、儿童案（刑法第416条第一款）；

（三十四）阻碍解救被拐卖、绑架妇女、儿童案（刑法第416条第二款）；

（三十五）帮助犯罪分子逃避处罚案（刑法第417条）；

（三十六）招收公务员、学生徇私舞弊案（刑法第418条）；

（三十七）失职造成珍贵文物损毁、流失案（刑法第419条）。

第十条 国家机关工作人员利用职权实施的侵犯公民人身权利和民主权利的犯罪案件包括：

（一）非法拘禁案（刑法第238条）；

（二）非法搜查案（刑法第245条）；

（三）刑讯逼供案（刑法第247条）；

（四）暴力取证案（刑法第247条）；

（五）虐待被监管人案（刑法第 248 条）；

（六）报复陷害案（刑法第 254 条）；

（七）破坏选举案（刑法第 256 条）。

　　第十一条　国家机关工作人员利用职权实施的其他重大犯罪案件，需要由人民检察院直接受理的时候，经省级以上人民检察院决定，可以由人民检察院开展初查。

　　第十二条　各级人民检察院初查的分工，按照检察机关直接立案侦查案件分级管辖的规定，县（处）级干部和其他地市管理的干部涉嫌职务犯罪的案件线索由地市级人民检察院负责管理和初查，地（厅）级干部和其他省管干部涉嫌职务犯罪的案件线索由省级人民检察院负责管理和初查。基层人民检察院负责管理和初查乡（科）级干部以下、本辖区内的涉嫌职务犯罪的案件线索。下级人民检察院对本辖区要案线索决定开展初查的，应当及时报上一级人民检察院备案。

　　第十三条　上级人民检察院可以直接初查或者组织、指挥、参与初查下级人民检察院管辖的案件线索，也可以将本院管辖的案件线索指定下级人民检察院开展初查；下级人民检察院认为案情重大、复杂，需要由上级人民检察院初查的案件线索，可以请求移送上级人民检察院初查。

　　第十四条　国家工作人员的职务犯罪案件线索，由犯罪嫌疑人犯罪时的工作单位所在地的人民检察院管辖；由其他人民检察院管辖更为适宜的，可以由其他人民检察院管辖。

　　第十五条　对管辖不明确的案件线索，可以由有关人民检察院协商确定管辖。对管辖有争议的或者情况特殊的案件线索，由共同的上级人民检察院指定管辖。

　　第十六条　多个人民检察院都有权管辖的案件线索，由最初受理的人民检察院管辖。必要时，可以由主要犯罪地的人民检察院管辖。

　　第十七条　上级人民检察院可以指定下级人民检察院负责初查管辖不明或者需要改变管辖的案件线索。

　　第十八条　下级人民检察院发现属于上级人民检察院管辖的要案线索，应当主动及时报告。

第三章　受　理

　　第十九条　人民检察院举报中心负责统一管理举报线索。本院检察长和其他部门及其工作人员收到的举报线索，应当在七日内批交或者移送举报中心处理。有特殊情况暂时不宜移送的，需经检察长批准。

人民检察院侦查部门自行发现的案件线索，由侦查部门自行审查。

第二十条 举报中心负责统一管理的举报线索来源主要有：

（一）群众控告、举报；

（二）犯罪嫌疑人自首；

（三）法院、公安、纪检监察、审计、工商和税务等机关移送；

（四）上级检察院交办；

（五）其他检察机关移送。

第二十一条 要案线索的备案，应当逐案填写要案线索备案表。备案应当在受理后七日内办理；情况紧急的，应当在备案之前及时报告。

接到备案的上级人民检察院举报中心对于备案材料应当及时审查，如有不同意见，应当在十日内将审查意见书面通知报送备案的下级人民检察院。下级人民检察院应当执行。

第二十二条 举报中心对接收的举报线索，应当确定专人及时审查，审查后报由评估小组进行审查评估。评估小组由检察长、分管侦查部门工作的副检察长、分管举报中心工作的副检察长和举报中心部门负责人组成。必要时，可以邀请侦查部门负责人参加。

评估小组主要对举报线索的可查性进行评估。

第二十三条 举报线索经评估后，根据举报线索的不同情况和管辖规定，经检察长批准，应当在收到举报线索之日起七日内分别作出处理：

（一）属于人民检察院管辖的举报线索依法受理；

（二）不属于人民检察院管辖的举报线索移送有管辖权的机关处理，但必须采取紧急措施的，应当先采取紧急措施，然后移送主管机关；

（三）内容不具体的匿名举报线索，或者不具备初查条件的举报线索，经检察长审批后存档备查。

第二十四条 举报中心对性质不明难以归口、群众多次举报未查处的举报线索应当及时进行初核，根据初核的结果，视情形依照第二十三条规定处理。

第二十五条 举报线索的初核应当报经检察长审批，按照《人民检察院控告申诉首办责任制实施办法（试行）》的有关规定，确定责任人及时办理。

初核前，举报中心应当向相应的侦查部门通报。初核应当根据初查的有关规定进行。初核后应当制作初核报告，提出处理意见，报检察长决定。

第二十六条 举报中心应当加强对受理线索的动态管理，建立举报线索数据库。指定专人将举报人和被举报人的基本情况、举报线索的主要内容以及办理情况等逐项录入线索信息库。

第二十七条 要加强对信息资源的积累和信息库的建设工作。举报中心应当定期对管理的线索进行梳理、研判和分析，从而增进线索的可查性程度，为侦查部门提供质量更高的线索材料。

第四章　初查

第一节　一般规定

第二十八条　侦查部门受理线索的来源：

（一）本院举报中心移送的案件线索；

（二）国家权力机关、领导机关和省院直接交办的案件线索；

（三）单位、公民直接向侦查部门举报的案件线索；

（四）在侦查和工作中直接发现的案件线索；

（五）其他途径发现的案件线索。

第二十九条　侦查部门要积极开拓线索来源，提高主动发现线索的能力和水平，具体包括以下途径：

（一）坚持走群众路线，加大宣传力度，深入群众，加强调查研究，收集各类涉案情报信息；

（二）加强对各类职务犯罪特点的分析，从特点出发，提高自主发现线索的能力；

（三）加强线索内部移送制度建设，提高整体发现线索能力，广泛收集在案信息；

（四）加强与纪委、公安等相关职能部门的联系，从其各自职能中收集和获取各类情报信息；

（五）坚持多方位深挖理念，在初查和侦查过程中深挖其他职务犯罪线索，拓宽线索来源渠道；

（六）加强对行业型、系统型线索的研究，寻找共性特征，拓展线索的来源渠道；

（七）结合当地经济社会发展、检察机关侦查力量的实际现状，关注职务犯罪易发、多发或者潜发部门，深入拓展线索来源；

（八）注重侦查人员自身发现线索能力水平的提高，多角度、多方位拓展其他主动发现线索的途径。

第三十条　开展初查工作，必须做到：

（一）保守秘密：侦查人员尽可能做到保守初查行踪和初查目的、初查对象、初查意图。在初查行踪暴露的前提下，必须保守初查目的、初查对象、初查意图。

（二）广泛收集情报信息：在初查的思路上，始终坚持发散性思维的尽情发挥；在初查的方向上，始终坚持情报信息引导初查；在初查目标的选择上，汇总确定初查重点。

第三十一条 初查应当报检察长决定，也可以由检察长授权分管侦查工作的副检察长决定。

第三十二条 在初查过程中，可以采取询问、查询、勘验、检查、鉴定、调取证据材料等不限制被查对象人身、财产权利的措施。不得对初查对象采取强制措施，不得查封、扣押、冻结初查对象的财产，不得采取技术侦查措施。

第三十三条 初查应当保障相关单位和涉案人员的合法权益。初查一般不得接触初查对象，接触重点涉案人员（包括利益相关的知情人、证人、行贿人等）应当慎重。

第三十四条 初查应当依法、客观、公正，严禁玩忽职守、滥用职权、徇私枉法。

第三十五条 初查应当严格执行办案安全防范制度，提前制定安全防范预案，防止发生办案安全事故。

第三十六条 初查的目的是为了揭露犯罪，查明犯罪事实，追究刑事责任，达到立案的要求。

在无法获得直接证明犯罪事实的前提下，以获取涉案的情报信息材料为主，以期达到确认有犯罪事实可能存在的要求，以利于推动线索突破最终转化立案。

第二节　初查的基本内容

第三十七条 初查的内容是指在对线索进行初查的过程中，侦查人员依法获取的与线索有关的情报信息或者证据材料。

初查的内容具有广泛性、真伪共存性、交织性、不可穷尽性的特点。

第三十八条 获取情报信息包括两个方面：一是收集和获取涉及犯罪事实方面的情报信息；二是收集推动线索转化成案的辅助性情报信息。

第三十九条 初查的具体内容包括初查对象的个人情况、初查对象职权有联系的相关行业、企业情况。

第四十条 初查对象的个人情况包括：

（一）个人履历。

（二）个人成长经历。

（三）家庭成员情况。

（四）社会交往情况。

（五）家庭经济状况：1. 银行账户；2. 股票账户；3. 基金投资；4. 民间投资及个人债权、债务；5. 房产信息；6. 车辆信息。

（六）个人通讯信息情况。

（七）个人活动轨迹情况：1. 个人出入境信息；2. 个人国内活动轨迹信息；3. 个人在本地区活动轨迹信息。

（八）个人习性与喜好。

第四十一条　初查对象职权有联系的相关行业、企业情况包括：

（一）相关行业系统的发展状况。

（二）相关企业的基本情况：1. 企业工商资料；2. 企业审计资料；3. 企业实际经营状况。

（三）相关行业规则和"潜规则"。

（四）初查对象与相关行业系统、相关企业的相互联系。

（五）相关行业系统、企业具体相关人员的情况。

第四十二条　渎职侵权犯罪案件线索的初查内容还包括：

（一）相关法律法规、部门规章、文件规定、岗位职责；

（二）渎职侵权所造成的经济损失、人员伤亡情况；

（三）初查对象的渎职侵权行为与损害后果之间是否存在因果关系；

（四）有关行政执法部门的调查笔录、处罚决定、鉴定意见等证据材料；

（五）现场照片、前期监控视频资料。

第四十三条　侦查部门收到需要初查的线索后，应当指定专人统一管理案件线索，建立档案，并填写《案件线索登记表》，列入初查线索库，进行编号。

侦查部门负责人应当及时对登记的线索进行审查，作出初步评估或者邀请若干侦查人员共同评估。得出初步结论后在三日内报检察长或分管副检察长审批。

检察长或分管副检察长对侦查部门提请的意见经审查后，作出缓查或者开展初查的决定。

第四十四条　侦查部门的评估意见应当包括：

（一）初查对象的指向是否明确；

（二）线索所涉及的犯罪事实存在的可能性程度；

（三）线索的可查性程度；

（四）线索的发展前景及价值；

（五）初查工作可能遇到的干扰或阻力等。

第四十五条　决定缓查的线索，列入缓查线索库，填写《缓查线索登记表》，并在五日内将《缓查线索登记表》复印件送举报中心备案。对于署名举报线索，原则不得列入缓查线索库。

线索流转须办理书面手续，有关责任人对线索应及时分流，处理，不得积压。

第三节 初查的启动

第四十六条 决定开展初查的线索，侦查部门负责人应当及时指定专人负责开展初查活动，该侦查人员为初查工作第一责任人。

侦查人员在收到决定开展初查的线索后，应当对线索材料进行认真的分析、研判，在七日内制作《初查请示报告》，经侦查部门负责人审核，报请检察长或分管副检察长批准。

自检察长或分管副检察长批准之日起，线索正式进入初查程序。

第四十七条 《初查请示报告》应附有线索评估意见、初查计划等内容。

初查计划主要包括：

（1）初查的目的、方向和范围以及需要解决的问题；

（2）初查的时间、步骤、方法、措施；

（3）对可能出现的情况预判及应对措施；

（4）人员配备和分工；

（5）安全防范预案；

（6）其他初查事项。

第四十八条 初查工作一般应当由两名以上侦查人员共同开展。在具体事项中确需要侦查人员单独进行的，应当事先报经分管副检察长或侦查部门负责人批准。

案情重大、复杂或者工作量较大的线索初查，可以组成专门的初查小组负责初查。

第四十九条 初查中，由于受客观条件的限制，一时难以查明事实，但有再查可能的线索，经检察长或分管检察长批准，可中止初查，归入缓查档案。

中止初查的情形消失后，侦查人员应当及时提请检察长或分管副检察长批准恢复初查。

第四节 初查的方式

第五十条 线索初查的主要工作就是广泛收集情报信息，必须做到：

（1）深入、细致；

（2）查深、查细、查透、查实；

（3）精细化初查；

（4）以点及线、以线及面。

第五十一条　初查工作应当遵循由外及里、由远及近、由易及难的办案途径。

第五十二条　初查工作应当加强滚动深挖的意识，促成线索滚动发展。坚持行业抓、抓行业；系统抓、抓系统；区域抓、抓区域，取得良好的办案效果。

第五十三条　初查工作应当树立由微及大、由单一线索向集约型线索扩展的工作思路，促进单一线索向行业型、系统型、区域型线索发展。

第五十四条　侦查人员可以约请报案人、控告人、举报人等协助调查谈话，征得同意，可以进行录音录像。也可以通过走访的形式向人民群众、有关人员了解涉案的情报信息。

第五十五条　侦查人员根据初查工作的需要，可以到公安、法院、工商、税务、海关、审计、国资、财政、金融、保险、电信等部门进行专门查询，查询应当出具相应的手续。

第五十六条　侦查人员可以通过有关单位党政组织了解掌握涉案单位和涉案对象的基本情况及相应的情报信息。

第五十七条　侦查人员认为需要调取有关的书证、物证、视听资料等，应当依法进行并出示《调取证据通知书》。

第五十八条　初查中，可以商情纪检监察、审计等专门部门配合调查。

第五十九条　必要时，可以对有关的场所、物品、人身、尸体进行勘验或者检查，也可以对文证资料进行鉴定。

第六十条　加强对已经收集的情报信息的分析、研判工作。

对每一条情报信息进行仔细分析，查找其内在的真实含量，为下一步初查工作指明方向；查找情报信息相互交集的共同指向，扩大情报信息的价值功效。

第六十一条　根据初查工作需要，可以委托外地人民检察院协助调查有关事项，请求协助调查应当提供初查审批表或其传真件，并列明协助调查事项及有关要求。接受委托的人民检察院应当按照协助调查请求提供协助；对协助调查事项有争议的，应当提请双方共同的上级人民检察院协调解决。

第六十二条　对不易查处的线索、疑难复杂类线索和行业型、系统型、区域型等工作量较大的系列案件线索，应当树立长期经营的理念，形成情报信息的海量叠加，提高线索初查质量。

第六十三条　初查过程中应当妥善运用初查策略、初查方法和手段，灵活运用初查谋略。

第六十四条 初查过程中，侦查部门负责人应当对线索初查活动进行全程跟踪，定期或不定期地对线索进行研究分析，部署下阶段的初查工作。

检察长或分管检察长对重要线索的初查，应当定期听取汇报，帮助分析案情，提出指导性意见。

第五节 初查的期限

第六十五条 线索初查的期限：一般线索的初查期限为两个月。

督办、交办线索的初查期限以督办、交办部门规定的期限为准。

委托账目审计、会计鉴定的，鉴定时间不计入初查期限。

第六十六条 因情况复杂或者有其他特殊情况等原因，在规定期限内不能完成初查的，由侦查人员提出延长初查期限的报告，经侦查部门负责人审核，报检察长或分管副检察长批准，但最长不得超过六个月。

第六十七条 经检察长批准决定长期经营的线索，初查的期限一般为六个月。遇到集中办案等客观因素影响，符合中止条件的，可以中止。待中止情形消失后，报经检察长或分管检察长批准，恢复初查，但最长不得超过两年。

第五章 初查终结

第六十八条 初查终结的标准：

（一）通过初查活动所获取的证据材料，能够确凿无误地证实犯罪事实客观真实地存在，应当立案追究其刑事责任。

（二）通过初查活动所收集和获取的大量积累的情报信息，能够使侦查人员或决策者内心充分确认有犯罪事实存在，且初查手段方法已接近穷尽，要想取得进一步证实犯罪事实存在的证据，必须待立案后采取侦查手段与方法才能获取，坚信此案必破，需对线索进行突破的，可以要求初查对象、行贿对象或相关知情人协助调查。

（三）通过初查活动未发现犯罪事实或者符合《刑事诉讼法》第十五条规定情形之一的，不予立案。

第六十九条 初查终结后，承办人员应当制作《初查终结报告》，提出处理意见，经侦查部门负责人审核后，报检察长或分管副检察长审批。

第七十条 初查终结报告主要包括以下内容：

（一）案由和来源。

（二）案件初查情况：1. 初查计划的制定；2. 初查的目的和任务；3. 初查的主要内容和范围；4. 初查步骤；5. 初查的方法和措施；6. 初查的期限。

（三）初查对象的基本情况：1. 基础资料；2. 资产情况；3. 社会交往联系情况；4. 活动轨迹。

（四）初查后查明的情况：1. 查明的主要事实部分情况；2. 相关的证明材料；3. 需要说明的其他情况。

（五）分析论证：1. 法律规定适用；2. 证据材料审查认定；3. 案件定性。

（六）个人处理意见：1. 认为没有犯罪事实、符合《刑事诉讼法》第十五条规定情形或者不属于检察机关管辖的，应当提请不予立案；2. 认为有犯罪事实需要追究刑事责任的，应当提请立案；3. 经过初查后，侦查人员内心充分确认有犯罪事实存在，但尚不符合直接立案条件，应当提请线索突破程序。

（七）侦查部门负责人意见。

（八）检察长、分管副检察长意见。

以上（三）至（五）项如涉及多名初查对象，应分别逐一列明。

第七十一条　认为有犯罪事实需要追究刑事责任，经检察长批准决定立案的，应当及时立案。并将立案决定在十日内告知举报中心。

第七十二条　认为没有犯罪事实、符合《刑事诉讼法》第十五条规定情形或者不属于检察机关管辖的，经检察长决定不予立案的，应当在决定作出之日起十日内告知举报中心。

初查对象涉嫌其他犯罪的，应当按管辖规定，及时移送有关部门处理。

初查对象虽不构成犯罪，但涉嫌违反党纪政纪的，应当及时移送有关纪检监察部门。

第七十三条　对本院负责诉讼监督的业务部门移送的案件线索，侦查部门拟提请不立案的，报检察长审批前应当听取该部门的意见。

第七十四条　侦查部门提请批准不立案的，必要时检察长可以指令侦查部门另行组织人员重新初查，或者指令其他部门重新初查。

重新初查的，初查期限重新计算。

第七十五条　对于本院举报中心、其他内设机构移送的案件线索，侦查部门应当自作出立案、不立案决定之日起十日内书面反馈初查结论。举报中心、其他内设机构认为处理不当的，可以提出意见报检察长。

第七十六条　对于实名举报，经初查决定不立案的，侦查部门应当制作不立案通知书，写明案由和案件来源、决定不立案的理由和法律依据，连同举报材料和调查材料，自作出不立案决定之日起十日内移送本院举报中心，由举报中心负责答复举报人，必要时可由举报中心与侦查部门共同答复。

第七十七条　承办人内心充分确认有犯罪事实存在，但尚不符合直接立案条件，提请线索突破程序，经检察长批准的，应当制作突破方案，由侦查部门及时组织开展线索的突破工作。

第七十八条 要案线索的突破应当在突破前三日内报上一级人民检察院侦查部门备案。

需要对协助调查的要案对象进行谈话的，应当在谈话前向同级或上级党委报告。

第六章 线索突破程序

第七十九条 制作突破方案应当包括以下内容：

（一）确立突破思路；

（二）详细分析案情；

（三）选准突破口；

（四）制订突破计划；

（五）突击收集情报信息；

（六）加强组织协调；

（七）合理安排突破人员；

（八）明确工作职责。

第八十条 突破方案经检察长批准后，侦查部门应当精心组织突破的准备工作，选择合理的突破时机。

第八十一条 线索突破前，应当召开案情分析会，介绍案情、熟悉初查材料、明确突破目标，强调办案纪律。

侦查人员接受任务后，应当制作详细的谈话、询问提纲。

第八十二条 突破阶段可以接触初查对象协助谈话、询问行贿对象或相关知情人，上列人员应当配合协助调查。

第八十三条 协助调查的对象必须具有下列情形：

（一）初查对象自首的；

（二）司法机关、行政执法机关及其他单位调查后移送的线索，经侦查部门审核的；

（三）初查材料充分证明初查对象可能涉嫌职务犯罪事实，确需协助调查才能查明案件事实的；

（四）初查中已经获取证据证明初查对象涉嫌职务犯罪事实、需要追究刑事责任的，但认为仍有必要进入突破程序的；

（五）涉嫌职务犯罪线索中的相关知情人或行贿对象；

（六）初查对象已经被采取"两规"、"两指"措施，移送检察机关协助调查的；

（七）经检察长批准，其他需要协助调查的有关人员。

第八十四条　接触初查对象协助谈话、询问行贿对象或相关知情人时，应当出具《协助调查通知书》，必须有两名以上的侦查人员参加。协助调查对象为女性时，必须有女性侦查人员在场。

协助调查时，应当向协助调查对象告知其应享有的权利和义务。

第八十五条　与初查对象谈话一般应当在检察院进行。询问行贿对象或相关知情人应当在其住所、所在单位或者检察院进行。也可在征得其同意的情况下，到约定的地点进行询问。在约定的地点询问，应当经侦查部门负责人批准。

谈话、询问持续时间一般不得超过十二小时；案情特别重大、复杂的，不得超过二十四小时。不得以连续谈话、询问的形式限制或变相限制协助调查对象的人身自由。

第八十六条　突破工作应当秘密进行。侦查人员应当遵守办案纪律，保守秘密。

第八十七条　各级侦查部门必须高度重视安全防范工作加强组织领导，严格检查落实。

第八十八条　严格遵守高检院和上级院有关安全防范工作的规定。坚持依法、规范、文明、安全办案的原则，切实落实防止涉案人员自杀、自残、脱逃等安全防范的措施和责任，杜绝安全事故发生。

第八十九条　协助调查期间，必须明确安全防范责任人，不得出现脱岗或一人谈话、询问等情形，司法警察应当按照有关规定承担安全防范的职责。

第九十条　侦查人员与协助调查对象谈话、询问时，应当制作《调查笔录》、《询问笔录》，谈话、询问持续期间，应当进行同步录音录像，《调查笔录》、《询问笔录》的内容应当与录音录像的内容一致。

第九十一条　与协助调查对象谈话、询问时，应随时掌握其生理、心理变化情况，发现异常要及时采取措施，防止发生安全事故。可以对协助调查对象随身携带物品进行检查，发现可能危及安全的物品应予暂存保管。谈话、询问结束后未对协助调查对象采取强制措施的，应将暂存保管的物品及时归还。

第九十二条　线索突破期间，应当配备医护人员。在协助调查期间，如协助调查对象突发疾病，应立即检查或转送医院救治。

与协助调查对象谈话、询问结束后，对于情绪波动大，或者谈话、询问在夜间结束的，或者协助调查对象居住地在外地的，应当派员将其送回，或者通知其单位或者家属领回。

第九十三条　谈话、询问期间，侦查人员应当集中精力，采取适合的谈话、询问方式。侦查部门负责人应当加强指导，根据情况变化，适时调整谈话、询问策略。

第七章　处　置

第九十四条　谈话、询问期间，应当认真听取初查对象、行贿对象或相关知情人的辩解、陈述，经判断不符合立案条件的，应当及时结束协助调查程序，制作《不立案决定书》，参照本规则第七十二、七十三、七十四、七十五条的规定办理，并妥善处理好善后事宜。

第九十五条　协助调查期间，谈话、询问对象、行贿对象或相关知情人如实交代犯罪事实，符合立案条件的，应当立案。

第九十六条　协助调查期间，谈话、询问对象、行贿对象或相关知情人未如实交代犯罪事实，初查中获取的证据能够证实其犯罪的，应当立案。

第九十七条　协助调查期间，谈话、询问对象、行贿对象或相关知情人未如实交代犯罪事实，初查中获取的情报信息能够充分合理怀疑有犯罪事实可能存在的，经侦查部门集体讨论，报检察长批准，可以立案。

第九十八条　立案后，应当及时、迅速收集证据，固定证据。

第八章　附　则

第九十九条　本规则由检委会负责解释。

第一百条　本规则自通过之日起实施。

后 记

当我十七周岁踏进检察机关的大门，从事职务犯罪侦查工作起，我就一直渴望着有一本全面阐述职务犯罪侦查原理，特别是深刻揭示职务犯罪侦查实践工作的实务性极强的教科书，能够切实帮助我们提高侦查能力和水平。

时间转瞬即逝，一晃三十年过去了。高校依然没有设置这样的课程，实践中也只有片断的研究。于是想要把自己对职务犯罪侦查的理解、实践做法和经验总结出来的念头越来越强烈。

实践中，"传帮带"的精神一直是维系着侦查工作的纽带。一个优秀的反贪局局长调离了、升迁了，他不仅仅带走了脑海里的一批线索，也同样带走了他的思想、作风、经验和先进的做法。

我记忆犹新，十七岁刚进经济检察科的时候，我们的老科长亲自带着我办案。审讯中他问一句，总结一句，我再记录一句，错别字连篇，改正后再问下一句。言传身教，手把手教我办案的方法、技巧。三十年来，正是他们老一辈侦查人员这种无私的精神和谆谆教诲支撑着我一直战斗在职务犯罪侦查工作第一线。

随着职务的升迁，我从基层院的一名普通办案干警晋升到市院反贪局局长的岗位，一路走来得到了许多领导和老同志的关心和支持。尤其是省院何永星副检察长对我教导颇多，经常在会上直接提问或会后交流指点，勉励我在实践中加强思考和探索，用"脑子"办案，给予了我莫大的鼓励和鞭策。

三十年来，我看到一批又一批侦查人员转岗、退休、离开。他们肩负着共和国反腐的重任，承担着常人无法想象的压力。老科长刚退休就病倒了，何永星副检察长不到退休年龄就离世了……

共和国的职务犯罪侦查事业需要传承，好在新鲜血液不断涌现，年轻干警不断加入到这个艰巨而光荣的行列里来。但是他们没有全程看到共和国三十多年的侦查历程，不了解职务犯罪侦查工作的曲折发展之路，不能体会或者说丢失了一些好的传统和经验，他们需要继续学习。而以我本人正当壮年的时光和侦查线上的"老人"的阅历，更应当挑起这承上启下的担子，将一些优良的传统、经验、做法、体会，接力下去，使之继续发扬光大。

去年，我从反贪局局长的岗位，转岗担任检委会专职委员。根据组织安排分管检察理论调研工作，这使我有时间真正静下心来回顾三十年来的侦查经历，总结和提炼在实践中取得的经验和思路，将《职务犯罪初查标准化体系》研究付之于实现。

根据我个人对职务犯罪侦查工作的理解，侦查工作主要分为三部分内容。

第一部分是初查。初查是职务犯罪侦查工作得以开展的前提，是重中之重的基础性工作，而且是职务犯罪侦查工作过程中真正能够体现"侦查"两字特征的真正意义上的侦查工作，最起码讲也应当是初步的侦查，或者是前期侦查。它绝不能仅仅停留在必要的审查、必要的调查这个层面。只有达到这样的理解高度，职务犯罪侦查工作才能从过去狭隘的侦查思路中解放出来，彻底解决比如"24 小时审讯"、依赖监视居住手段等"瓶颈"性难题，使职务犯罪侦查工作符合当代的侦查理念，符合民主与法制的思想，走上一条健康发展的崭新的侦查新路。由于初查工作是有规律可循的，故取名《职务犯罪初查标准化体系》。

第二部分是突破、立案。突破是办案的术语，并非法律用语。但是在职务犯罪侦查中，绝大多数案件立案前均客观存在着案件的突破阶段。而突破的主要手段就是依靠审讯。在侦查实践中，根据法律对证据的要求和采信的程序，绝大多数职务犯罪案件的证明仍旧脱离不了"口供"的支撑。尤其是贿赂案件，没有行贿人和受贿人交代的口供，案件几乎都不能成立。立案是线索向成案转化的关键转折，势必要求我们加强对审讯工作的研究。本人亦将在后继勉力而为之。

第三部分是立案后侦查以及整体的侦查工作，反映侦查全貌。提高办案质量，研究侦查机制，取得法律效果、政治效果和社会效果的全面统一。

写作此书，其基调定位于市、县两级检察院的实战办案。不求理论上的突破，但要求真务实，适合于基层办案的实际需要，目的在于对基层办案有实际指导意义和些许帮助。

在写作的过程中，得到了许多同志的帮助，尤其是浙江省嘉兴市两级检察院的领导和同志的鼎力支持，更要感谢孙厚祥检察长的大力支持和拨冗指导。衷心感谢中国检察出版社史朝霞女士为本书出版给予的大力支持和帮助。在此，一并表示感谢。

本人能力水平有限，本着对侦查事业无限热爱之情，怀着对侦查工作高度负责之心，凭着对侦查工作的些许理解，勉力而为，不免有诸多不到之处，敬请读者提出宝贵意见。

尹立栋

2014 年 10 月于浙江嘉兴